PORTUGUÊS PARA PRINCIPIANTES

Claude E. Leroy

Revised by

Severino J. Albuquerque

Mary H. Schil

Department of Spanish and Portuguese

University of Wisconsin—Madison

1993

Copyright © 1993 by

Board of Regents of the University of Wisconsin

ISBN 0-9636612-0-5

Preface

The present book is a thorough re-working of the 1985 revision of Professor Claude E. Leroy's Português para principiantes, which was first published in two volumes by the University of Wisconsin Extension Division in 1964. The emphasis given in this textbook to Brazilian Portuguese reflects the longstanding interest in and research on Brazil on the part of the University of Wisconsin faculty and students.

Português para principiantes is a time-tested text which can be used in conjunction with a variety of approaches to the teaching of beginning Portuguese. This material provides students with a good foundation in Brazilian Portuguese which can serve personal, academic or professional goals.

Each of the thirty lessons is a unit which introduces a dialogue, new grammar, vocabulary, and exercises. This new edition includes short narratives by contemporary Brazilian authors as well as cultural units which provide the student with information about important aspects of Brazilian life. The glossaries contain all of the items presented in the vocabulary section of each lesson as well as many other common words and expressions the student might wish to know. The glossaries are followed by a verb appendix which includes all tenses of regular and often used irregular verbs. The illustrations used in this text are dutifully acknowledged in a list which precedes the index.

Acknowledgements

The authors and publisher wish to thank Fernando Sabino and Editora Record, and Luiz Fernando Veríssimo and Editora Abril for their permission to reprint "O homem nu" and "O único animal," respectively.

We also wish to extend our appreciation to Lu Ann Ransley for her invaluable assistance in the preparation of the manuscript and to Professor John Nitti for his continued support of this project.

Table of Contents

Preface iii

First Preliminary Lesson 1

    Pronunciation of Brazilian Portuguese

Second Preliminary Lesson 21

    Syllabication and Stress

Third Preliminary Lesson 31

    Formation of Plurals

Fourth Preliminary Lesson 37

    Pronouns of Address
    Short Dialogues

Lição 1 41

    Dialogue
    <u>Ser</u> and <u>Estar</u>
    Definite and Indefinite Articles
    Cardinal Numbers (1-10)
    Countries and Nationalities
    Professions
    Short Affirmative Replies
    Vocabulary
    Exercises

Lição 2 55

    Dialogue
    Neuter Demonstrative Prounouns
    Uses of <u>não</u>
    Short Negative Replies
    Contractions of <u>a</u>, <u>de</u> and <u>em</u> with Definite and Indefinite Articles
    Days of the Week
    Verbs Demanding Use of a Preposition
    Colors
    Places and Events
    Prepositions
    Vocabulary
    Exercises

Lição 3 65

    Dialogue
    Demonstrative Adjectives and Contractions with em, de and a
    Present Indicative
    O que? and O que é que?
    Languages
    Vocabulary
    Exercises

Lição 4 73

    Dialogue
    Possessive Adjectives
    Adjectival Phrases: de + noun
    Limiting Adjectives
    Uses of muito
    Telling Time
    Reflexive Verbs
    Cardinal Numbers (10-50)
    Vocabulary
    Exercises

Leitura I: O único animal 83

Lição 5 85

    Dialogue
    Preterite Tense
    Expressions with ter or estar com + noun
    Vocabulary
    Exercises

Lição 6 95

    Dialogue
    Imperfect Tense
    Formation of Present Participle
    Progressive Tenses
    Weather Expressions with fazer and estar
    Vocabulary
    Exercises

Leitura II: O Alfaiate João 106

    Vocabulary: Clothes
    Exercises

Lição 7 109

    Dialogue
    Expression of Possession with Parts of the Body and Articles of Clothing
    Cardinal Numbers (60-2,000,000)
    Months of the Year
    Parts of the Body
    Vocabulary
    Exercises
    Componente Cultural: Capoeira

Lição 8 119

    Dialogue
    Pronouns used after Prepositions
    Contractions of Third Person Pronouns with de and em
    Pronominal Forms with com
    Direct object pronouns
    Vocabulary
    Exercises
    Componente Cultural: O samba

Lição 9 131

    Dialogue
    Indirect Object Pronouns
    Contractions of Direct and Indirect Object Pronouns in Continental Portuguese
    Vocabulary
    Exercises

Lição 10 139

    Dialogue
    Contractions of por with Definite Articles
    Interrogative Pronouns: Quem?, De quem?, Qual?
    Possessive Pronouns
    Idiomatic Use of ter for haver
    Saber and Trazer
    Vocabulary
    Exercises

Leitura III: O pulo do gato 149

    Vocabulary
    Exercises

Lição 11 153

    Dialogue
    Seasons of the Year
    Indefinite Time Expressions
    Negative Adverbs, Adjectives and Pronouns
    Third Conjugation Verbs with Stressed e in the Stem
    Spelling Changes in 1st Person Singular Verb Forms
    Meals and Food
    Vocabulary
    Exercises
    Componente Cultural: O futebol

Lição 12 163

    Dialogue
    Future and Conditional Tenses
    Ordinal Numbers
    Uses of a gente
    Vocabulary
    Exercises

Lição 13 173

    Dialogue
    Formation of Comparatives and Superlatives
    Formal Commands
    Vocabulary
    Exercises
    Componente Cultural: Portugal
    Map of Portugal

Lição 14 185

    Dialogue
    Dates
    Uses of próximo, que vem, and seguinte
    The verb doer
    Uses of tudo and todo
    Vocabulary
    Exercises
    Componente Cultural: Candomblé

Lição 15 195

    Dialogue
    Present Subjunctive in Noun Clauses
    Pedir + para
    Vocabulary
    Exercises

Leitura IV: <u>A diversidade brasileira</u> 205

    Vocabulary
    Exercises
    Map of Brazil

Lição 16 207

    Dialogue
    Past Participles
    Passive Voice
    Passive Constructions with <u>se</u>
    Impersonal Expressions with <u>se</u>
    Exclamations with <u>Que</u>! and <u>Como</u>!
    Adverbs of Manner
    Vocabulary
    Exercises

Lição 17 217

    Dialogue
    Time Expressions with <u>faz/há</u> + Present Indicative
    Impersonal Uses of <u>haver</u>
    Vocabulary
    Exercises
    Componente Cultural: <u>Jogo do Bicho</u>

Lição 18 225

    Dialogue
    <u>Por</u> and <u>para</u>
    "Parabéns a você"
    Idiomatic Expressions with <u>fazer</u>
    Fruits, Vegetables, and Desserts
    Vocabulary
    Exercises

Lição 19 235

    Dialogue
    Past Perfect Tense
    Prepositions with Modes of Travel and Transportation
    Uses of <u>mesmo</u>
    Meanings of <u>ficar</u>
    The Family
    Vocabulary
    Exercises

Lição 20 245

    Dialogue
    Time Expressions with fazia/havia + Imperfect Indicative
    The Subjunctive in Adjective Clauses
    The Correlatives Quanto mais/menos ... mais/menos
    The Expression Quem...dera!
    Vocabulary
    Exercises
    Componente Cultural: Comida

Lição 21 253

    Dialogue
    Future Subjunctive
    Vocabulary
    Exercises

Lição 22 261

    Dialogue
    Imperfect Subjunctive
    Vocabulary
    Exercises

Lição 23 269

    Dialogue
    The Subjunctive in Adverbial Clauses
    Future and Conditional of Probability or Conjecture
    Vocabulary
    Exercises

Lição 24 277

    Dialogue
    The Subjunctive in Adverbial Clauses (cont'd)
    Subjunctive versus Indicative with talvez
    Vocabulary
    Exercises
    Personal Correspondence: Uma carta pessoal

Lição 25 287

    Dialogue
    Causative Construction with mandar
    Compound Tenses: Future and Conditional; Subjunctive
    Vocabulary
    Exercises

Lição 26 295

    Dialogue
    Diminutives
    Idiomatic Expressions with dar
    Vocabulary
    Exercises
    Componente Cultural: As festas e os feriados

Lição 27 305

    Dialogue
    Present Perfect Tenses: Indicative and Subjunctive
    Intensifiers: cada vez mais and cada vez menos
    Classified Ads
    Vocabulary
    Exercises

Lição 28 313

    Dialogue
    Personal Infinitive
    Expressions of Time
    Vocabulary
    Exercises

Lição 29 321

    Dialogue
    Verbs ending in -ear the verb odiar
    Verbs ending in -uir and -zir
    The former and the latter
    Vocabulary
    Exercises
    Componente Cultural: O meio ambiente

Lição 30 329

    Dialogue
    Interrogatives O que, Que, and Qual
    Relatives que, quem, onde, and cujo
    Vocabulary
    Exercises

Conto: O homem nu 337

    Vocabulary
    Exercises

Glossaries:

    Portuguese-English 343

    English-Portuguese 374

Verb Appendix 401

Illustrations 413

Index 417

First
Preliminary Lesson

PRONUNCIATION OF BRAZILIAN PORTUGUESE

1. Introduction. In the following discussion of the sounds of Brazilian Portuguese we will use phonetic symbols for the purpose of orientation and reference. In all other cases, however, your learning will proceed from the usual written form of the word. This makes for certain difficulties in learning Portuguese.

Ideally, spelling should always follow pronunciation in any language, since, after all, letters are merely a method of making a written record of the spoken word. But many languages fall short of this ideal. Spanish is very good in this respect: you can look at a word and almost without exception you know exactly how it is pronounced. English, on the other hand, is notoriously difficult, since it often spells the same sound in many ways (the vowel in date, freight, bait, say) and spells different sounds in the same way (though, through, cough, hiccough).

In Portuguese there are some, though not many, of these same difficulties. As you will see in a moment, the traditional orthography does not indicate all the significant sounds with 100 per cent accuracy. You will see statements such as "Portuguese é is like the English e in bet." This comparison is meant to be only a rough approximation to suggest the general nature of the Portuguese sound in question for your beginning stages. This does not by any means imply that the sound is the same in the two languages.

2. Vowels. Brazilian Portuguese has seven basic vowel sounds.

   2.1 [a] the "front a," the most common sound represented by the letter a. Similar to the a of father.

há	má
cá	pá
lá	vá
dá	chá

   [☉] the "central a," variety of the same sound which occurs in unstressed syllables and in stressed syllables when the vowel is followed by m, n, nh. Similar to English a in sofa. Note the sound [☉] in the final syllable of the following words:

nada	vaca	cama
mala	bala	dama
fala	casa	fulana
dava	sala	manha

3

[å] the "back a," a variety of the same sound which occurs before l of the same syllable. Somewhat like the English sound between a of paltry and ow of cow.

    tal   cal

    sal   qual

    mal

2.2   [i] the "high front" vowel, usually spelled i. Similar to English i in machine.

    si   tia

    vi   titia

    ti   ida

    li   fila

    mimi   fita

In unstressed final syllables (and occasionally elsewhere), this same sound is also spelled e.

    ide   tive

    bife   desfile

    disse   limite

Before l of the same syllable, this i represents a sound like English ea in meal.

    mil   abril

    vil   fácil

    Gil   ágil

    Brasil   útil

2.3 [u] the "high back" vowel, usually spelled u. Similar to English oo in too.

    tu   tutu

    nu   cru

    lulu

In unstressed final syllables (and occasionally elsewhere), this same sound is also spelled o.

    mudo   luto

    tudo   suco

    subo   uso

Before l of the same syllable, the u represents a sound like English oo in fool.

    sul   culpa

    paul   pulga

    azul

2.4 [e] the "close e," sometimes spelled ê but more often e. Similar to English pronunciation of the é in résumé.

    dê   que

    lê   ele

    vê   treze

    sê   teve

    bebê   mês

    crê   fez

2.5 [o] the "close o," sometimes spelled ô but more often simply o. Similar to English o in hope.

    vovô   todo

    sob   ovo

pôs	povo
cor	fogo
dor	osso
bobo	novo
fofo	vôo

2.6   [ɛ] the "open e," sometimes spelled é but more often simply e. Similar to English e in bet.

é	café
pé	neta
fé	sete
Zé	sede
ela	

2.7   [ɔ] the "open o," sometimes spelled ó but more often simply o. Similar to English aw in law.

dó	sol	volta
nó	nós	avó
pó	ova	após
só	nota	vós

3.   <u>Nasalization</u>. In Portuguese the vowels a, e, i, o, u may also occur nasalized. The nasalization is indicated in one of three ways: by m or n after the vowel or by the til (~) over it. The letter m is used at the end of a word and before p and b; n is used in other places.

3.1   [ã] nasalized "central a," spelled am, an, or ã.

lã	vã
sã	samba
fã	tantã
cã	cansa

3.2　　[ẽ] nasalized "close e," spelled em or en.

        penso　　　　cento

        denso　　　　vendo

        lenço　　　　tempo

        senso　　　　dente

        venço

        sempre

3.3　　[ĩ] nasalized "high front i," spelled im or in.

        fim　　　　pudim

        sim　　　　linda

        mim　　　　limpa

        gim　　　　cinta

        vim　　　　cinza

        assim　　　　trinta

        latim

3.4　　[õ] nasalized "close o," spelled om, on, or õ.

        com　　　　onze

        dom　　　　onça

        bom　　　　fonte

        som　　　　conta

        tom　　　　monte

        bombom

3.5 [ũ] nasalized "high back u," spelled um or un.

um	tumba
num	junto
zunzum	fundo
algum	fungo
comum	assunto
nunca	

4. <u>Diphthongs</u>. The follow vowel combinations constitute diphthongs in Portuguese: <u>ai</u>, <u>au</u>, <u>ei</u>, <u>eu</u>, <u>oi</u>, <u>ou</u>, <u>iu</u>, <u>ui</u>.

4.1 [ai] spelled <u>ai</u>.

pai	papai
vai	falai
cai	levai
saiba	passai

4.2 [au] spelled <u>au</u>.

mau	causa
pau	pauta
nau	cauda
vau	auto

4.3 [ei] spelled <u>ei</u>.

hei	meiga
lei	teima
sei	feito
dei	feira

4.4 [ɛi] spelled <u>éi</u>.

| anéis | papéis |

8

tonéis	hotéis
batéis	pincéis
cordéis	

4.5   [eu] spelled <u>eu</u>.

eu	temeu
deu	museu
leu	moveu
seu	adeus
teu	meu

4.6   [ɛu] spelled <u>éu</u>.

céu	chapéu
véu	troféu
léu	réu

4.7   [oi] spelled <u>oi</u>.

boi	oito
foi	doido
pois	noivo
sois	coice
dois	foice

4.8   [ɔi] spelled <u>ói</u>.

mói	jóia
dói	bóia
dodói	espanhóis
herói	anzóis
sóis	lençóis

9

4.9 [ou] spelled ou. For many speakers ou denotes merely a "close o."

ou	soube
dou	falou
sou	levou
vou	usou
outro	

4.10 [iu] spelled iu.

viu	pediu
saiu	subiu
caiu	decidiu

4.11 [ui] spelled ui.

fui	possui
uivo	conclui
cuido	azuis

5. Nasal diphthongs. There are five nasal diphthongs in Brazilian Portuguese. Nasalization is indicated by m after the vowel or by the til (~) placed over the first vowel of the diphthong. Both elements of the diphthong are nasalized.

5.1 [ãũ] spelled ão or am.

hão	falam
não	tocam
são	ficam
dão	levam
tão	passam
pão	sabão
vão	fogão

5.2 [ẽĩ] spelled em.

nem	nuvem
bem	quem
cem	além
tem	viagem
vem	também

5.3 [ãĩ] spelled ãe.

mãe	capitães
cães	alemães
pães	

5.4 [õĩ] spelled õe.

põe	botões
opõe	melões
supõe	balcões
compõe	lições

5.5 [ũĩ] This nasal diphthong occurs only in one Portuguese word. Note that the spelling does not indicate nasalization.

| muito | muitos |
| muita | muitas |

6. Combinations of vowels other than those listed in #4 do not constitute diphthongs in Portuguese.

dieta	óleo	teatro
Caetano	Maria	sueco
miolo	diabo	rua

7. <u>Consonants</u>.

7.1 [p] voiceless bilabial stop, spelled p. Similar to English p in pine but without aspiration.

        papai   plano

        pampa   palpita

        limpo   poupa

7.2 [b] voiced bilabial stop, spelled b. Similar to English b in bet.

        bafa   bem-bom

        bebê   bomba

        bife   Bíblia

7.3 [t] voiceless dental stop, spelled t. Similar to English t in time.

        tateia   tanto

        teto   atento

        titio   ótimo

        total   matuto

[t] before [i] is pronounced by many Brazilians as [tY], similar to the ch of the English word chief.

7.4 [d] voiced dental stop, spelled d. Similar to English d in date.

        dali   donde

        dado   idade

        dedo   adeus

[d] before [i] is pronounced by many Brazilians as [dY], similar to the j of the English word jeep.

7.5 [k] voiceless velar stop, spelled c, qu. Similar to English k.

    cada   classe   quem

    carioca   aqui   qualquer

7.5a [ks] voiceless velar stop, spelled x.

    reflexo   táxi

    tóxico   complexo

7.6 [g] voiced velar stop, spelled g, gu. Similar to English g in gate.

    gato   águia

    algo   água

    alguém   engana

7.7 [f] voiceless labio-dental spirant, spelled f. Similar to English f in fate.

    fome   afora

    fogo   foguete

    fluido   defendo

7.8 [v] voiced labio-dental spirant, spelled v. Similar to English v in vein.

    vaca   vovô

    avenida   vento

    envolver   você

    envia   vaivém

7.9 [m] voiced bilabial nasal, spelled m. Similar to English m in mad.

    mais   mimoso

    mamãe   mim

    moço

7.10 [n] voiced dental nasal, spelled n. Similar to English n in not.

    nono   nenê

ninguém	nunca

7.11 [ɲ] voiced palatal nasal, spelled nh. Similar to English ni in onion.

banho	minha
sonho	manha
tenho	montanha
venho	nenhum
ganhar	vinho

7.12 [s] voiceless dental sibilant, spelled s, ss, sc, and ç (before e, i), sc and ç (before o, a, u), xc, x. Similar to English s in sat.

sala	desço
cansa	façamos
posso	excesso
desce	trouxe
cinema	máximo

7.13 [z] voiced dental sibilant, spelled z, s, x. Similar to English z in zone.

zanga	preciso
azul	exame
dúzia	exemplo
casa	êxito

7.14 [š] voiceless palatal sibilant, spelled ch, x, s, z. Similar to English sh in show.

chamo	roxo
acho	basta*
xícara	escova*
deixa	esforço*
abacaxi	feliz*

7.15 [ž] voiced palatal sibilant, spelled j, g (before e, i), s, z. Similar to English s in measure.

    gente   desejo

    gentil   desde*

    janela   mesmo*

    jardim   desgosto*

    hoje   felizmente*

7.16 [l] voiced dental lateral, spelled l. At the beginning of a syllable, l is a sound like English l in leap.

    lado   leite

    alemão   limão

    belo   logo

At the end of a syllable, l is like English l in fool.

    mal   calças

    algo   calvo

    alguém   anel

7.17 [λ] voiced palatal lateral, spelled lh. Similar to English ll in million.

    velho   olho

    bilhete   toalha

    filho   valho

7.18 [r] voiced dental flap, spelled r. Similar to English d in heeding.

    agora   criança

    caro   escreve

    embora   frente

    geral   obrigado

    treze   gravata

7.19 [R] voiced or voiceless uvular trill, spelled r, rr.

rio	aberto
rapaz	dorme
rua	irmão
arroz	mulher
corre	melhor
sorriso	senhor
honra	calor

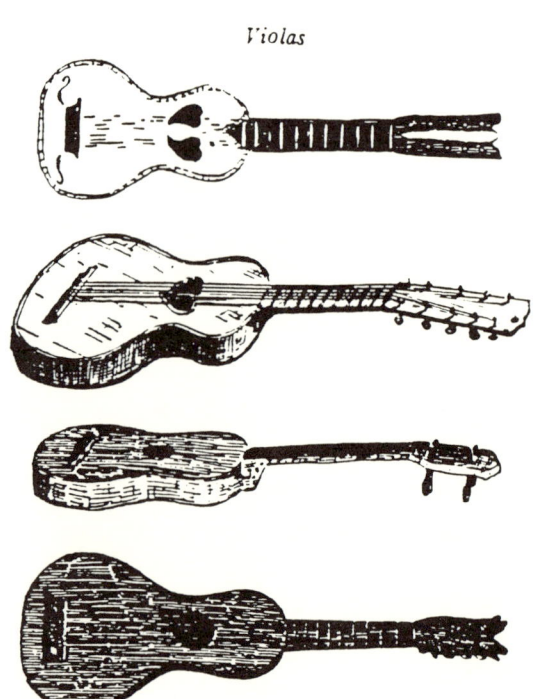

Violas

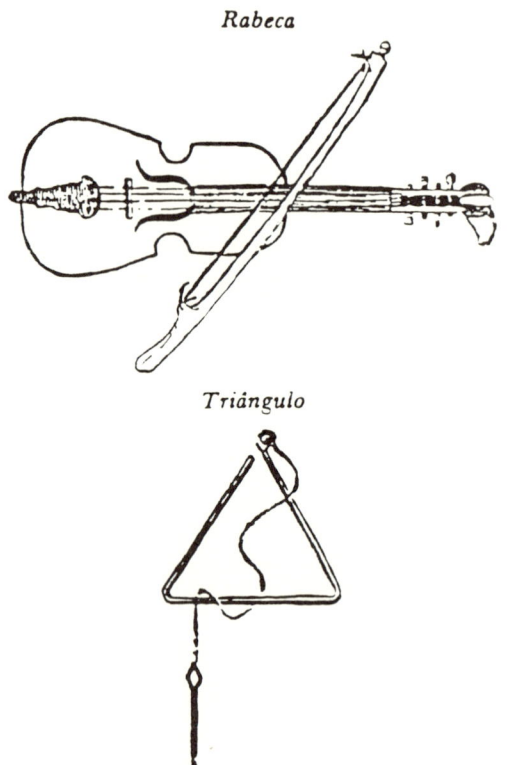

Rabeca

Triângulo

SUMMARY OF THE CONSONANTS OF THE PORTUGUESE ALPHABET AND THEIR SOUND VALUES IN <u>BRAZILIAN</u> PORTUGUESE

b		[b]		bobo
c	1)	[s]	Before e, i.	cinema
	2)	[k]	(a) Before a, o, u. (b) Before another consonant.	cada classe
ç		[s]	Found only before o, a, u.	faço
ch		[š]		cheio
d	1)	[d]	Or [dY] before [i].	dia
	2)	[d]	Elsewhere.	dado
f		[f]		fofo
g	1)	[ž]	Before e, i.	gente
	2)	[g]	Elsewhere.	gato, glória
gu	1)	[g]	Before e, i.	águia
	2)	[gw]	Before a, o, u.	guardar
h			Found only at beginning of word and represents no sound.	hora
j		[ž]		jardim
l		[l]	(See section 7.16 of pronunciation drill for l at end of syllable).	lado, anel
lh		[λ]		bilhete
m	1)	[m]	At beginning of syllable.	mimoso
	2)		At end of syllable indicates nasalization of preceding vowel.	vim, samba
n	1)	[n]	At beginning of syllable.	nono
	2)		At end of syllable indicates nasalization of preceding vowel.	onze

nh		[ŋ]		tenho
p		[p]		pipa
qu	1)	[k]	Before e, i.	quem
	2)	[kw]	Before a, o.	quatro
qu		[kw]	At times before e, i.	cinqüenta
r	1)	[r]	(a) Between vowels.	agora
			(b) Following another consonant at the beginning of a syllable.	pronto
	2)	[R]	(a) Initial.	rio
			(b) After n, l.	honra, melro
			(c) Preceding another consonant.	aberto
			(d) Final.	almoçar
rr		[R]		arroz
s	1)	[s]	(a) Initial.	sala
			(b) After another consonant.	cansa
			(c) Final followed by a pause.*	flores
	2)	[š]	(a) Before voiceless consonants (c, qu, f, p, t).	estar
			(b) Final followed by a pause.*	português
	3)	[z]	Between vowels. Before voiced consonants (b, v, d, g, l, m, n, r).*	casa desde
	4)	[ž]	Before voiced consonants (b, v, d, g, l, m, n, r).*	mesmo
sc		[s]	Before e, i.	desce
sç		[s]	Before a, o, u.	desço
ss		[s]	Found only between vowles.	professor
t	1)	[t]	or [tY] before [i] or [e].	titio
	2)	[t]	Elsewhere.	tanto
v		[v]		vaca

18

x	1)	[š]	(a) Initial.	xícara
			(b) Before voiceless consonant.*	sexto
			(c) After another consonant.	enxuga
			(d) Often between vowels.	roxo
	2)	[s]	Between two vowels.	próximo
			Before voiceless consonant.	sexto
	3)	[z]	In initial ex plus vowel.	exame
	4)	[ks]	Between two vowels.	reflexo
xc		[s]		excesso
z	1)	[z]	(a) Initial.	zanga
			(b) Between vowels.	azul
			(c) Before voiced consonants.	ferozmente
	2)	[ž]	Before voiced consonants.*	felizmente
	3)	[š]	(a) In liaison before a word beginning with a voiceless consonant.	o juiz português
			(b) Final followed by a pause.	voz

* These consonants may be pronounced either as palatal sibilants or sibilants. Individual Brazilians use either or both in their speech.

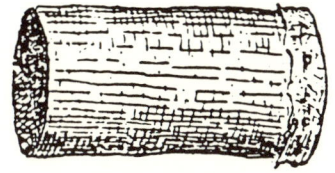
Tamborim

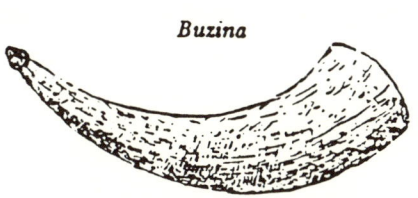
Buzina

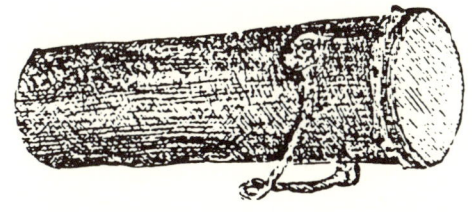
Tambus

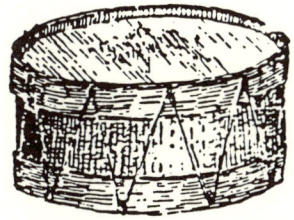
Caixa

Second
Preliminary Lesson

SYLLABICATION & STRESS

1. <u>Syllabication</u>. In English we frequently hesitate when we have to divide a word into syllables. We are not sure whether to write <u>me-dal</u> or <u>med-al</u>, <u>glimp-sing</u>, <u>glimps-ing</u>, <u>pos-sible</u> or <u>poss-ible.</u> In Portuguese the rules are simpler and more mechanical.

   Syllable division works according to the following rules:

   1.1 A single consonant between vowels always belongs with the following syllable:

bagagem	ba-ga-gem
amazonas	a-ma-zo-nas
sotaque	so-ta-que

   A group of consonants begins a syllable provided it can also begin a word; combinations of consonant plus <u>l</u> and <u>r</u> are not split even though some of these combinations do not occur at the beginnings of words:

acredito	a-cre-di-to
obrigado	o-bri-ga-do
palavra	pa-la-vra
aclamar	a-cla-mar

   Note that <u>s</u> is <u>always</u> separated from a group of consonants:

espada	es-pa-da
prescindir	pres-cin-dir

   1.2 Two successive consonants between vowels other than the groups just mentioned accordingly belong to different syllables:

confortante	con-for-tan-te
conforme	con-for-me
português	por-tu-guês

   1.3 When there are more than two consonants between vowels, generally only the last one goes with the following syllable unless it is <u>l</u> or <u>r</u>:

transporta	trans-por-ta
inspetor	ins-pe-tor
sempre	sem-pre
abstrair	abs-tra-ir
inclemente	in-cle-men-te

23

1.4   The syllable division falls between rr and ss:

   sorriso   sor-ri-so
   passar   pas-sar

1.5   The written combinations ch, lh and nh represent single sounds and hence are not divided:

   achar   a-char
   mulher   mu-lher
   senhor   se-nhor

1.6   Diphthongs are never divided. A diphthong is a combination of any vowel with i or u (but not ii or uu):

   caixeiro   cai-xei-ro
   animais   a-ni-mais
   aurora   au-ro-ra

But diphthongs do not occur before nd, nh, or mb, or before final l, r, z, m, ns (see further paragraph 2.3 below). Diphthong-like combinations in these positions and all other combinations of vowels belong to different syllables:

   ainda   a-in-da
   rainha   ra-i-nha
   cair   ca-ir
   voar   vo-ar
   coordenar   co-or-de-nar
   raiz   ra-iz

2. Stress. Portuguese words are stressed on the last syllable, the second-last syllable, or, less commonly, the third-last syllable. Usually the place of the stress can be determined from the form of the word, according to the rules given below; when this is not the case, the place of the stress must be marked (see further the rules for use of diacritical signs, paragraph 3 below). Following are a few rules for determining the place of the stress from the written form of the word. The first step is to divide the word into syllables, following the rules given in paragraph 1 above. The principal rules for unmarked stress can then be:

2.1 When the last syllable ends in a, e, o, or am, em with or without s, the stress falls on the second-last syllable:

   mesa   ME-sa
   contente   con-TEN-te
   baixos   BAI-xos
   aborrecem   a-bor-RE-cem

arranjam	ar-RAN-jam
homens	HO-mens
simples	SIM-ples

2.2   When the last syllable has any other form it receives the stress:

abacaxi	a-ba-ca-XI
animais	a-ni-MAIS
hotel	ho-TEL
ruins	ru-INS
camarim	ca-ma-RIM
bombom	bom-BOM
comum	co-MUM
estudar	es-tu-DAR
dizer	di-ZER
abrir	a-BRIR
assaz	as-SAZ
pururu	pu-ru-RU
falou	fa-LOU
dizei	di-ZEI
mingau	min-GAU
museu	mu-SEU

2.3   The treatment of two or more successive vowels:

Second-last syllable

Recall that a diphthong is any vowel followed by i or u not standing before nd, nh, or mb. A diphthong is always stressed on its first member:

caia	CAi-a
aulas	Au-las
feira	FEi-ra
caixeiro	cai-XEi-ro
flibusteiro	fli-bus-TEi-ro

But if the i or u is stressed, this combination is no longer a diphthong and the stress must be marked:

safa	sa-I-a
viúvo	vi-U-vo
heroína	he-ro-I-na

A diphthong-like combination before mb, nd, and nh belongs to two separate syllables, and thus the second of the two (standing in the second-last syllable) is stressed:

Coimbra	ainda
rainha	

25

                Co-IM-bra
              ra-I-nha
              a-IN-da

All other combinations are treated as two separate syllables, just as if there were a consonant between them:

      diabo   di-A-bo
      baeta   ba-E-ta

When the words with i or u plus vowel require the stress on the i or u, i.e., on the third-last syllable, the place of the stress must be marked:

      fazíamos   fa-ZI-a-mos
      período   pe-RI-o-do

At the end of the word

A combination which forms a diphthong is stressed on its first member and comprises the vowel of the final syllable:

      chamou   cha-MOu
      alemão   a-le-MÃo
      falai   fa-LAi
      comeu   co-MEu
      mau   MAu
      escrevei   es-cre-VEi

If the last member of such a combination is stressed, that is, if it alone forms the final syllable, it must be marked:

      saí   sa-I
      baú   ba-U

In the infrequent instances in which two diphthong combinations are possible within a succession of three vowels, the last two form the diphthong:

      saiu   sa-IU
      contribuiu   con-tri-bu-IU

Recall that since diphthongs do not occur before the final l, r, m, ns, or z, a combination resembling a diphthong in this position actually belongs to two different syllables, the last of which (by rule 2.2) is stressed:

      paul   pa-UL
      cair   ca-IR
      pium   pi-UM
      ruins   ru-INS
      juiz   ju-IZ

All other combinations of vowels belong to different syllables, and the word follows the general rule in stressing the second-last syllable:

dia	DI-a
boa	BO-a
continuo	con-ti-NU-o
arredio	ar-re-DI-o
existia	e-xis-TI-a
principio	prin-ci-PI-o

When the stress falls on another syllable, it must be marked:

férias	FE-ri-as
Bíblia	BI-bli-a
aliás	a-li-AS
princípio	prin-CI-pio
contínuo	con-TI-nuo

Words ending in -<u>iu</u> or -<u>ui</u> combination are stressed on the <u>first</u> vowel unless a written accent indicates otherwise:

contribui	con-tri-BU-i
existiu	e-xis-TI-u

3. <u>Diacritical signs</u>. The place of the stress is marked in Portuguese only when it is not in accord with the basic rules given above (paragraphs 2.1 and 2.2). When an <u>a</u>, <u>e</u>, or <u>o</u> is marked for stress, its quality is also indicated at the same time, in the following ways:

3.1 The acute accent (´) is the primary indicator of stress, and can be used on all vowel letters.

When it occurs on <u>e</u>, <u>o</u>, or <u>a</u> it simultaneously indicates open [ɛ] and [ ], and front [a]. It is used in monosyllabic words ending in -<u>a</u>, -<u>e</u>, or -<u>o</u> with or without -<u>s</u> which normally receive stress in the sentence:

má	dás
más	só
pá	sós
pás	pé
dá	pés

In the diphthongs éi [ɛi], éu [ɛu], ói [ɔi], to distinguish them from the identically spelled diphthongs with close [e] or [o]

papéis	céu	dói
hotéis	véu	lençóis
anéis	chapéu	sóis

In a few words, to distinguish them from identically spelled words:

pára - he stops	para - for
péla - he peels	pela - for/by the

3.2 The circumflex accent (ˆ) is used only over e, o, and a to indicate stressed close [e] and [o] and stressed central [⊙]:

bênção	lâmpada
cômodo	ângulo

The circumflex is also used:

over the stressed close [e] and [o] of monosyllabic words ending in -e, -es, or -os which normally receive stress in the sentence:

lê	vê	pôs
lês	vês	

over the stressed vowel followed immediately by the same vowel:

crêem	perdôo
lêem	abençôo

in some plural verb forms to distinguish them from identically spelled (and often identically pronounced) verb forms:

vêm - they come	vem - he comes
têm - they have	tem - he has

on the third person singular of the preterite tense of poder:

pôde - he could	pode - he can

3.3 The grave accent (`) indicates contractions between two as:

à = a + a
àquele = a + aquele

3.4 The til (~) indicates nasalization and stress, unless there is another written accent mark:

        irmã   impõe
        botões   balangandã
        alemão   alemães

BUT:

        bênção   BEN-ção
        órfão   OR-fão

or unless a syllable follows:

        irmãzinha

3.5 The cedilla (,) under c indicates pronunciation as s:

        açúcar   desço

EXERCISE: Pronounce the following words, stressing the proper syllable in accord with the preceding rules for pronunciation:

contribuí	dobradiço
gaudério	indiferente
galã	útil
honestidade	Brasil
campo	fuzil
dízimo	fuzuê
divisão	armezim
bonança	arnica
cafeteria	polícia
arranchar	barururu
azedume	indômito
gogó	Cleópatra
hidráulica	traduzem
carmim	nabal
inteiram	pândega
nácar	continuo
contíguo	constitui
contribui	

Third Preliminary Lesson

Third Preliminary Lesson
FORMATION OF PLURALS OF NOUNS AND ADJECTIVES

1. For words ending with a vowel (other than ão), add a final s:

    mesa, mesas   contente, contentes

    MAKE PLURAL:

casa	só	fraternidade
grande	encanto	sapoti
bolo	fruta	bambu
irmã		

2. Words ending in -ão form their plural by adding s or by changing -ão to -ões or -ães.

    mão, mãos
    sermão, sermões
    pão, pães

    IT WILL BE NECESSARY TO LEARN THESE PLURALS INDIVIDUALLY. THEY WILL BE INDICATED IN THE VOCABULARY LISTS IMMEDIATELY AFTER THE SINGULAR FORM.

    All words ending in -ção form their plural by substituting -ções.

    coração, corações
    situação, situações

    MAKE PLURAL:

população	nação	subvenção
observação	oração	convenção

3. For words ending in -r, -s, -z, add -es.

    cor, cores
    mês, meses
    rapaz, rapazes

    Words ending in -s with stress in penultimate syllable:
    o lápis, os lápis; o ônibus, os ônibus

    MAKE PLURAL:

flor	professor	vez
francês	vírus	país
ananás	algoz	mar

4. For words ending in -m, change the m to n and add s.

   bo<u>m</u>, bo<u>ns</u>
   home<u>m</u>, home<u>ns</u>
   u<u>m</u>, u<u>ns</u>

   MAKE PLURAL:

fim	tatuagem	comum
som	selim	bombom
mutum	festim	homenagem

5. For words ending in -<u>al</u>, drop the <u>l</u> and add -<u>is</u>.

   anima<u>l</u>, anima<u>is</u>
   ta<u>l</u>, ta<u>is</u>

   MAKE PLURAL:

   | arrozal | impessoal |
   | chavascal | sombral |

6. For words ending in stressed -<u>el</u>, change the -<u>el</u> to -<u>eis</u> and write an <u>acute accent</u> (´) over the <u>e</u>.

   pap<u>el</u>, pap<u>éis</u>
   hot<u>el</u>, hot<u>éis</u>

   For words ending in <u>unstressed</u> -<u>el</u>, change the -<u>el</u> to -<u>eis</u>.

   possív<u>el</u>, possív<u>eis</u>
   amáv<u>el</u>, amáv<u>eis</u>

   MAKE PLURAL:

desagradável	painel	impassível
anel *anéis*	imóvel	rondel
nível		

7. For words ending in <u>stressed</u> -<u>il</u>, drop the final <u>l</u> and add <u>s</u>.

   el ≠ il unstressed the same.

   fun<u>il</u>, fun<u>is</u>
   barr<u>il</u>, barr<u>is</u>

   For words ending in an <u>unstressed</u> -<u>il</u>, drop the -<u>il</u> and add -<u>eis</u>.

   fác<u>il</u>, fác<u>eis</u>
   fóss<u>il</u>, fóss<u>eis</u>
   difíc<u>il</u>, difíc<u>eis</u>

MAKE PLURAL:

    sobrasil   útil   funil
    fuzil   touril   hábil

8. For words ending in -ol, change the -ol to -ois and write an acute accent (´) over the o.

    sol, sóis

MAKE PLURAL:

    paiol   anzol   atol
    rouxinol   lençol

9. For words ending in -ul, change the -ul to -uis.

    azul, azuis

MAKE PLURAL:

    paul   taful   curul

A word ending in unstressed -ul adds -es to the complete form:

    cônsul, cônsules

EXERCISE: Form the plural of the following words:

coração *coraçoes*	pinho *pinhos*	jardim *jardins*
item *itens*	mandarim *mandarins*	indizível *indizíveis*
tal *tais*	bambu *bambus*	indisputável *indisputáveis*
aquela *aquelas*	professor *professores*	fútil *fúteis*
este *estes*	voraz *vorazes*	fuzil *fuzis*
vantagem *vantagens*	português *portuguêses*	lençol *lençóis*
luz *luzes*	festival *festivais*	donzel *donzeis*

CARMEN MIRANDA

Fourth Preliminary Lesson

To express "you" in Brazilian Portuguese:

1. In Brazil the word você is the one most widely used among friends, among family members, by older persons when speaking to younger ones, by those in higher positions speaking to their subordinates. The word você, (a corruption of Vossa Mercê, or "your grace") and the plural vocês, is a third person pronoun.

2. The more formal manner of saying "you" is o senhor (masculine) and a senhora (feminine) and their respective plural forms. This expression is used when addressing a person older than the speaker, one whose position or profession may be ranked higher than the speaker's, or when speaking to someone recently introduced to the speaker, unless it is a case of two teenagers meeting. It is a sign of courtesy, and the student should be sure to learn and to practice using this mode of address. When introduced to a Brazilian who appears to be older than the speaker, the speaker would be safe in using o senhor or a senhora until told to use você.

3. The word "you" (singular) in Portuguese which denotes greatest familiarity is tu. However, in Brazil its use is limited and often ungrammatical. Due to this restricted use, this text will not include it or its corresponding plural form (vós) in the various verb conjugations. Such forms will be found in the verb appendix in the back of the book. The student should learn to recognize them. The plural form vós is seldom used except in sermons or flowery orations.

4. In informal conversation, it is common to use dona preceding a married woman's or older single woman's first name, and seu preceding an older man's first name.

The following dialogues illustrate the different usages of you in Brazilian Portuguese:

- Bom dia, Teresa.	Good morning, Teresa.
- Bom dia, Paulo.	Good morning, Paulo.
- Como vai?	How are you?
- Vou bem, obrigada. E você?	Fine, thank you. And you?
- Vou bem, obrigado.	Fine, thank you.

- Boa tarde, dona Cristina.	Good afternoon, dona Cristina.
- Boa tarde, seu Antônio.	Good afternoon, seu Antônio.
- Como a senhora tem passado?	How have you been?
- Muito bem, obrigada, e o senhor?	Fine, thank you, and you?
- Mais ou menos.	So-so.

- Oi, Beto. Tudo bem?	Hi Beto. How are you doing?
- Tudo certo, Cláudia. Como é que vão as coisas?	Fine, Claudia. How is it going?
- Iii, menino, hoje não estou muito bem.	Gosh, things aren't so good today.
- Que pena! Sinto muito.	That's too bad! I'm sorry.

- Para onde você vai agora?	Where are you going now?
- Vou para casa. Até amanhã.	I'm going home. See you tomorrow.
- Até logo!	See you later!
- Tchau!	Bye!

ns I

Luísa: - Como é o seu nome?

Pedro: - O meu nome é Pedro, e o seu?

Luísa: - O meu nome é Luísa. Muito prazer.

Pedro: - Muito prazer.

Luísa: - De onde você é, de Portugal ou do Brasil?

Pedro: - Sou do Brasil. Mas meus pais são de Portugal.

Luísa: - E por que você está aqui? Você está de férias?

Pedro: - Estou aqui para visitar meus parentes. Eles são dos Estados Unidos.

Luísa: - Eles estão muito contentes com a sua visita, não estão?

Pedro: - Estão, sim. Eles são todos muito simpáticos.

Luísa: - Você está na casa deles, não é?

Pedro: - É. A casa é perto do lago. Sabe, meus tios são arquitetos, então a casa é muito bonita e confortável.

Luísa: - Você está com vontade de tomar uma cerveja agora?

Pedro: - Estou, sim. Vamos.

PARA APRENDER

A. The verbs <u>ser</u> and <u>estar</u> in the present indicative

SER		ESTAR		Translation
eu	sou	eu	estou	I am
ele, ela	é	ele, ela	está	s/he is
o senhor, você	é	o senhor, você	está	you are
nós	somos	nós	estamos	we are
eles, elas	são	eles, elas	estão	they are
os senhores, vocês	são	os senhores, vocês	estão	you are

43

1. Both of the verbs given above in the present tense mean "to be" and have special uses in Portuguese. In general terms:

Ser vs. Estar

	SER		**ESTAR**
a.	Equating	a.	Health

<table>
<tr><td>

Dois e dois são quatro.
  (Two and two are four.)
São quatro e meia.
  (It's four-thirty.)
Ele é médico.
  (He is a doctor.)
Cláudia é portuguesa.
  (Cláudia is Portuguese.)
Geografia é o estudo da Terra.
  (Geography is the study of
  the Earth.)
Madri é a capital da Espanha.
  (Madrid is the capital of
  Spain.)

</td><td>

Nós estamos bem.
  (We are well.)
A senhora Pontes está mal.
  (Senhora Pontes is ill.)

</td></tr>
</table>

b. with de to indicate: b. with de to describe temporary situations:

(1) origin:

De onde você é?
(Where are you from?)
- Sou de Portugal.
(I'm from Portugal.)

Todos estão de férias.
  (Everyone is on vacation.)
Você está de acordo?
  (Do you agree?)
O garçom está de pé.
  (The waiter is standing.)

(2) possession:

De quem é aquela casa?
(Whose house is that?)
- É da família Silva.
(It's the Silva family's house.)

(3) material:

De que é a porta?
(What is the door made of?)
- É de madeira.
(It's made of wood.)

c. for locating

   (1)   non-moveable entities:

   Luanda é em Angola.
     (Luanda is in Angola.)
   O correio é na esquina.
     (The post office is on the corner.)

   (2)   events in time / space:

   O jogo é amanhã de tarde.
     (The game is tomorrow afternoon.)
   A festa não é aqui.
     (The party is not here.)

d. with adjectives that describe a norm:

   O João é alto.
     (John is tall.)
   Meu carro é branco.
     (My car is white.)
   A Marisa é bonita.
     (Marisa is pretty.)
   Ele é doente.
     (He is sickly.)
   O Pedro é muito ocupado.
     (Peter is very busy.)

c. for locating

   (1)   moveable entities:

   As chaves estão na mesa.
     (The keys are on the table.)
   Onde estão as moças?
     (Where are the girls?)
   Isabel está na Europa.
     (Isabel is in Europe.)

d. with adjectives that describe a change from the norm to a temporary, accidental, or variable condition:

   João, como você está alto!
     (John, how tall you are!)
   Puxa, meu carro está branco!
     (Gosh, my car is white!)
   A Marisa está bonita hoje!
     (Marisa is pretty today!)
   Ele está doente esta semana.
     (He is sick this week.)
   O Pedro está muito ocupado agora.
     (Peter is very busy now.)

Note: Estar is used if there is no norm:
   O café está quente (frio).
     (The coffee is hot [cold].)
   Como está o tempo?
     (How is the weather?)
   - Está bom (frio, fresco).
     (It's good [cold, cool].)

e. in impersonal expresssions:

   É necessário chegar cedo.
      (It's necessary to arrive early.)
   É impossível parar agora.
      (It's impossible to stop now.)
   É ótimo ter muito dinheiro.
      (It's wonderful to have a lot of money).

e. with ESTAR COM . . . idioms:

   Eu estou com sede.
      (I'm thirsty.)
   Vocês estão com fome?
      (Are you hungry?)
   Lélia está com frio.
      (Lélia is cold.)

☞ The subject pronoun "it" is generally not expressed in Portuguese. The <u>third person singular</u> form of the verb is used alone.

B. Definite and Indefinite Articles

In Portuguese, the definite article must agree with the noun in both gender (masculine <u>or</u> feminine) and number (singular <u>or</u> plural). The definite article must be learned with each individual noun as given in the vocabulary lists.

	Singular	Plural
Masculine:	<u>o</u> aluno - the student	<u>os</u> aluno<u>s</u> - the student<u>s</u>
	<u>o</u> nome - the name	os nome<u>s</u> - the name<u>s</u>
Feminine:	<u>a</u> mãe - the mother	<u>as</u> mãe<u>s</u> - the mother<u>s</u>
	<u>a</u> aluna - the (female) student	<u>as</u> aluna<u>s</u> - the (female) student<u>s</u>

1. The definite article is used before names of continents, countries, cities with geographical names, and rivers, mountains, etc. The definite article is not used before some countries, Portugal being the most notable exception.

   <u>O</u> Brasil é um país enorme.   - Brazil is an enormous country.
   <u>O</u> Rio de Janeiro é uma cidade.   - Rio de Janeiro is a city.
   <u>O</u> Amazonas atravessa <u>o</u> Brasil.   - The Amazon River crosses Brazil.

2. The definite article is used before titles, except when speaking directly to a person.

   <u>A</u> doutora Juliana está preocupada.   - Dr. Juliana is worried.
   <u>O</u> General Gomes é feio.   - General Gomes is ugly.
   Como tem passado, senhor Magalhães?   - How have you been, Mr. Magalhães?

3. It is common in Portuguese to use the definite article with the first name of a person when speaking about, but not to, him or her.

   Ouvi dizer que a Maria está doente. - I heard that Mary is sick.

   Por que o João não está aqui? - Why isn't John here?

   Paulo, você sabe que horas são? - Paul, do you know what time it is?

4. The indefinite article ("a" or "an") in Portuguese has both a masculine and a feminine form.

   Masculine: um professor   - a (male) teacher
               um exercício   - an exercise

   Feminine: uma janela   - a window
               uma cor   - a color

   When the words um and uma are made plural, the translation into English is "some."

   uns professores - some teachers
   uns exercícios   - some exercises

   umas frases   - some sentences
   umas cadeiras   - some chairs

5. The indefinite article ("a" or "an") is omitted after the verb ser when mentioning a nationality, profession, or religion.

   Catarina é aluna.   - Catherine is a student.
   Pedro é americano.   - Pedro is an American.

C. Cardinal numbers from 1 to 10.

   zero   zero
   um (masc.), uma (fem.)   one
   dois (masc.), duas (fem.) two
   três   three
   quatro   four
   cinco   five
   seis   six
   sete   seven
   oito   eight
   nove   nine
   dez   ten

D. PAÍSES — COUNTRIES

a	Alemanha	Germany
o	Brasil	Brazil
o	Canadá	Canada
a	Espanha	Spain
os	Estados Unidos	United States
a	França	France
a	Inglaterra	England
o	México	Mexico
	Portugal	Portugal
a	Rússia	Russia

E. NACIONALIDADES — NATIONALITIES

o/a americano, -a — American
o/a brasileiro, -a — Brazilian
o/a mexicano, -a — Mexican

o francês, a francesa — French
o inglês, a inglesa — British
o português, a portuguesa — Portuguese

o/a espanhol, + a — Spanish
o/a canadense — Canadian
o alemão, a alemã — German

F. PROFISSÕES — PROFESSIONS

o/a advogado, -a — lawyer
o/a aluno, -a — student
o/a arquiteto, -a — architect
o/a atleta — athlete
o/a cantor, +a — singer
o/a comerciante — businessperson
o/a dentista — dentist
o/a engenheiro, -a — engineer
o/a escritor, +a — writer
o/a estudante — student
o/a funcionário, -a — employee, civil servant
o garçom / a garçonete — waitperson
o/a gerente — manager
o/a jornalista — journalist
o/a médico, -a — doctor
o/a professor, +a — teacher, professor
o/a psicólogo, -a — psychologist

G. Unless the question is very short, the word order is generally not inverted in Brazilian Portuguese. Voice inflection will indicate whether the sentence is interrogative or declarative.

Como vai você?	- How are you?
O senhor Mendes vai ser o nosso professor?	- Is Mr. Mendes going to be our teacher?
Raimundo está na aula?	- Is Raimundo in class?

H. In Portuguese an affirmative response is indicated by the use of the same verb of the question:

Hoje está quente?	Is it hot today?
- Está.	- Yes it is.
Você é brasileiro?	Are you Brazilian?
- Sou.	- Yes I am.

For emphasis, the simple verb form is followed by "sim:"

Você está com fome?	Are you hungry?
- Estou, sim.	- Yes I am.
Ela é médica?	Is she a doctor?
- É, sim.	- Yes she is.

VOCABULÁRIO

	agora - now	a	mãe - mother
	amanhã - tomorrow		mal - ailing; badly
o/a	amigo, -a - friend		mas - but
	aqui - here	a	mesa - table, desk
a	aula - class	a	moça - girl
	bem - well		muito (adv.) - very
	bom (masc.), boa (fem.) good		muito, -a (adj.) - much
	bonito, -a - handsome/pretty	a	mulher - woman
o	carro - car		não - no, not
a	casa - house	a	noite - night
	cedo - early	o	nome - name
a	cerveja - beer		obrigado, -a - thank you
	contente - happy, content		ótimo, -a - wonderful, fine
	depressa - quickly		ou - or
	devagar - slowly	o	pai - father
o	dia - day	os	pais - parents
o	dinheiro - money	o/a	parente - relative
	doente - sick	a	porta - door
	e - and		quente - hot
o	exercício - exercise	o	rapaz - boy
	feio, -a - ugly	a	sala de aula - classroom
	frio, -a - cold		sim - yes
	hoje - today		simpático, -a - nice
o	homem - man		também - too, also
a	irmã - sister		tarde - late
o	irmão - brother	a	tarde - afternoon
	os irmãos - brothers;	o	tempo - time; weather
	brother(s) and sister(s)	os	tios - aunt(s) and uncle(s)
o	lago - lake		triste - sad

VERBOS

chegar - to arrive
estar - to be
ir - to go
parar - to stop

ser - to be
ter - to have
tomar - to take; have; drink; eat
visitar - to visit

INTERROGATIVOS

Como ....? - How ...?
Onde ....? - Where ...?
Por que ....? - Why ...?

O que ....? - What ...?
Quem ....? - Who ...?
Quando ....? - When ...?

EXPRESSÕES

Bom dia - good morning
Boa tarde - good afternoon
Boa noite - good evening/night
Como é seu nome? - What's your name?
De onde você é? - Where are you from?
Faça o favor de (+ inf.) - Please ...
O meu nome é - My name is ...
Muito prazer - Pleased to meet you
Sabe ... - You know ...
Você está com vontade de (+ inf.)? - Do you feel like ...?

EXERCÍCIOS

A. Answer the following questions using the correct form of estar. Remember that it is not necessary to use subject pronouns with first person verbs.

    Onde você está agora?
    - Estou em casa.

1. Onde está o Roberto?
2. Como estão os seus pais?
3. Vocês estão em Portugal agora?
4. O café está frio?
5. Você está com fome?
6. Os seus amigos estão de férias?

B. Answer the following questions using the correct form of ser:

    Onde é o correio?
    - O correio é aqui perto.

1. Quando é o jogo?
2. Quem são eles?
3. O que são vocês?
4. O seu carro é bonito?
5. De onde você é?
6. É necessário parar agora?

C. Answer the following questions with an emphatic affirmative reply:

    O João está em São Paulo hoje?
    - Está, sim.

1. A dona Lúcia está bem agora?
2. Vocês são brasileiros?
3. Você está com sede?
4. Eles estão de pé?

5. Lisboa é em Portugal?

D. Answer the following questions using the cues given in parentheses. Make all necessary changes.

    Você é médico? (psicólogo)
    - Não, sou psicóloga.

1. Você é engenheiro? (dentista)
2. A Gal Costa é escritora? (cantor)
3. Vocês são comerciantes? (economista)
4. A jornalista é espanhola? (alemão)
5. O Pelé é advogado? (atleta)
6. A Ângela é mexicana? (brasileiro)
7. Elas são americanas? (francês)

E. Circle the verb that correctly expresses these sentences in Portuguese.

    My cousin is a doctor. (SER) / ESTAR

1. They are vacationing in the Caribbean. SER / ESTAR
2. The concert is at 8 PM. SER / ESTAR
3. Where is the nearest hospital? SER / ESTAR
4. It is difficult to learn all this vocabulary. SER / ESTAR
5. Good heavens! You are so pale! SER / ESTAR
6. What is that? SER / ESTAR

F. Fill in the blanks with the correct form of <u>ser</u> or <u>estar</u>:

1. O Gilberto _____ brasileiro. Ele _____ aqui para aprender inglês.
2. O jogo _____ hoje. Vocês _____ com vontade de ir?
3. Lisboa _____ em Portugal. Meu irmão _____ de férias em Lisboa.
4. Nós _____ de São Paulo. De onde vocês _____?
5. A moça não _____ na sala de aula hoje; ela _____ doente.

G. Form a question using the information provided:

    De onde / ela / SER or ESTAR
    De onde ela é?

1. Onde / nós / SER or ESTAR / agora.
2. De quem / SER or ESTAR / este dinheiro.
3. De que / SER or ESTAR / a porta.
4. O que / SER or ESTAR / a Informática.
5. Que horas / SER or ESTAR.

6. Quem / SER or ESTAR / a gerente do banco.
7. Onde / SER or ESTAR / Brasília.

Lição 2

Jorge: -   Oi, Chico! A Kátia e o Beto estão em casa?

Chico: -   Não estão, não. Estão na praia. Hoje é sábado.

Jorge: -   Ah, é. Eu não vou à praia hoje. Você vai no domingo?

Chico: -   Vou, sim. Sempre vou à praia aos domingos.

Jorge: -   O que é isso perto de você?

Chico: -   É uma camisa do Beto. É bonita, não é?

Jorge: -   É. De que cor é? É azul ou preta?

Chico: -   É preta. Você também vai gostar dos sapatos.

Jorge: -   Onde estão?

Chico: -   Estão lá, perto da cadeira.

Jorge: -   O Beto vai estar em casa mais tarde?

Chico: -   Vai, sim. E a Kátia também.

Jorge: -   Então volto mais tarde.

PARA APRENDER

A.   The neuter demonstratives are used when referring to some thing or idea not yet defined. They are pronouns, <u>invariable</u> in form, and do not modify nouns.

       isto - this (near the speaker)
           O que é isto?   (What is this?)

       isso - that (near the person being addressed)
           Você sabe o que é isso?   (Do you know what that is?)

       aquilo - that (far from speaker and one addressed)
           Aquilo não é bom.   (That is not good.)

B.   In Portuguese a negative response is indicated by: Não + (appropriate person of verb used in the question).

       - Você vai ao cinema?   - Are you going to the movies?

       - Não vou.   - No, I'm not.

For emphasis, the verb form is also followed by "não":

- Todos estão aqui?   - Is everyone here?

- Não estão, não.   - No, they're not.

The negative word <u>não</u> can mean both "no" and "not." When the meaning is "no," the word <u>não</u> stands alone and is separated from the rest of the sentence by a comma; when the meaning is "not," the word <u>não</u> is placed immediately before the verb.

- Você fala português?   - Do you speak Portuguese?
- <u>Não</u>, mas Maria fala.   - <u>No</u>, but Maria does (speak).

- Ele não está aqui hoje.   - He's <u>not</u> here today.

C.   The prepositions <u>a</u>, <u>de</u>, and <u>em</u> must combine with the definite articles as follows:

	o = ao	<u>ao</u> amigo - <u>to the</u> friend
	os = aos	<u>aos</u> bares - <u>to the</u> bars
a +	a = à	<u>à</u> padaria - <u>to the</u> bakery
	as = às	<u>às</u> médicas - <u>to the</u> doctors

	o = do	longe <u>do</u> lago - far <u>from the</u> lake
	os = dos	longe <u>dos</u> carros - far <u>from the</u> cars
de +	a = da	a cor <u>da</u> gata - the color <u>of the</u> cat
	as = das	a cor <u>das</u> paredes - the color <u>of the</u> walls

	o = no	<u>no</u> cinema - <u>at the</u> movies
	os = nos	<u>nos</u> exercícios - <u>in the</u> exercises
em +	a = na	<u>na</u> cadeira - <u>on the</u> chair
	as = nas	<u>nas</u> caixas - <u>in the</u> boxes

The prepositions <u>de</u> and <u>em</u> may combine with the <u>indefinite</u> articles as follows:

	um = dum	<u>dum</u> amigo - <u>from a</u> friend
	uma = duma	<u>duma</u> cidade - <u>of a</u> city
de +	uns = duns	<u>duns</u> lugares - <u>from some</u> places
	umas = dumas	<u>dumas</u> cores - <u>of some</u> colors

	um = num	num segundo - in a second
	uma = numa	numa loja - at a store
em +	uns = nuns	nuns jornais - in some newspapers
	umas = numas	numas frases - in some sentences

The preposition a does not contract with um or uma.

D. The days of the week:

o domingo	Sunday
a segunda-feira	Monday
a terça-feira	Tuesday
a quarta-feira	Wednesday
a quinta-feira	Thursday
a sexta-feira	Friday
o sábado	Saturday

1. The definite article is not used with the days of the week when they come after the verb ser.

Hoje é segunda-feira.	- Today is Monday.
Amanhã é sábado.	- Tomorrow is Saturday.
Os dias da semana são:	- The days of the week are:
segunda, terça, quarta, etc.	Monday, Tuesday, Wednesday, etc.

2. In giving the names of several days of the week in a series, the word -feira is used only with the last one mentioned.

Temos aula de português na segunda, terça, quarta e quinta-feira.

3. To express "on" with days of the week:

a. use em + a or as with feminine days

na segunda-feira	- on Monday
nas quartas-feiras	- on Wednesdays

b. use em + o or os with masculine days

no sábado	- on Saturday
nos domingos	- on Sundays

c. As an alternative construction, we may use:

a + os or as but only in the plural

aos sábados   - on Saturdays
às terças   - on Tuesdays

E. There are numerous verbs in Portuguese which demand the use of a preposition after them. These verbs plus the prepositions they require are given in the vocabulary lists. In this lesson, for example, we find aprender a, perguntar a, responder a, and apontar para.

The student must bear in mind that the prepositions a, em, and de contract with definite and indefinite articles. Study the following:

Não pergunto nada à cantora.   - I don't ask the singer anything.
Gosto dos meses de verão.   - I like the summer months.
O aluno responde ao professor.   - The student answers the teacher.
Ela aponta para umas estrelas.   - She points at some stars.

A verb following a preposition must be in the infinitive form.

Faça o favor de repetir.   - Please repeat.
Estou aqui para ensinar.   - I'm here to teach.
Gosto de ir ao cinema.   - I like going (to go) to the movies.
O aluno aprende a falar português. - The student learns to speak Portuguese.

F. CORES   COLORS

amarelo, -a   yellow
branco, -a   white
preto, -a   black
roxo, -a   purple
vermelho, -a   red

azul   blue
bege   beige
cinza   gray
laranja   orange
marrom   brown
rosa   pink
verde   green

60

G. LUGARES — PLACES

- o banco — bank
- o bar — bar
- o cinema — movie theater
- o clube — club
- o correio — post office
- a farmácia — pharmacy
- a igreja — church
- a lavanderia — laundry
- a loja — store
- a padaria — bakery
- a piscina — swimming pool
- a praia — beach
- o restaurante — restaurant
- o supermercado — supermarket

H. EVENTOS — EVENTS

- o concerto — concert
- a festa — party
- o filme — movie
- o jogo — game
- a reunião — meeting

I. PREPOSIÇÕES — PREPOSITIONS

- a — to
- de — of, from
- em — in, on, at
- para — to, for

- com — with
- sem — without

- antes de — before
- depois de — after

- dentro de — inside
- fora de — outside

- longe de — far from
- perto de — near

VOCABULÁRIO

a	bandeira - flag		a	janela - window
a	blusa - blouse			lá - there
a	cadeira - chair		o	lápis (os lápis) - pencil
o	caderno - notebook		a	lição - lesson
a(s)	calça(s) - pants, trousers		as	meias - socks
a	camisa - shirt		a	palavra - word
a	camiseta - T-shirt		o	papel - paper
a	caneta - pen		a	parede - wall
o	cinzeiro - ashtray		a	pergunta - question
a	cor - color		o	quadro - blackboard
	depois - then, afterwards		os	sapatos - shoes
	então - then, afterwards; so		a	semana - week
a	flor - flower			sempre - always
o	giz - chalk			só - only; alone
a	gravata - necktie		o/a	vendedor, -a - salesperson
	imediatamente - immediately		o	vestido - dress

VERBOS

apontar (para) - to point (to/at)
aprender (a) - to learn (to)
escrever - to write
estudar - to study
falar - to speak
gostar (de) - to like, enjoy
mostrar - show, indicate, point out

pegar - to pick up
perguntar (a) - to ask
preparar - to prepare
pronunciar - to pronounce
repetir (repito) - to repeat
responder (a) - to answer, reply
voltar (para) - to return

EXPRESSÕES

Ah, é. - Right.
De que cor é...? - What color is...?
É preciso (+ inf) - It's necessary to

em casa - at home
mais tarde - later
todos os dias - every day

EXERCÍCIOS

A. Answer each question in the affirmative as in the example given. First, use the verb form alone to mean "yes," then give the complete answer. Assume that your teacher is speaking to you:

        Isto é uma mesa?
        - É. Isso é uma mesa.

1. Isto é um lápis?
2. Aquilo é uma cadeira?
3. Isso é um cinzeiro?

4. Isto é um pedaço de giz?
5. Isso é uma caneta?
6. Aquilo é um quadro?

B. Answer each question in the affirmative, replacing the subject with a subject pronoun. Notice the example.

O arquiteto está perto da porta?
- Sim, ele está perto da porta.

1. O presidente está perto da janela?
2. A moça responde ao professor?
3. Você e eu estamos na praia?
4. Paulo e Maria gostam da camiseta amarela?
5. João e Elias são dentistas?
6. Alice e Marta escrevem no quadro?
7. As blusas são bonitas?
8. Os lápis estão dentro da caixa?

C. Answer each question in the negative, beginning with Não, and then giving the entire sentence in the negative. Notice the example.

Você está na sala de aula?
- Não, eu não estou na sala de aula.

1. Eu estou perto da parede?
2. Você vai ao clube hoje?
3. Eu sou português?
4. O professor prepara a lição todos os dias?
5. A jornalista pronuncia bem a palavra?
6. Raimundo está na igreja?
7. Nós somos alunos de inglês?
8. Vocês vão visitar os parentes hoje?
9. Nós estamos longe da farmácia?
10. Teresa e Cristina vão à loja?
11. Eduardo e Sérgio são bons alunos?
12. Os rapazes repetem o vocabulário com satisfação?

D. Repeat each sentence in the negative. Notice the example.

Ele fala com os amigos.   Ele não fala com os amigos.

1. O vendedor aponta para o carro azul.
2. Os rapazes respondem em português.
3. Manuel estuda em casa.
4. Fábio e eu estamos na praia.
5. Eu chego cedo aqui.
6. Você para perto do correio.
7. Eles são bonitos.
8. Você e eu gostamos de tomar cerveja de manhã.

E. Answer each question affirmatively, using in your answer the word in parentheses. Make all necessary changes.

> De que cor é a mesa? (vermelho)
> - A mesa é vermelha.

1. De que cor é o livro? (azul)
2. De que cor é o lápis? (amarelo)
3. De que cor são as paredes? (branco)
4. De que cor é a gravata do professor? (preto)
5. De que cor são os papéis? (azul)
6. De que cor é a cadeira? (verde)
7. De que cor são as camisas? (roxo)
8. De que cor são seus sapatos? (cinza)
9. De que cor é a camiseta? (rosa)
10. De que cores é a blusa? (branco, marrom, laranja)

F. Translate:

1. We learn to speak Portuguese in class.
2. Today is Saturday. On Saturdays we go to the beach.
3. Beto is at the bank. He'll be home later.
4. Anita likes to study by the lake.
5. What color is the flag of the United States?

G. Complete the sentences with the country that corresponds to the nationality given. Make the necessary contractions.

A Princesa Diana é inglesa. Ela é da Inglaterra.

1. O professor é português. Ele é _____.
2. Os jornalistas são canadenses. Eles são _____.
3. O atleta é alemão. Ele é _____.
4. Barbara Walters é americana. Ela é _____.
5. Elas são espanholas. Elas são _____.

Maracá

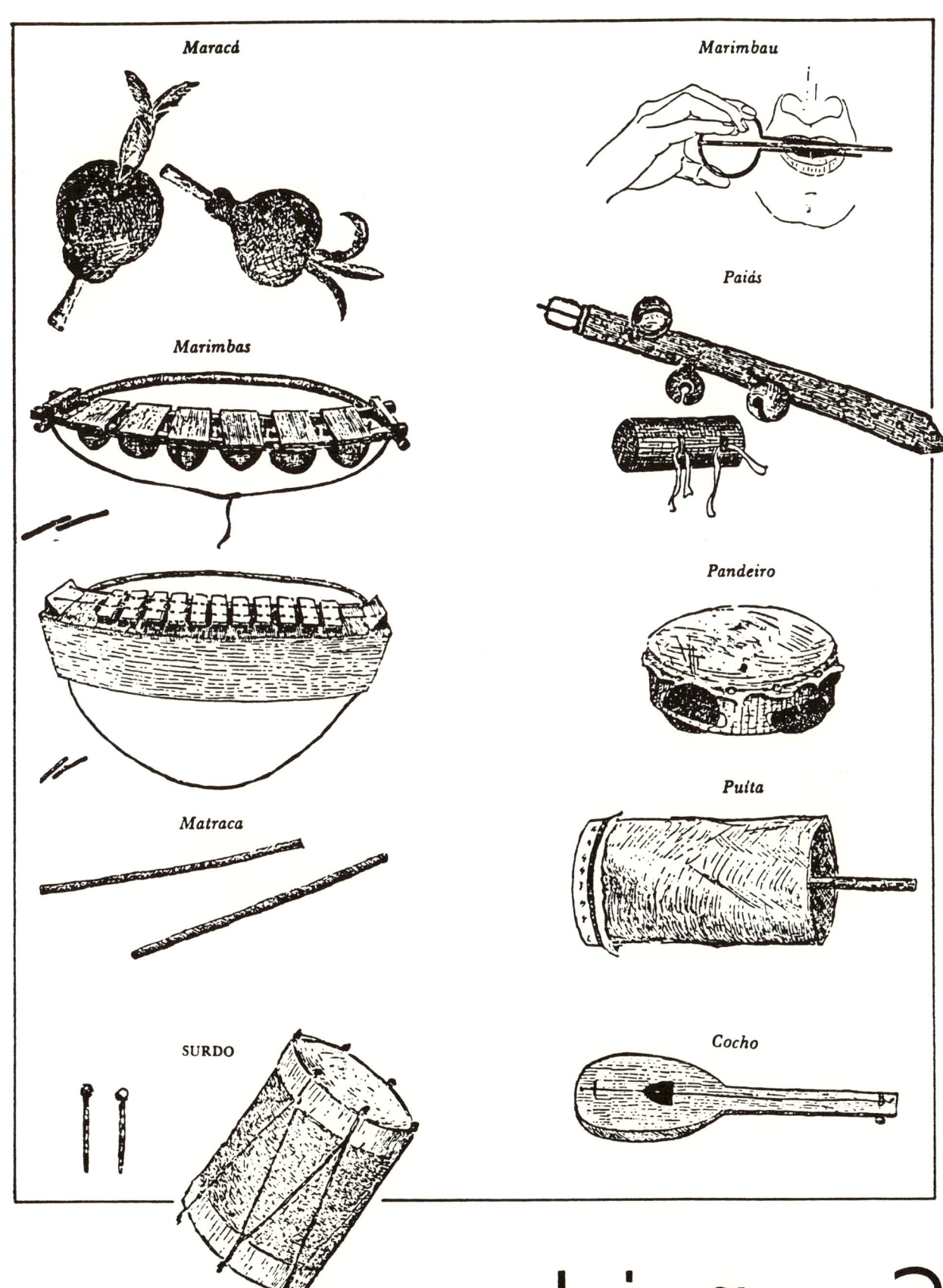

Marimbau

Paiás

Marimbas

Pandeiro

Matraca

Puíta

SURDO

Cocho

Lição 3

Ricardo: - Onde é que você mora?

Anita: - Moro longe do centro, e você?

Ricardo: - Moro ali, perto daquele parque, onde aquelas moças estão sentadas, você vê?

Anita: - Vejo, sim. E onde é que você trabalha?

Ricardo: - Trabalho nesta loja. Faço um pouco de tudo aqui.

Anita: - Você gosta de ir a festas?

Ricardo: - Puxa! Por que é que você faz tantas perguntas? Você não crê nas coisas que eu digo?

Anita: - Creio, sim. Faço tantas perguntas porque quero conhecer você melhor.

Ricardo: - Então, quando é que vamos sair?

Anita: - Amanhã, depois do jogo, está bem?

Ricardo: - Está, sim.

PARA APRENDER

A. In Portuguese, the demonstrative adjectives must agree in gender and number with the noun they modify. Given below are the demonstrative adjectives in all their forms:

	Masculine	Feminine	Translation
Singular	este	esta	this (near speaker)
	esse	essa	that (near one addressed)
	aquele	aquela	that (far away)
Plural	estes	estas	these (near speaker)
	esses	essas	those (near one addressed)
	aqueles	aquelas	those (far away)

B. The prepositions <u>em</u>, <u>de</u>, and <u>a</u> contract with the demonstrative adjectives as follows:

em + este, -a, -es, -as	=	neste, nesta, nestes, nestas in/on this, these
em + esse, -a, -es, -as	=	nesse, nessa, nesses, nessas in/on that, those
em + aquele, -a, -es, -as	=	naquele, naquela, naqueles, naquelas in/on that, those (far away)
de + este, -a, -es, -as	=	deste, desta, destes, destas of/from this, these
de + esse, -a, -es, -as	=	desse, dessa, desses, dessas of/from that, those
de + aquele, -a, -es, -as	=	daquele, daquela, daqueles, daquelas of/from that, those (far away)
a + aquele, -a, -es, -as	=	àquele, àquela, àqueles, àquelas to/at that, those (far away)

C. <u>The</u> <u>present</u> <u>indicative</u>. By now you are aware that verb endings change when the subject of the verb varies. Given below are the endings for the regular verbs of the three Portuguese conjugations.

Infinitives which end in -AR are first conjugation. Those ending in -ER are second conjugation; and those ending in -IR are third conjugation. Before conjugating a verb, it is necessary to remove the infinitive ending. (As indicated in the preliminary lessons, the forms <u>tu</u> and <u>vós</u> will not be given except in the appendix of this book).

Study the following model verbs. Notice the endings put on the verb stem and the subject pronoun that goes with each particular form. Pay special attention to the three possible English translations.

-AR
fal/ar

eu fal<u>o</u>	-	I speak, I do speak, I am speaking
ele, ela fal<u>a</u>	-	he/she speaks, does speak, is speaking
o/a senhor/a, você fal<u>a</u>	-	you speak, do speak, are speaking
nós fal<u>amos</u>	-	we speak, do speak, are speaking
eles, elas fal<u>am</u>	-	they speak, do speak, are speaking
os/as senhores/as, vocês fal<u>am</u>	-	you speak, do speak, are speaking

-ER
com/er

eu com<u>o</u>	-	I eat, I do eat, I am eating
ele, ela com<u>e</u>	-	he/she eats, does eat, is eating
o/a senhor/a, você com<u>e</u>	-	you eat, do eat, are eating
nós com<u>emos</u>	-	we eat, do eat, are eating
eles, elas com<u>em</u>	-	they eat, do eat, are eating
os/as senhores/as, vocês com<u>em</u>	-	you eat, do eat, are eating

-IR
abr/ir

eu abr<u>o</u>	-	I open, I do open, I am opening
ele, ela abr<u>e</u>	-	he/she opens, does open, is opening
o/a senhor/a, você abr<u>e</u>	-	you open, do open, are opening
nós abr<u>imos</u>	-	we open, do open, are opening
eles, elas abr<u>em</u>	-	they open, do open, are opening
os/as senhores/as, vocês abr<u>em</u>	-	you open, do open, are opening

There are verbs in Portuguese which do not follow the pattern given above. These are called IRREGULAR VERBS. The student must learn each person of such verbs. They will be conjugated either in the body of the lesson or in the vocabulary lists. Moreover, there are many verbs which are IRREGULAR only in the <u>first person singular</u> of the present indicative. These irregular forms must be learned. They will be found in parentheses immediately after the infinitive in your vocabulary lists. Example: ouvir (ouço) - to hear; repetir (repito) - to repeat.

D. In colloquial Portuguese, the verb phrase <u>é que</u> is frequently used with interrogatives in a question for emphasis. The meaning of the question is not altered in any way.

O que <u>é que</u> você vê no quadro?	What do you see on the blackboard?
Onde <u>é que</u> você mora?	Where do you live?
Quando <u>é que</u> vocês vão para a praia?	When are you going to the beach?

E. LÍNGUAS   LANGUAGES

alemão	German
espanhol	Spanish
francês	French
inglês	English
italiano	Italian
japonês	Japanese
português	Portuguese
russo	Russian

VOCABULÁRIO

	ainda - still, yet; even	o	novamente - again, once more
	ali - there		novo, -a - new, young
	assim - thus, in that way, so		outro, -a - other, another
o	campo - countryside; field	o	país - country
a	carta - letter; playing card	o	parque - park
o	centro - downtown		porque - because
a	cidade - city	o	presente - present, gift
a	coisa - thing	o	problema - problem
o	convite - invitation	o	recado - message
	difícil - difficult	a	revista - magazine
	fácil - easy		tanto -a - so much
a	hora - hour	o	telefonema - telephone call
o	jornal - newspaper		velho, -a - old
a	manhã - morning	o/a	vizinho, -a - neighbor
		a	voz - voice

VERBOS

abrir - to open
comer - to eat
compreender - to understand
conhecer (conheço) - to know, meet, be acquainted with
convidar (para) - to invite
crer (em) - to believe
   creio   cremos
   crê   crêem
dizer - to say, tell
   digo   dizemos
   diz   dizem
ensinar (a) - to teach
entrar (em) - to go in, come in, enter
escolher - to choose
fazer - to make, do
   faço   fazemos
   faz   fazem
fechar - to close
ir - to go
   vou   vamos
   vai   vão

ler - to read
   leio   lemos
   lê   lêem
morar - to live, reside ≠ morrer
ouvir (ouço) - to hear, listen
partir - to leave
querer - to want, wish
   quero   queremos
   quer   querem
receber - to receive
sair (de) - to leave, go out
   saio   saímos
   sai   saem
telefonar - to telephone ligar, chamar
trabalhar - to work
traduzir - to translate
   traduzo traduzimos
   traduz   traduzem
ver - to see
   vejo   vemos
   vê   vêem
viver - to live, to exist

EXPRESSÕES

ainda não - not yet
Como se diz ...? - How do you say ...?
Como se escreve ...? - How do you spell ...?
Diga-me, ... - Tell me, ...
estar de pé - to be standing
estar sentado, -a - to be sitting, seated

fazer compras - to go shopping
fazer perguntas - to ask questions
Já está na hora - Time's up, it's time
O que quer dizer ...? - What does ... mean?
Puxa! - Well! What do you know?!
um pouco de ... - a little ...

EXERCÍCIOS

A. Answer the questions in the affirmative as in the example.

Você está perto da janela?
- <u>Estou</u>. Eu <u>estou</u> perto da janela.

1. Você está na praia?
2. Você vê os carros?
3. Você come em casa?
4. Você lê jornais?
5. A advogada mora aqui?
6. O seu amigo trabalha lá?
7. Você ouve o que eu digo?
8. Elas convidam os rapazes para sair?
9. Vocês estão sentados?
10. Vocês vêem aquela camisa bonita?
11. Vocês repetem as perguntas?

B. Answer the questions in the negative as in the example.

Vocês lêem o exercício?
- <u>Não, nós não</u> lemos o exercício.

1. Você crê neste homem? *Não, eu não creio neste homem.*
2. Você vai sair agora? *Não, eu não vou sair agora.*
3. Você repete o que ouve? *Não, eu não repito o que ouço.*
4. Você sempre sai com a amiga dessa moça? *Não, eu não saio sempre com ela.*
5. Você vai àquele cinema? *Não, eu não vou àquele cinema.*
6. Ela lê o jornal todos os dias? *Não, ela não lê o jornal todos os dias.*
7. O Sr. Mendes vai falar com o presidente hoje? *Não, ele não vai falar com o pres. hoje.*
8. A Dona Isabel é de Lisboa? *Não, ela não é de Lisboa.*
9. Paulo vai telefonar para Alberto? *Não, Paulo não vai telefonar para Alberto.*
10. Vocês gostam desta língua? *Não, nós não gostamos desta língua.*

C. Translate.

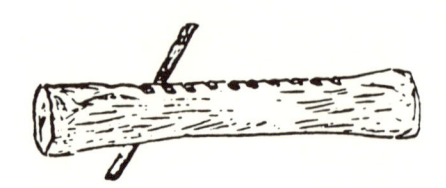

1. inside this room dentro desta
2. near those cars daqueles
3. on that table naquela / nessa
4. these boys' shoes
5. We leave home early.
6. Who lives in that house?
7. Do you believe this man?
8. John wants to go into that store.

Reco-Reco

D. Answer each question with a complete sentence, using in your reply the expression found opposite it.

O que é que você fala?   <u>português</u>
                               Eu falo português.

1. O que é que você vê?   aquele carro
2. O que é que você é?   estudante
3. O que é que você repete?   o que você diz
4. O que é que você lê?   as revistas
5. Onde é que Paulo mora?   naquela casa amarela
6. Onde é que a Ana faz compras?   nesta cidade
7. Onde é que vocês estão?   perto da praia
8. Quando é que vocês vão ao cinema?   nas quartas-feiras
9. Como é que vocês traduzem isto?   sem problemas
10. Quando é que Eduardo e Tânia partem?   neste sábado
11. Como é que eles estão agora?   bem
12. Quem é que pode abrir esta janela?   Ricardo

Chocalho
(CANZÁ ou GANZÁ)

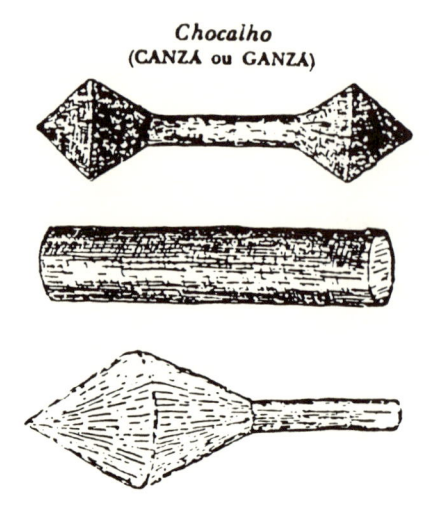

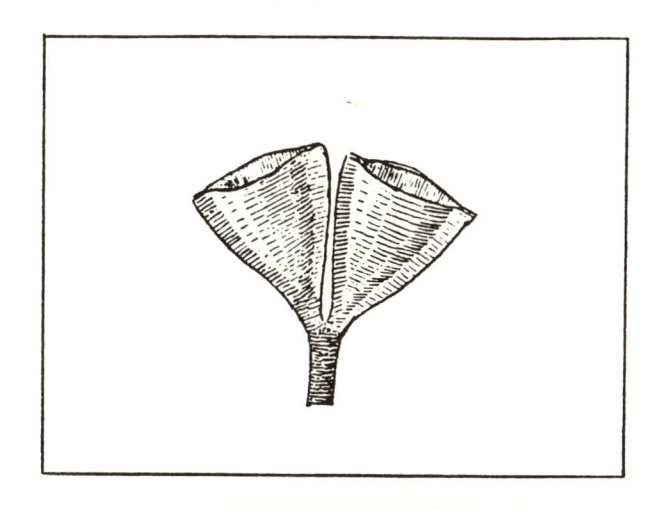

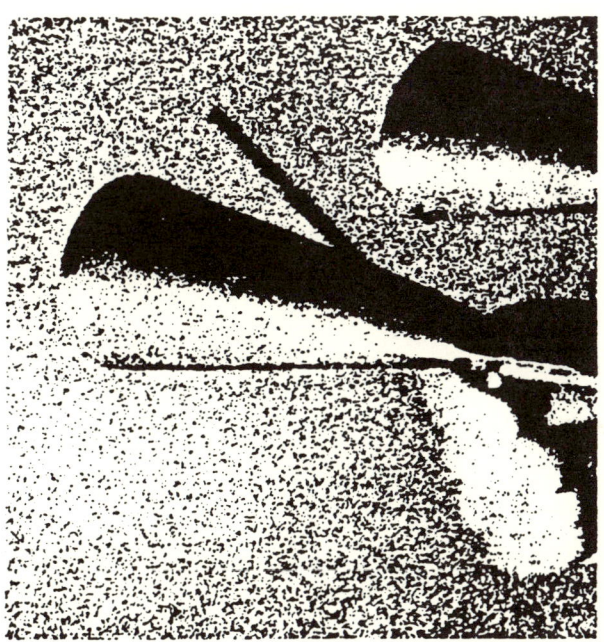

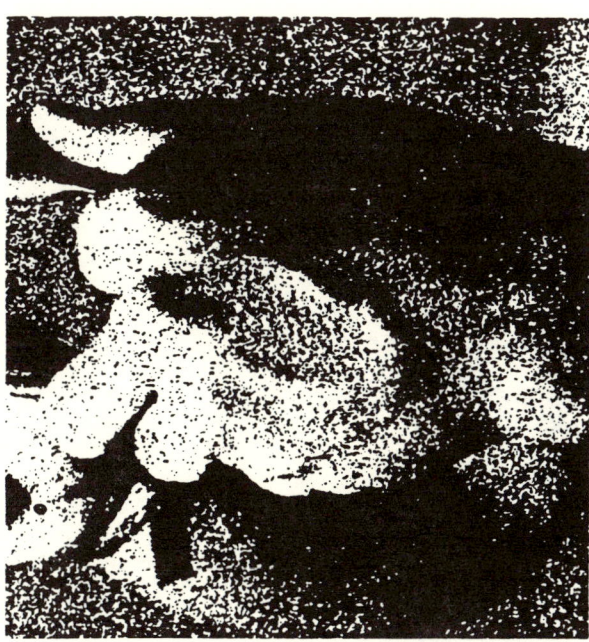

Lição 4

Beto: - Zé, são onze horas. Você tem que levantar-se agora.

Zé: - Está bem, Beto. A que horas nós temos que sair?

Beto: - Vamos almoçar com Tânia e Patrícia à uma hora. Tenho meu carro novo e assim só temos que sair às doze e trinta.

Zé: - Onde é que vamos almoçar?

Beto: - Você conhece aquele restaurante italiano perto da praia?

Zé: - Conheço, sim. É um restaurante muito bom. Vamos lá.

Beto: - Então, eu me sento aqui para assistir televisão enquanto você se veste.

Zé: - Está certo. Às onze e quinze eu estou pronto.

PARA APRENDER

A. The possessive adjectives in Portuguese must agree in gender and number with the noun they modify. Learn the following forms, and study the examples given of the use of the possessive adjectives.

Masculine	Feminine	Translation
meu, -s	minha, -s	my
seu, -s	sua, -s	your, his, her
nosso, -s	nossa, -s	our
seu, -s	sua, -s	your, their

1. The definite article is generally used before the possessive adjective.

   o meu amigo - my friend
   a nossa casa - our house
   o seu relógio - his, her,
      their or your watch

   os meus amigos - my friends
   as nossas lições - our lessons
   as suas meias - his, her, their or
      your socks

2. The forms dele, dela, deles, delas are used instead of seu, sua, seus, suas to clarify possession. The noun is followed by these forms and is preceded by a definite article.

   o vestido dela   - her dress
   a camisa dele   - his shirt

   os sapatos dela   - her shoes
   as meias dele   - his socks

a casa deles — their house
o pai delas — their father

os irmãos deles — their brothers
as blusas delas — their blouses

B. <u>Adjectives</u>

As you have already noticed, adjectives must agree in gender and number with the noun(s) they modify:

<u>o</u> ônibu<u>s</u> amarel<u>o</u>
<u>as</u> cantora<u>s</u> bonita<u>s</u>
<u>os</u> ator<u>es</u> famos<u>os</u>
<u>as</u> crianças feliz<u>es</u>
<u>a</u> família espanhol<u>a</u>
<u>os</u> film<u>es</u> encantador<u>es</u>

1. Descriptive adjectives generally follow the noun they modify. Descriptive adjectives provide information concerning size, shape, color, appearance, etc.

   a cidade <u>grande</u>
   esse rapaz <u>alto</u>
   umas perguntas <u>difíceis</u>
   os nossos amigos <u>elegantes</u>

2. Definite and indefinite articles, demonstrative, interrogative and possessive adjectives, numerals, and adjectives which express an intrinsic characteristic of the noun precede the noun they modify.

   <u>um</u> restaurante italiano
   <u>três</u> homens
   <u>Que</u> dia é hoje?
   <u>aquela</u> noite
   <u>a sua linda</u> cara

3. In English a noun is often used as an adjective. To render such ideas in Portuguese, it is necessary to use an adjectival phrase: <u>de</u> + noun.

   um copo <u>de papel</u>   a <u>paper</u> cup
   um relógio <u>de pulso</u> a <u>wrist</u> watch
   uma aula <u>de francês</u> a <u>French</u> class

4. The word <u>muito</u> can be both an adjective and an adverb in Portuguese.

   a. As an adverb, it is invariable, and has only the form <u>muito.</u>

   Nós trabalhamos <u>muito.</u>   — We work <u>a lot.</u>
   Ela fala <u>muito</u> bem.   — She speaks <u>very</u> well.
   Ele está <u>muito</u> doente.   — He is <u>very</u> sick.

b. As an adjective, it must agree in gender and number with the noun it modifies. In the singular, it is translated as "much;" in the plural, as "many."

<u>muito</u> dinheiro	- much <u>or</u> a lot of money
<u>muitos</u> amigos	- many friends
<u>muita</u> curiosidade	- much <u>or</u> a lot of curiosity
<u>muitas</u> noites	- many nights

C. Telling time in Portuguese.

Que horas são?	What time is it?
É uma (hora).	It's one o'clock.
São duas (horas), etc.	It's two o'clock.
São três <u>e</u> dez.	It's 3:10.
São oito <u>e</u> quinze.	It's 8:15 (<u>or</u> a quarter after eight).
São nove <u>e</u> meia.	It's 9:30 (<u>or</u> half past nine).
São dez <u>e</u> trinta.	It's 10:30 (<u>or</u> half past ten).
São vinte <u>para as</u> quatro.	It's twenty to four.
São quinze <u>para as</u> cinco.	It's a quarter to five.

1. The following expressions are used to indicate <u>A.M.</u> and <u>P.M.</u>: <u>da manhã</u>, <u>da tarde</u>, <u>da noite</u>.

São oito horas <u>da manhã</u>.	It's 8:00 A.M.
São duas horas <u>da tarde</u>.	It's 2:00 P.M.
São nove horas <u>da noite</u>.	It's 9:00 P.M.

2. To express the word "at" in time expressions, when the definite hour is mentioned, it is necessary to use the preposition <u>a</u> combined with the definite article <u>a</u> or <u>as</u>.

O filme começa <u>à</u> uma hora.	The movie begins at one o'clock.
Ela janta <u>às</u> sete horas.	She dines at seven o'clock.

To express "at noon" and "at midnight," use the following expressions:

Ele almoça <u>ao meio-dia</u>.	He has lunch <u>at noon</u>.
Ele se deita <u>à meia-noite.</u>	He goes to bed <u>at midnight</u>.

D. <u>Reflexive verbs</u>. A verb is called <u>reflexive</u> when its subject and object are the same. These verbs are always accompanied by a reflexive pronoun which corresponds to the subject of the verb. Examples are:

acordar-se	- to wake up
chamar-se	- to be named/called
deitar-se	- to go to bed; to lie down
levantar-se	- to get up; to rise
sentar-se	- to sit down
sentir-se	- to feel
vestir-se	- to get dressed

1. The reflexive pronoun precedes the conjugated verb form when the subject is expressed.

eu <u>me</u> levanto	- I get up, I do get up, I am getting up
ele/ela <u>se</u> levanta	- he/she gets up, does get up, is getting up
você <u>se</u> levanta	- you get up, do get up, are getting up
nós <u>nos</u> levantamos	- we get up, do get up, are getting up
eles/elas <u>se</u> levantam	- they get up, do get up, are getting up
vocês <u>se</u> levantam	- you get up, do get up, are getting up

2. <u>Placement of reflexive pronoun.</u> The reflexive pronoun <u>always</u> <u>precedes</u> the conjugated verb form in the negative, interrogative, and in dependent clauses as well.

Nós <u>não nos levantamos</u> cedo.	- We <u>don't get up</u> early.
Vocês <u>se sentem</u> cansados?	- <u>Do you feel</u> tired?
Ele pensa <u>que se veste</u> bem.	- He thinks <u>he is a smart dresser</u>.

3. When the reflexive verb is used in the infinitive form after another conjugated verb, the reflexive pronoun can be attached to the infinitive or placed immediately before it.

Ele pode sentar-<u>se</u> ali.	- He can sit down there.
Ele pode <u>se</u> sentar ali.	
Vamos levantar-nos cedo.	- We are going to get up early.
Vamos <u>nos</u> levantar cedo.	

E.   Numbers (10-50)

dez	ten
onze	eleven
doze	twelve
treze	thirteen
quatorze	fourteen
quinze	fifteen
dezesseis	sixteen
dezessete	seventeen
dezoito	eighteen
dezenove	nineteen
vinte	twenty
vinte e um, etc.	twenty-one
trinta	thirty
quarenta	forty
cinqüenta	fifty

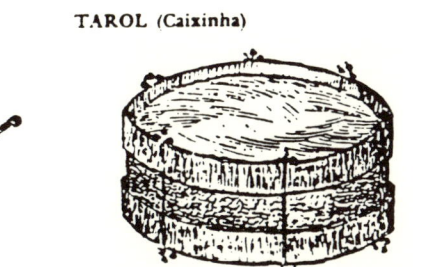

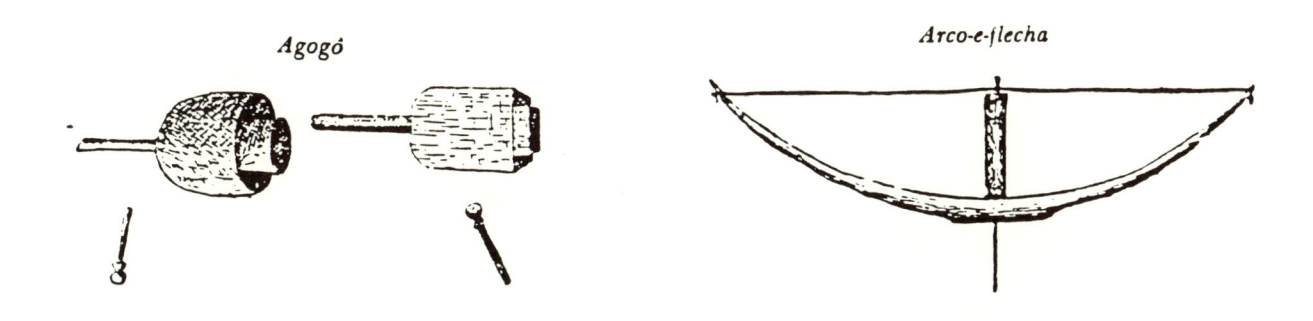

TAROL (Caixinha)

Agogô

Arco-e-flecha

VOCABULÁRIO

o	almoço - lunch			lindo, -a - gorgeous
	até - until; even			louro, -a - blond
	até a - as far as			mais - more
o	ator - actor		a	meia-hora - half-hour
a	atriz - actress		a	meia-noite - midnight
a	biblioteca - library		o	meio-dia - noon
a	bicicleta - bicycle			menos - less, except, minus
o	café da manhã - breakfast			moreno, -a - dark-complexioned
	cansado, -a - tired		o/a	namorado/a - boy/girlfriend
	castanho, -a - brown (eyes and hair)		o/a	noivo, -a - fiancé, fiancée
o/a	companheiro, -a - companion		o	ônibus (os ônibus) - bus
	companheiro/a de quarto - roommate			pequeno, -a - little, small
a	criança - child		o/a	político, -a - politician
	elegante - elegant, fine		o/a	primo, -a - cousin
	encantador, -a - enchanting, charming, delightful			pronto, -a - ready
o	espelho - mirror		o	quarto - bedroom
a	família - family		a	residência - dormitory
	feliz - happy		o	relógio - watch, clock
	geralmente - generally		o/a	tio, -a - uncle, aunt
	grande - large, great		a	televisão (-ões) - television
	importante - important			assistir televisão - to watch television
	juntos, -as - together		a	universidade - university
			o/a	universitário, -a - university student
			a	verdade - truth

VERBOS

acordar - to wake someone up
almoçar - to eat lunch, have lunch
assistir (a) - to attend
começar (a) - to begin
conversar - to talk, converse
jantar - to have dinner, supper
poder (posso) - can/may, be able to
pôr - to put, place
    ponho   pomos
    põe   põem

pretender - to intend
sentir (sinto) - to be sorry; to feel
ter - to have
    tenho   temos
    tem   têm
ter que - to have to
terminar - to finish, to end
vestir (visto) - to dress
vir - to come
    venho   vimos
    vem   vêm

EXPRESSÕES

A que horas... - (At) what time...?
Está certo! - Fine!; OK!
Está na hora de (+ inf.) - It's time to...

EXERCÍCIOS

A. Answer each question negatively. Follow the example.

Nós temos que estudar muito?
- Não, nós não temos que estudar muito.

1. Você tem que levantar-se agora?
2. Vocês têm que estudar aos sábados?
3. Nós temos que ser simpáticos?
4. Ela tem que voltar para casa cedo?
5. O político tem que dizer a verdade?

B. Answer affirmatively with complete sentences. Use the proper form of the possessive adjective, when appropriate. Notice the example.

Você tem o seu jornal?
- Tenho, sim. Tenho o meu jornal.

1. Você tem a sua revista?
2. Você gosta do seu quarto?
3. O Paulo conversa com a sua amiga?
4. A Marisa telefona para o seu médico?
5. Você e eu temos camisas novas?
6. A Angela mora com o seu primo?
7. Você sempre vem de ônibus?
8. Vocês almoçam com a sua tia todos os dias?

C. Answer affirmatively with a complete sentence. Use a correct form of dele, dela, deles, delas. Notice the example.

A camisa é do Paulo?
- É, a camisa é dele.

1. Os sapatos são da Heloísa? *São, os sapatos são dela.*
2. O quarto é da Sônia e da Júlia? *É, o quarto é delas.*
3. A televisão é da dona Teresa? *É, o televisão é dela.*
4. O relógio é do seu Joaquim? *É, o relógio é seu/dele.*
5. A piscina é dos rapazes e das moças? *É, a piscina é deles.*
6. As bicicletas são dessas crianças? *São, as bicicletas são delas.*
7. As meias são do Eduardo? *São, as meias são do Eduardo (dele).*
8. O carro verde é do doutor Anselmo? *É, o carro verde é dele.*
9. As revistas são daquela mulher? *São, as revistas são dela.*
10. O problema é do nosso vizinho? *É, o problema é dele.*

D. Use the proper reflexive pronoun in each answer. Notice the example.

Você se levanta cedo?
- Eu me levanto cedo.

1. O Pedro se deita tarde?
2. A que horas você se acorda?
3. E a que horas você se levanta?
4. Como vocês se sentem agora?
5. Nós podemos sentar-nos aqui?
6. Elas pretendem acordar-se cedo?
7. Por que você se veste depressa?
8. Quem vai sentar-se perto dele?
9. Você vai levantar-se às sete e meia?
10. Aquela moça se chama Ana?

E. Answer each question negatively. Notice the example.

Paulo se senta perto da janela?
- Não, ele não se senta perto da janela.

1. Vocês se preparam para partir?
2. A Anita e a Cristina se sentem bem?
3. Você se vê no espelho?
4. Nós temos que deitar-nos cedo todos os dias?
5. Eu tenho que sentar-me aqui?
6. Você gosta de levantar-se cedo aos domingos?
7. Você e esse rapaz se conhecem?
8. A Anita e seu namorado se telefonam muito?
9. Os seus parentes se visitam freqüentemente?
10. Os democratas e os republicanos se compreendem?

F. Answer each question with a complete sentence. Use the cues to the right in your reply. Notice the example.

A que horas o filme começa?   7:30 PM
- O filme começa às sete e meia da noite.

1. Que horas são agora?	10:45 AM
2. A que horas o jogo começa?	1:00 PM
3. A que horas a aula termina?	12:50 PM
4. Quando você vai fazer compras?	after 3 PM
5. Quando você vai telefonar para a Ana?	in the evening
6. A que horas almoçamos?	noon
7. A que horas jantamos?	between 6 and 7 PM
8. A que horas você vai levantar-se amanhã?	after 8 AM
9. A que horas você vai deitar-se?	after midnight
10. Quando eles vão partir?	tomorrow afternoon

Luis Fernando Verissimo

O único animal

O homem é o único animal que ri dos outros.

O homem é o único animal que passa por outro e finge que não vê.

É o único que fala mais que o papagaio.

É o único que gosta de escargot (fora, claro, o escargot).

É o único que acha que Deus é parecido com ele.

E é o único...

...que se veste

...que veste os outros

...que despe os outros

...que faz o que gosta escondido

...que muda de cor quando se envergonha

...que se senta e cruza as pernas

...que sabe que vai morrer

...que pensa que é eterno

...que não tem uma linguagem comum a toda a espécie

...que se tosa voluntariamente

...que lucra com os ovos dos outros

...que pensa que é anfíbio e morre afogado

...que tem bichos

...que joga no bicho

...que aposta nos outros

...que compra antenas

...que se compara com os outros.

O homem não é o único animal que alimenta e cuida das suas crias, mas é o único que depois usa isso para fazer chantagem emocional.

Não é o único que mata, mas é o único que vende a pele.

Não é o único que mata, mas é o único que manda matar.

E não é o único...

...que voa, mas é o único que paga para isso

...que constrói casa, mas é o único que precisa de fechadura

...que constrói casa, mas é o único que passa quinze anos pagando

...que foge dos outros, mas é o único que chama isso de retirada estratégica

...que trai, polui e aterroriza, mas é o único que se justifica

...que engole sapo, mas é o único que não faz isso pelo valor nutritivo

...que faz sexo, mas é o único que faz um boneco inflável da fêmea

...que faz sexo, mas é o único que precisa de manual de instrução.

Brasil — mapa político

Tambus

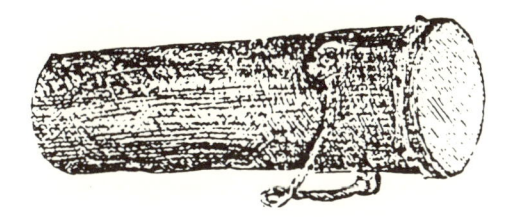

Caixa

Urucungo

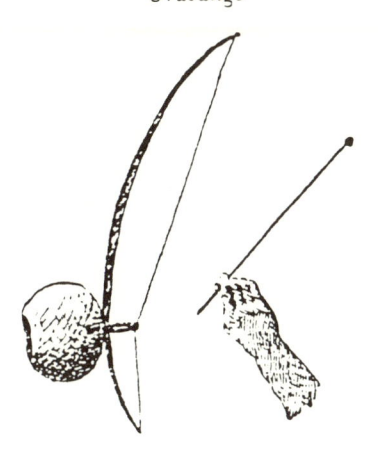

Pistão

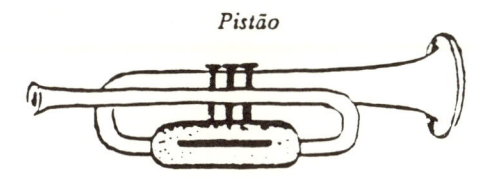

Quinjengue ou Mulemba

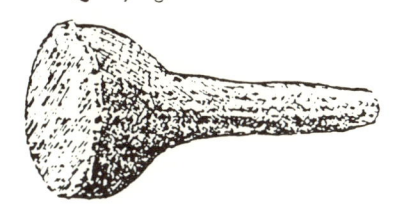

Violas

Rabeca

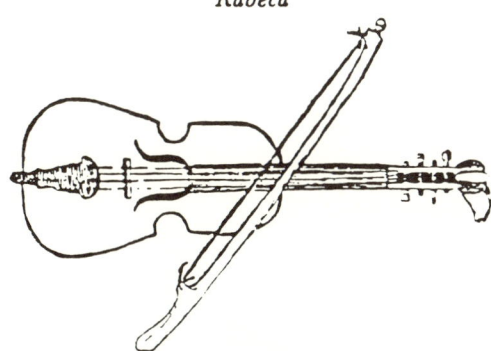

Triângulo

Lição 5

Marina: - O que é que há com você, Ricardo?

Ricardo: - Eu estou com muito sono e também tenho dor de cabeça.

Marina: - O que você fez ontem à noite?

Ricardo: - Eu saí com amigos e nós bebemos muita cerveja. Gastei muito, mas foi uma farra boa.

Marina: - Você foi para suas aulas hoje?

Ricardo: - Fui, sim. Mas, quase adormeci.

Marina: - Você viu a Ângela? Ela quis falar com você.

Ricardo: - Não falei com ela, não. Devo dinheiro para ela, mas vou pagar amanhã. Agora vou para casa.

Marina: - Não quer almoçar comigo?

Ricardo: - Eu não tenho vontade de comer nada. Só quero dormir. Até mais tarde.

PARA APRENDER

A. The preterite, or simple past tense, is used to express a simple, completed past action. The underlined letters in the examples given below are the preterite endings for the different conjugations. The -ar, -er, or -ir must be removed from the infinitive before the preterite endings are attached.

-AR
fal/ar

eu falei	- I spoke, did speak
ele, ela falou	- he/she spoke, did speak
você falou	- you spoke, did speak
nós falamos	- we spoke, did speak
eles, elas falaram	- they spoke, did speak
vocês falaram	- you spoke, did speak

-ER
com/er

eu comi	- I ate, did eat
ele, ela comeu	- he/she ate, did eat
você comeu	- you ate, did eat
nós comemos	- we ate, did eat
eles, elas comeram	- they ate, did eat
vocês comeram	- you ate, did eat

-IR
abr/ir

eu abr<u>i</u>	- I opened, did open
ele, ela abr<u>iu</u>	- he/she opened, did open
você abr<u>iu</u>	- you opened, did open
nós abr<u>imos</u>	- we opened, did open
eles, elas abr<u>iram</u>	- they opened, did open
vocês abr<u>iram</u>	- you opened, did open

It will be noted that the first person plural of regular verbs is the same in the present and in the preterite tenses. The context in which the verb is used will be your guide as to its meaning.

<u>Falamos</u> com o professor <u>ontem</u>.   We <u>spoke</u> to the teacher <u>yesterday</u>.
<u>Falamos</u> com o professor quando ele   We <u>speak</u> to the teacher when he <u>enters</u> the
<u>entra</u> na aula.   classroom.

B. <u>Spelling changes in the preterite tense</u>

   a.   Verbs of the first conjugation ending in -çar do <u>not</u> use the cedilla under the "c" in the first person singular.

      começar - comecei   -but começou, etc.
      dançar - dancei   -but dançou, etc.

   b.   Verbs of the first conjugation ending in -car must change the "c" to "qu" before adding the first person singular ending, in order to keep the hard sound.

      tocar - toquei   -but tocou, etc.
      ficar - fiquei   -but ficou, etc.

   c.   Verbs of the first conjugation ending in -gar must change the "g" to "gu" before adding the first person singular ending, in order to maintain the hard sound.

      ligar - liguei   -but ligou, etc.
      pagar - paguei   -but pagou, etc.

C. There are a number of verbs which have irregular preterite forms. These must be learned when given in the lesson. Preterite tense of irregular verbs studied thus far:

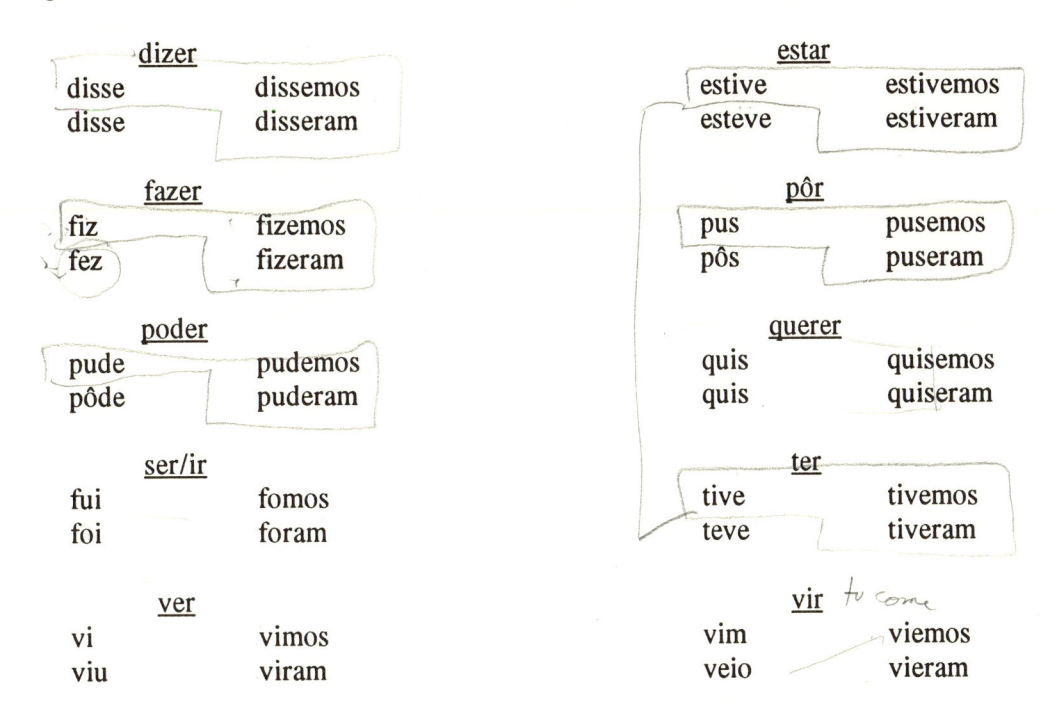

dizer			estar	
disse	dissemos		estive	estivemos
disse	disseram		esteve	estiveram

fazer			pôr	
fiz	fizemos		pus	pusemos
fez	fizeram		pôs	puseram

poder			querer	
pude	pudemos		quis	quisemos
pôde	puderam		quis	quiseram

ser/ir			ter	
fui	fomos		tive	tivemos
foi	foram		teve	tiveram

ver			vir *to come*	
vi	vimos		vim	viemos
viu	viram		veio	vieram

☞ Notice that the verbs <u>ir</u> and <u>ser</u> are exactly the same in the preterite tense. Their meaning will be clear in the context of the sentences in which they appear.

Fui ao cinema com Alice. — I went to the movie with Alice.
Fomos visitar os nossos amigos. — We went to visit our friends.
Ontem foi domingo. — Yesterday was Sunday.
Ele foi professor durante muitos anos. — He was a teacher for many years.

D. To refresh your memory, we repeat:

In Portuguese an <u>infinitive</u> is always used after a preposition. Notice the possible translations into English.

Ele começou <u>a falar</u>. — He began <u>speaking</u>. (or: He began <u>to speak</u>.)

Não tive vontade <u>de levantar-me</u>. — I didn't feel like <u>getting up</u>.

Ela estudou <u>para aprender</u>. — She studied in order <u>to learn</u>.

	AR	ER	IR
eu	ei	i	i
ele, ela, você	ou	eu	iu
nós	amos	emos	imos
eles, elas, vocês	aram	eram	eram

E. Many common physical and mental states are frequently described by use of
TER / ESTAR COM + noun.

Ter is used when describing a general situation whereas estar com emphasizes the more immediate situations:

Sempre tenho frio nesta sala mas hoje estou com calor.

TER / ESTAR COM:

(o) calor	to be hot
(o) frio	to be cold
(a) fome	to be hungry
(a) sede	to be thirsty
(a) pressa	to be in a hurry
(a) raiva (de)	to be angry
(o) sono	to be sleepy
(o) medo (de)	to be afraid
(a) febre	to have a fever
(o/os) ciúme(s) (de)	to be jealous
(a) vergonha	to be embarrassed
(a/as) saudade(s) (de) + noun	to miss
(a) vontade (de) + inf.	to feel like
(a) dor de (cabeça, etc)	to have a (head)ache, etc.

Você está com pressa?	- Are you in a hurry?
Estou com sono agora.	- I'm sleepy now.

The Portuguese equivalent of very in these verb phrases is expressed by the appropriate form of the adjective muito.

Temos muito medo da polícia.	- We're very afraid of the police.
Lígia tem muitas saudades de casa.	- Lígia is very homesick.

The expressions above can be emphasized by substituting estar morrendo de for ter / estar com:

Estou morrendo de frio!	- I'm freezing!
André está morrendo de vergonha!	- André is mortified!

Note that estar (and not ter or estar com) is used with adjectives:

Hoje nós estamos tristes.	- We're sad today.
A água está quente.	- The water is warm.
Por que você está tão alegre?	- Why are you in such a good mood?

VOCABULÁRIO

	alegre - happy; in a good mood *numa boa*	a	farra - wild party, binge
o	aluguel - rent	o	futebol - soccer
o	ano - year		já - already
	barato, -a - cheap	o	mês - month
o	basquete - basketball		ontem - yesterday
a	cama - bed		quase - almost
	caro, -a - expensive	o	sorvete - ice cream
o	cheque - check		tão (adv.) - so, as
o	curso - course	a	vez - time; turn
o	erro - mistake		em vez de - instead of
		o	vôlei - volleyball

VERBOS

acabar - to finish, end, terminate
achar - to find, think, believe
adormecer (adormeço) - to fall asleep
alugar - to rent
beber - to drink
buscar - to call for, pick up, get *to look for procurar*
comprar - to buy
custar - to cost
dançar - to dance
dever - must, ought; owe
dormir (durmo) - to sleep
esperar - to wait for, hope, expect

ficar - to be located; become; stay or remain
gastar - to spend
haver (há) - there is, there are *tem*
jogar - to play (a sport or cards); throw
ligar - to call; connect
mandar - to send, order
pagar - to pay
precisar (de) - to need *antes de substantivos*
receber - to receive
sobrar - to be left over *de sobra*
tocar - to touch; play (an instrument, record, tape)

EXPRESSÕES

O que (é que) há com você? - What's the matter with you?
O que (é que) você tem? - What's the matter with you?
Se você quiser, ... - If you want, ...
Acho bom (+ inf.) ... - I think it's a good idea to ...

EXERCÍCIOS

A. Answer these questions:

1. Você recebe dinheiro dos pais todos os meses?
2. O que é que você fez com o cheque que recebeu do pai?
3. Você comprou as flores para ela?
4. Vocês adormeceram durante o filme?
5. Aonde você foi ontem depois de almoçar?

6. Você gosta de farras?
7. Você tem vontade de voltar para a cama agora?
8. Vocês dormiram bem ontem à noite?
9. O que é que você faz quando tem dor de cabeça?
10. Como é que você se sente agora?
11. Quando nós não nos sentimos bem, vamos ao médico?
12. Em vez de estudar todas as tardes, o que seus amigos fazem?
13. O que vocês viram hoje quando entraram no supermercado?

B. Translate the following:

1. The child got sleepy.
2. I stayed home.
3. Your parents came to visit.
4. You and I went home.
5. I arrived late.
6. He made a mistake.
7. We paid the bills.
8. I danced a lot.
9. We got up at noon.
10. I spoke to John.
11. They had problems.
12. I began to understand.
13. I could not go to the post office.
14. She fell asleep in class.

C. Answer in the negative. Omit the subject. Notice the example.

João escreveu a lição?
- Não, não escreveu.

1. Você tomou o sorvete?
2. Você leu o livro?
3. Maria pôs os jornais na mesa?
4. Alfredo e você escreveram a carta?
5. Os meninos viram o filme?
6. Vocês leram o jornal?
7. Pedro e José foram à praia?

D. Answer in the affirmative. Use <u>only subject pronouns</u>. Make the necessary substitutions. Notice the example.

Paulo dormiu tarde?
- Sim, ele dormiu tarde.

1. Você tocou piano ontem?
2. Jonas se sentiu bem ontem?
3. Os engenheiros mandaram o dinheiro?
4. Você e Maria receberam o cheque?
5. As moças compraram o relógio?
6. Você chegou cedo?
7. A Rosa dormiu bem?
8. Vocês foram a uma festa ontem?

E. Put the verb of each sentence into the preterite tense. Notice the example.

　　　Ele vai ao cinema.　　　Ele foi ao cinema.

1. Eu digo a verdade. *Eu disse a verdade.*
2. Não temos vontade de dormir. *Não tivemos vontade de dormir.*
3. Os amigos vão ao cinema às oito horas. *foram*
4. Eu me levanto às sete horas. *Me levantei*
5. Nós estamos na farmácia. *estivemos*
6. Alberto não assiste à aula. *assistiu*
7. Eduardo e Simone não querem sair. *quiseram*
8. O médico faz um erro. *fez*
9. A dentista abre a porta e entra. *abriu entrou*
10. Eu não vejo o cheque. *vi*
11. Eu durmo bem. *dormi*
12. Não ouço o que ele diz. *ouvi disse*
13. Aprendemos a ler. *Aprendemos*
14. Não leio o jornal. *li*

F. Answer with complete sentences. Use the expression opposite each question in your answer.

　　　O que vocês compraram?　　　umas revistas
　　　- Compramos umas revistas.

1. O que é que você pagou ontem? — o aluguel *Paguei o aluguel ontem.*
2. Onde é que Leo tomou o café da manhã? — em casa *Leo tomou o café da manhã em casa.*
3. Quando é que você jantou no restaurante? — ontem à noite *Jantei lá ontem à noite.*
4. Com quem é que Ana saiu? — com uns amigos *Ana saiu com uns amigos*
5. A que horas você almoçou? — às onze e meia *Almocei às 11 e meia.*
6. Quando é que Rui e Andrea se deitaram? — à meia-noite *Eles se deitaram às diz horas.*
7. O que você leu? — um jornal *Li um jornal.*
8. A que horas Isabel se levantou? — às seis e quinze *Ela se levantou à 6:15*
9. A que horas você se levantou? — às oito e vinte *Eu me levantei às 8:20*
10. Aonde vocês foram ontem? — ao cinema *Fomos ontem ao cinema.*

G. Translate into Portuguese:

1. I have a headache now because I'm very hungry. *Estou com dor de cabeça porque tenho muita fome.*
2. Tânia is sad because Luísa and Sandra are (angry) *zangadas*. *Tânia está triste porque elas estão com raiva.*
3. When we are thirsty, we don't feel like drinking coffee. *Quando temos sede, não queremos tomar café*
4. I am freezing. Do I have a fever? *Estou morrendo de frio. Eu estou com febre?*
5. When José is homesick, he feels like going back to Brazil.
Quando José está com saudades de casa, quer volver ao Brasil
→ voltar
regresar

93

Lição 6

Sílvia: — Oi, Mário! Passei lá na sua casa ontem mas você não estava.

Mário: — Vamos ver . . . O que foi que eu fiz ontem? Ah, sim. Ontem foi domingo e fazia um tempo lindo. Fui passear de bicicleta com uns amigos cariocas.

Sílvia: — Ah, é? Foi por isso que fui à sua casa. O tempo estava realmente maravilhoso e eu queria convidar você para um passeio de carro pelas praias.

Mário: — Sinto muito. Eu não sabia que você ia passar lá em casa . . .

Sílvia: — Tudo bem. Para onde vocês foram?

Mário: — Nós fomos a uma fazenda a uns quinze quilômetros daqui, e fizemos um pique-nique à beira dum lago.

Sílvia: — Vocês levaram um lanche?

Mário: — Levamos, sim. Na hora do lanche havia tanta comida que não sabíamos o que comer primeiro: sanduíches de queijo e presunto, batatinhas fritas, galinha assada, farofa, azeitonas, bananas, melancia, goiabada . . .

Sílvia: — Nossa! Quanta comida! E todos tomaram banho?

Mário: — Eu tomei. Fazia bastante calor e às quatro e meia resolvi pular na água. Mas algumas pessoas não tomaram banho. Tinham medo de pôr os pés na água porque pensavam que estava fria demais. Além disso, eles diziam que não sabiam nadar.

Sílvia: — E a que horas vocês voltaram para casa?

Mário: — Eram sete da noite quando cheguei em casa. Eu estava morrendo de fome, e quando abri o refrigerador, vi que não tinha nada para comer.

PARA APRENDER

A. The <u>imperfect tense</u> of regular verbs

FALAR
fal/ar

eu fal<u>ava</u>	— I was speaking, I used to speak, I spoke
ele, ela fal<u>ava</u>	— he/she was speaking, used to speak, spoke
você fal<u>ava</u>	— you were speaking, used to speak, spoke
nós fal<u>ávamos</u>	— we were speaking, used to speak, spoke
eles, elas fal<u>avam</u>	— they were speaking, used to speak, spoke
vocês fal<u>avam</u>	— you were speaking, used to speak, spoke

COMER
com/er

eu com<u>ia</u>	-	I was eating, I used to eat, I ate
ele, ela com<u>ia</u>	-	he/she was eating, used to eat, ate
você com<u>ia</u>	-	you were eating, used to eat, ate
nós com<u>íamos</u>	-	we were eating, used to eat, ate
eles, elas com<u>iam</u>	-	they were eating, used to eat, ate
vocês com<u>iam</u>	-	you were eating, used to eat, ate

ABRIR
abr/ir

eu abr<u>ia</u>	-	I was opening, I used to open, I opened
ele, ela abr<u>ia</u>	-	he/she was opening, used to open, opened
você abr<u>ia</u>	-	you were opening, used to open, opened
nós abr<u>íamos</u>	-	we were opening, used to open, opened
eles, elas abr<u>iam</u>	-	they were opening, used to open, opened
vocês abr<u>iam</u>	-	you were opening, used to open, opened

B. The imperfect tense of some verbs is irregular. Following are the irregular imperfect forms of verbs studied thus far.

SER		PÔR	
era	éramos	punha	púnhamos
era	eram	punha	punham

TER		VIR	
tinha	tínhamos	vinha	vínhamos
tinha	tinham	vinha	vinham

C. <u>Use of the imperfect tense</u>. In general terms the imperfect is a tense used to describe what <u>was going on</u> in the past. In more specific terms:

1. The imperfect is used to express the idea that the action or state of being in the past was habitual or that it continued over a period of time. In such instances the translation may be "used to," "would," or the simple past tense of the verb.

   Quando eu <u>era</u> pequeno, <u>íamos</u> à praia todos os domingos.
   - When I <u>was</u> little, we <u>used to go</u> (or <u>would go</u>, or <u>went</u>) to the beach every Sunday.

   Quando os meus pais ainda <u>viviam</u>, sempre <u>jantávamos</u> juntos.
   - When my parents <u>were</u> still <u>living</u>, we always <u>used to have</u> (<u>would have</u> or <u>had</u>) dinner together.

2. The imperfect is used to <u>describe</u> actions that <u>were going on</u> in the past and not completed at any definite time.

   Ele <u>lia</u> enquanto eu <u>ouvia</u> o rádio.
   - He <u>was reading</u> while I <u>was listening</u> to the radio. (or: He <u>read</u> while I <u>listened</u> to the radio.)

3. The imperfect is used to <u>describe</u> an action which <u>was going on</u> in the past when another event occurred.

   <u>Chovia</u> quando ela <u>saíu</u>.   - It <u>was raining</u> when she <u>went out</u>.

   <u>Íamos</u> jantar quando eles <u>chegaram.</u>   - We <u>were going</u> to dine when they <u>arrived</u>.

4. It is often difficult to decide whether to use the imperfect or the preterite tense in your translation into Portuguese when the English sentence uses the simple past tense.

   a. If the action is definitely completed, use the preterite.

   <u>Saltaram</u> para dentro da água.   - They <u>jumped</u> into the lake.
   <u>Fomos</u> ao cinema ontem.   - We <u>went</u> to the movies yesterday.

   b. If a verb is describing a past situation, use the imperfect.

   O mar <u>estava</u> calmo.   - The sea <u>was</u> calm.
   <u>Fazia</u> muito calor naquela tarde.   - It <u>was</u> very hot that afternoon.

5. A number of verbs and expressions are generally used in the imperfect tense because it is difficult to tell exactly when the action began and ended. Among these are <u>poder</u>, <u>saber</u>, <u>querer</u>, <u>sentir</u>, <u>ter/estar com</u> vontade de, etc.

   Note the following examples and translations:

   Ele <u>sabia</u> que não <u>podia</u> fazê-lo e por isso <u>desistiu</u>.
   - He <u>knew</u> he <u>couldn't</u> do it, so he <u>gave up</u>.

   (<u>Sabia</u> and <u>podia</u> are not limited by a definite time, so they are expressed in the imperfect; <u>desistiu</u> is a completed action, and therefore is expressed in the preterite.)

   Eu <u>queria</u> falar com ele porque ele <u>parecia</u> ter tanto medo.
   - I <u>wanted</u> to speak with him because he <u>seemed</u> to be so afraid.

   (No definite time limit is expressed, but a description in past time is being made so the imperfect tense is used.)

6. <u>Always</u> use the imperfect when <u>telling time</u> or <u>age</u> in a past context.

<u>Era</u> uma hora quando saímos da farmácia. — <u>It was</u> one o'clock when we left the drug store.

Quando começou a chover <u>eram</u> nove e meia. — When it began to rain <u>it was</u> 9:30.

João <u>tinha</u> só 9 anos quando seu pai morreu. — John <u>was</u> only 9 years old when his father died.

D. <u>Formation of the present participle.</u> (The present participle in English is the <u>-ing</u> form of the verb). To form the present participle in Portuguese, drop the final <u>-r</u> of the infinitive and add <u>-ndo</u>. There are no exceptions.

    falar - fala<u>ndo</u> - speaking
    comer - come<u>ndo</u> - eating
    abrir - abri<u>ndo</u> - opening

E. <u>The progressive tenses.</u> These tenses are used to describe <u>more</u> <u>emphatically</u> and <u>vividly</u> an action that <u>is</u> or <u>was in progress</u> at a given moment. They are formed by using the correct tense of the auxiliary verb <u>estar</u> followed by the <u>present participle</u> of the main verb.

PRESENT PROGRESSIVE

eu estou estudando	I am studying
ele, ela está estudando	he/she is studying
você está estudando	you are studying
nós estamos estudando	we are studying
eles, elas estão estudando	they are studying
vocês estão estudando	you are studying

1. O que vocês <u>estudam</u> na universidade? — What <u>are</u> you <u>studying</u> at the university?
<u>Estudamos</u> francês e português. — We <u>are</u> studying French and Portuguese.

2. O que vocês <u>estão fazendo</u> agora? — What <u>are</u> you <u>doing</u> now?
<u>Estamos ouvindo</u> música. — We <u>are listening</u> to music.

Notice that the verbs in the examples given above can be translated into English by using the same tense. However, in example (1) we have a general statement; whereas the use of the progressive tense in example (2) emphasizes and more vividly describes the action that is taking place.

PAST PROGRESSIVE

eu estava estudando	- I was studying
ele, ela estava estudando	- he/she was studying
você estava estudando	- you were studying
nós estávamos estudando	- we were studying
eles, elas estavam estudando	- they were studying
vocês estavam estudando	- you were studying

3. <u>Eu preparava</u> o jantar quando me chamaram.   - I <u>was preparing</u> dinner when they called me.

4. Eu <u>estava preparando</u> o jantar quando me chamaram.   - I <u>was preparing</u> dinner when they called me.

F. An alternate construction that substitutes for the present participle is formed by using the preposition <u>a</u> + <u>infinitive</u>. This form is used almost exclusively in continental Portuguese in the progressive tenses.

falando
a falar - speaking

ouvindo
a ouvir - hearing, listening

Ela estava <u>a falar</u> comigo.   - She was <u>speaking</u> with me.

G. To express certain weather phenomena in Portuguese the verbs <u>fazer</u> and <u>estar</u> are used. <u>Fazer</u> is followed by a noun and <u>estar</u> by an adjective.

1. <u>Faz</u> calor.
   <u>Está</u> quente.   - It is hot.

2. <u>Fazia</u> tempo bom.
   O tempo <u>estava</u> bom.   - The weather was fine.

3. <u>Faz</u> um dia lindo.
   O dia <u>está</u> lindo.   - It's a beautiful day.

VOCABULÁRIO

a	água - water			freqüentemente - frequently
	algum, -a - some			frito, -a - fried
	assado, -a - baked, roasted		a	galinha - chicken *frango*
o	avião - airplane		a	garrafa - bottle
a	azeitona - olive		a	gente - people; one, we
a	banana - banana		a	goiabada - guava jelly
o	banho - bath		o	inverno - winter
	tomar banho - to take a bath or shower		o	jantar - dinner, supper
	tomar banho de mar - swim in the ocean		o	lanche - snack
			o	mar - ocean
	bastante - enough			maravilhoso, -a - marvelous
a	batata - potato		a	melancia - watermelon
	batatinhas fritas - potato chips or french fries		o	passeio - walk, stroll
				dar um passeio - to go for a walk, stroll, ride
a	beira - edge		a	pessoa - person
	à beira de - at the edge of		o	pique-nique - picnic
o	cachorro - dog			fazer um pique-nique - to have a picnic
	calmo, -a - calm			por - by, for, through
a	canção - song			por isso - therefore, for that reason
o/a	carioca - native of Rio de Janeiro		o	pôr-do-sol - sunset *anoitecer / amanhecer*
a	comida - food		o	prato - plate, dish
a	conta - bill		o	presunto - ham
o	copo - water glass			quanto, -a - how much
	cozido, -a - cooked, boiled		o	queijo - cheese
	demais (adv.) - too, excessively			realmente - really
o	estádio - stadium		o	sanduíche - sandwich
a	fábrica - factory		o	terraço - terrace
a	farofa - manioc flour toasted in butter or olive oil		o	verão (-ões) - summer
a	fazenda - farm		o	violão (-ões) - guitar

VERBOS

brincar - to play, joke
casar-se - to get married
chover - to rain
correr - to run
dar - to give
Present = *estar*   Preterite *reg. -er*
dou damos   dei demos
dá   dão   deu deram
deixar - to leave, abandon; let, allow
→ desejar - to want, desire
desistir - to desist, give up
discutir - to discuss; argue
divertir-se (divirto-me) - to have a good time, to enjoy oneself
esquecer-se (de)(esqueço-me) - to forget
morrer - to die

mudar - to change, move
nadar - to swim
nascer - to be born
observar - to observe, watch, notice
olhos ← olhar (para) - to look (at)
passar - to pass, go by; to spend time
passear - to take a walk
    passeio passeamos
    passeia passeiam
pedir (peço) - to ask for, request
pensar - to think
pular - to jump, leap
resolver - to decide, resolve
saber (sei) - to know, know how
viajar - to travel

EXPRESSÕES

além disso - besides
de repente - suddenly
de vez em quando - once in a while
mais um(a) (cerveja) - one more (beer)
Nossa! - Good Heavens!
outra vez - again, once more

pedir desculpas - to apologize
Desculpe! - Oops!; Sorry!
pedir licença - to excuse oneself
Com/Dá licença! - Excuse me!
pouco a pouco - little by little

EXERCÍCIOS

A. Repeat each sentence with the verb in the <u>imperfect</u> tense as in the example:

O Pedrinho teve muito medo.   O Pedrinho <u>tinha</u> muito medo.

1. Marlene foi ao cinema com a tia dela.
2. Você tomou o café da manhã às oito? *I didn't used to*
3. O Alberto chegou tarde demais.
4. O jornalista fez muitas perguntas ao cantor.
5. Por que você veio de ônibus?

B. Repeat each sentence, putting the verb in the <u>progressive</u> form. Notice the examples:

Maria fala inglês agora.   Maria <u>está falando</u> inglês agora.
Roberto corria no parque.   Roberto <u>estava correndo</u> no parque.

1. Eles jantam no restaurante chinês.
2. A Elisa lia no terraço.
3. Os atletas saíam do estádio.
4. Os irmãos dela nadam no lago.
5. Eu aprendo pouco a pouco.
6. Todos repetiam o prato.
7. A família Pires mora longe de nós.
8. Você e o seu namorado assistiam televisão.

C. Change the verbs in the following sentences from the present to the <u>imperfect</u> tense.

Eu sempre <u>almoço</u> ao meio-dia.   Eu sempre <u>almoçava</u> ao meio-dia.

1. Todos os verões nós passamos duas semanas na praia. *Nós passávamos 2 semanas na praia*
2. Os funcionários geralmente pagam as contas antes do fim do mês. *Os f. geralmente pagavam as contas antes de fim-do-mês.*
3. Às vezes a Isabel chega tarde. *Às vezes a Isabel chegava tarde.*
4. De vez em quando o Zé vem convidar a gente para uma festa. *vinha*
5. Freqüentemente damos um passeio de bicicleta. *dávamos*
6. Por que você compra as mesmas comidas todas as semanas? *comprava*
7. Todo dia primeiro de janeiro nós dizemos que vamos mudar de vida. *dizíamos, íamos*
8. Toda segunda-feira eu tenho o mesmo problema. *tinha*
9. Geralmente os meninos têm sono depois do jantar. *tinham*
10. Por que você sempre está pedindo desculpas? *estava*

D. Answer these questions:

1. Que horas eram quando você se deitou ontem à noite?
2. Fazia muito calor no seu quarto enquanto vocês estavam dormindo?
3. O Fábio tinha medo da água quando era pequeno?
4. O que a Sônia fazia quando a Teresa chegou?
5. Fazia muito calor quando eles resolveram pular na água?
6. Quantos anos você tinha quando viajou de avião pela primeira vez?
7. Onde os seus pais moravam quando eles se casaram?

E. Complete the following sentences according to the example below. Be sure to use the <u>progressive</u> form.

Quando o telefone tocou, ela <u>estava se vestindo.</u>
(VESTIR-SE)

1. Quando começou a chover, nós _____.
(PASSEAR DE BICICLETA)

2. Quando a Valéria chegou, você _____.
(LER NO SEU QUARTO)

3. Quando conheci a Tânia, ela _____.
(MORAR COM OS PAIS DELA)

4. Quando saímos do cinema, _____.
(CHOVER)

5. Quando eu vi as crianças, elas _____.
(BRINCAR LÁ FORA)

F. Fill in the blanks with the correct form of either the <u>preterite</u> or the <u>imperfect</u> of the verbs indicated:

1. Quando eu __nasci__ meu irmão __tinha__ quatro anos.
    (NASCER)   (TER)

2. No inverno, antes de sair de casa eu sempre __punha__ um casaco.
                                                      (PÔR)

3. Todos os anos meus pais __iam__ visitar minha irmã em Portugal.
                                (IR)

   Mas no ano passado eles não __puderam__ ir.
                                  (PODER)

4. Naquele tempo, o Paulo __*trabalhava*__ na fábrica de relógios.
(TRABALHAR)

O irmão dele _____ na mesma fábrica até o verão que passou.
(TRABALHAR)

5. Eu __*deixei*__ de sair com ela porque freqüentemente nós __*discutíamos*__.
(DEIXAR) (DISCUTIR)

G. Write in Portuguese:

1. Paul was thirsty and we were hungry. *Paulo tinha sede e nós tínhamos fome.*
2. It was a beautiful day. The weather was fine. *Fazia um dia lindo. O tempo estava bom.*
3. I am freezing! Let's go home. *Estou morrendo de frio. bonito Vamo-nos a casa.*
4. He used to know how to do that. *Antes sabia fazer (isso). não precisa antigamente*
5. They forgot to make the sandwiches. *esqueceram fazer os sanduíches*
6. Where did your brother go? *A Onde foi seu irmão*
7. It was only 6:00 PM and already they were sleepy. *Só eram as seis*
8. John got hungry while he was swimming. *João ficou com fome enquanto estava nadando.*
9. We used to go for a bike ride every Sunday. *Dávamos / Passeávamos*
10. I was watching TV when you called. *chamou, ligou*
11. Peter was running in the park when he saw Lúcia. *viu*
12. It was very hot and suddenly I felt like going to the beach.

H. Answer the following questions:

1. Você pretende fazer um pique-nique com os seus amigos no sábado?
2. O que você faz quando quer beber cerveja e não tem copo?
3. Que tempo fez ontem?
4. O que você fazia hoje quando o professor entrou na sala?
5. O café que você tomou hoje de manhã estava frio?
6. Vocês estão com calor agora?

Leitura II

O ALFAIATE JOÃO

João era um bom alfaiate que morava numa pequena cidade da Noruega. Sabia costurar todos os tipos de roupa para homens: calças, camisas, cuecas, paletós, sobretudos, ternos - enfim, qualquer roupa de uso comum. E porque João costurava perfeitamente, todos os habitantes da cidade gostavam dele. As mulheres, contudo, não gostavam tanto de João. "Não há dúvida que ele é um bom sujeito e um bom coração. Mas só faz roupas para homens. Nós, mulheres, temos que comprar roupas muito longe daqui, porque João não sabe costurar para nós." -- assim elas falavam sobre João, dia e noite, noite e dia.

Um dia chegou à cidade uma costureira, mulher muito bonita e muito elegante. "Agora vamos ficar felizes," disseram as mulheres da cidadezinha. "Essa costureira vai fazer as nossas roupas. Agora vamos ter saias, blusas, vestidos, meias e lenços. Tudo vai ser uma maravilha!"

Dois meses depois João começou a passear com a costureira, todos os sábados e todos os domingos- "Eles vão casar," diziam uns. "Eles vão ser muito felizes," diziam outros.

Quando chegou o inverno, João casou mesmo com a costureira. E quando todos pensavam que o casal ia morar na cidade e abrir uma loja de costura, eis que aconteceu o imprevisto - João foi a um jornal e colocou o seguinte anúncio na primeira página:

JOÃO ALFAIATE,
DE BOM CORAÇÃO,
FAZ ESTE AVISO
À POPULAÇÃO:

CANSADO, CANSADO,
DE SÓ COSTURAR
DE AGORA EM DIANTE
VAI SÓ DESCANSAR:

MAS AMA A COSTURA
DE UMA TAL MANEIRA
QUE LEVA CONSIGO
UMA COSTUREIRA.

VOCABULÁRIO

	acontecer - to happen		eis que - that's when
o	alfaiate - tailor		enfim - in short
	amar - to love	o	habitante - inhabitant
o	anúncio - advertisement, announcement	o	imprevisto - unexpected
o	aviso - announcement		levar consigo - to take along with him
o	casal - couple, married couple	a	maneira - manner, way
a	cidadezinha - little city		mesmo - really
	colocar - to put, place	a	Noruega - Norway
	comum - common	a	página - page
	contudo - however		perfeito, -a - perfect
o	coração - heart	a	população - population, people
a	costura - sewing		qualquer - any
a	costureira - seamstress		seguinte - following
	daqui (de + aqui) - from here		sobre - on; about; over
	de agora em diante - from now on	o	sujeito - fellow, guy
	descansar - to rest		tal - such, such a
a	dúvida - doubt	o	tipo - type, kind, sort
		o	uso - use, usage

ROUPA (CLOTHES)

a	blusa - blouse	a	gravata - tie
as	botas - boots	o	lenço - handkerchief
a(s)	calça(s) - slacks, trousers	as	luvas - gloves
o	calção - swimming trunks	o	maiô - women's bathing suit
a(s)	calcinha(s) - women's underwear	as	meias - socks
a	camisa - shirt	o	paletó - sport jacket
a	camiseta - T-shirt	o	pijama - pyjamas
a	camisola - nightgown	a	saia - skirt
a	capa de chuva - raincoat	as	sandálias - sandals
o	casaco - coat	os	sapatos - shoes
o	chapéu - hat	o	sobretudo - overcoat
o	cinto - belt	o	terno - suit
a	cueca - men's underwear	o	vestido - dress

EXERCÍCIOS

A. Answer these questions according to the text:

1. O que era o João?
2. Onde ele morava?
3. O que é que ele sabia fazer muito bem?
4. Que tipos de roupa o João sabia fazer?
5. Por que as mulheres não gostavam tanto do João?
6. Aonde iam as mulheres para comprar as suas roupas?

7. O que aconteceu um dia na cidadezinha? *Um dia uma costureira chegou à cidade.*
8. Como era a costureira? *Ela era elegante.*
9. O que as mulheres disseram quando souberam que a costureira ia ficar na cidade? *Iam ficar/ser felizes.*
10. O que aconteceu dois meses depois da costureira chegar à cidade? *Começou sair com o costureiro (ista)*
11. Quando foi que o João casou com a costureira? *inverno*
12. Como foi que o João anunciou que ia casar?
13. Que mais o João avisou à população da cidade?

B. Change the verbs of the following sentences to either the preterite or imperfect:

1. João é um bom alfaiate que mora na Noruega. *era, morava*
2. Sabe muito bem fazer roupa para homens. *sabia*
3. As mulheres têm que ir a outra cidade onde compram as suas roupas. *tinham, compravam*
4. Elas não gostam tanto de João. *gostavam*
5. Um dia acontece uma coisa. *aconteceu*
6. Chega uma costureira à cidade. *chegou*
7. Ela é bonita e elegante e diz que vai ficar na cidade. *era, dizia, ia*
8. Agora as mulheres estão felizes. *estavam*
9. Mas dentro de pouco tempo João começa a passear com a costureira aos sábados e aos domingos. *começou*
10. Todos sabem que vão casar. *iam, sabiam*
11. Quando chega o inverno, João avisa que vai casar mesmo com a costureira. *chegou, avisou, ia*
12. Ele vai ao jornal, onde coloca um anúncio na primeira página. *foi, colocou*
13. Toda a população pensa que o casal vai abrir uma loja de costura. *pensava, ia*
14. Mas João diz no anúncio que ele está cansado de costurar. *disse, estava*
15. Diz também que ama a costura de tal maneira que leva consigo a costureira. *Disse, levava*
16. Os dois não ficam na cidadezinha; vão a outro lugar. *ficaram, foram*

108

Lição 7

Marcelo: - Oi, Cristina! O que você está fazendo por aqui?

Cristina: - Oi, Marcelo. Eu estou procurando um presente de aniversário para meu pai. Você tem alguma idéia?

Marcelo: - Bem, quanto você quer gastar?

Cristina: - Entre setenta e oitenta mil cruzeiros.*

Marcelo: - Então você pode comprar roupa, um relógio esporte ou talvez algo para fazer ginástica.

Cristina: - Acho que ele prefere roupa. Em agosto, ele entrou num curso de ginástica e logo depois machucou o tornozelo e o joelho. Agora não quer fazer exercício.

Marcelo: - Já sei! Que tal um calção para usar na praia? Aquela loja tem vários modelos e não custam muito.

Cristina: - Ótimo! Meu pai vai gostar e eu vou ter uns trinta mil cruzeiros sobrando para outras coisas. Sabe, mesmo ganhando oitocentos mil cruzeiros por mês, nunca tenho dinheiro.

Marcelo: - Tenho o mesmo problema. Meu salário passou para um milhão de cruzeiros em maio, mas não noto o aumento.

Cristina: - Pois é. Tenho que comprar o presente agora. Obrigada pela idéia.

Marcelo: - Tchau!

* Keep in mind that Brazilian currency is subject to frequent devaluation. Therefore, prices quoted in this book may not reflect the actual market value.

PARA APRENDER

A. In Portuguese when one speaks about parts of the body and articles of clothing, one generally omits the possessive adjective. For example:

1. Tenho o livro na mão.	- I have the book in <u>my</u> hand.
2. Usamos os olhos para ler.	- We use <u>our</u> eyes to read.
3. Ela lava o cabelo todo dia.	- She washes <u>her</u> hair every day.
4. O bebê põe o chapéu na cabeça.	- The baby puts <u>his</u> hat on <u>his</u> head.

B. Numerals: Cardinals (continued)

60	sessenta
70	setenta
80	oitenta
90	noventa
100	cem
101, etc.	cento e um, cento e uma, etc.
200	duzentos, -as
201, etc.	duzentos e um, etc.
300	trezentos, -as
400	quatrocentos, -as
500	quinhentos, -as
600	seiscentos, -as
700	setecentos, -as
800	oitocentos, -as
900	novecentos, -as
1000	mil
1001, etc.	mil e um, mil e uma, etc.
1999	mil novecentos e noventa e nove
2000, etc.	dois mil, duas mil, etc.
1.000.000	um milhão
2.000.000	dois milhões

Be sure to learn those numbers that have masculine and feminine forms:

vinte e <u>um</u> alunos - 21 students (masculine)
vinte e <u>uma</u> alunas - 21 students (feminine)

(Remember that <u>um</u> and <u>uma</u> mean "one"; <u>uns</u> and <u>umas</u> mean "some").

duzent<u>os</u> e <u>dois</u> rapaz<u>es</u> - 202 boys
duzent<u>as</u> e <u>duas</u> pesso<u>as</u> - 202 people

<u>dois</u> mil duzent<u>os</u> e trinta e <u>dois</u> desenh<u>os</u> - 2232 sketches
<u>duas</u> mil duzent<u>as</u> e trinta e <u>duas</u> palavr<u>as</u> - 2232 words

1. The hundreds are joined to the tens by the word <u>e</u>; and the tens are in turn joined to the units by the word <u>e</u>.

   cento <u>e</u> vinte <u>e</u> um - 121
   trezentos <u>e</u> cinqüenta <u>e</u> três - 353

2. The hundreds and thousands are also joined to the units by the word <u>e</u>.

   oitocentos <u>e</u> oito - 808
   mil <u>e</u> dois - 1002

3. The thousands are not joined to the hundreds by the word e.

mil novecentos e sessenta e quatro   - 1964

If, however, only zeros follow the hundreds, it is necessary to include the word e between the thousands and hundreds.

1.200	- mil e duzentos
3.100	- três mil e cem
26.500	- vinte e seis mil e quinhentos

4. The student should be aware that in Portuguese the invariable word mil is an adjective whereas milhão is a masculine noun. Therefore, the numbers um/uma, dois/duas and the hundreds from 200 to 900 when used before mil must agree with the noun which follows. When used before milhão/milhões these numbers are masculine.

dois mil cruzeiros	- 2,000 cruzeiros
cinqüenta e duas mil pessoas	- 52,000 people
duzentos mil soldados	- 200,000 soldiers
novecentas mil casas	- 900,000 houses

but

um milhão de dólares	- 1,000,000 dollars
dois milhões de libras	- 2,000,000 pounds
duzentos milhões de carros	- 200,000,000 cars
novecentos milhões de estrelas	- 900,000,000 stars

C. OS MESES DO ANO

janeiro	maio	setembro
fevereiro	junho	outubro
março	julho	novembro
abril	agosto	dezembro

D. O CORPO HUMANO

a cabeça	head
o cabelo	hair
a testa	forehead
o rosto	face
as sobrancelhas	eyebrows
as pálpebras	eyelids
as pestanas/os cílios	eyelashes
o olho	eye

a pele

o nariz	nose
a orelha	ear (outer)
o ouvido	ear (inner)
a boca	mouth
os lábios	lips
o bigode	moustache
a barba	beard
o queixo	chin
a língua	tongue
os dentes	teeth
o pescoço	neck
o peito	chest
a barriga	belly
as costas	back
o ombro	shoulder
o braço	arm
o cotovelo	elbow
o pulso	wrist
a mão	hand
o dedo	finger
a unha	nail
a coxa	thigh
a perna	leg
o joelho	knee
o tornozelo	ankle
o calcanhar	heel
o pé	foot
o dedo do pé	toe

tirar agua do joelho - take a leak

114

VOCABULÁRIO

	algo - something	a	estrela - star
	alguém - someone	a	ginástica - exercise
	alto, -a - tall, high; loud		gordo, -a - fat
o	aniversário - birthday	a	idéia - idea
o	aumento - increase	o	lado - side
	baixo, -a - short, low		magro, -a - thin
	cada - each, every		mesmo - same (adj.); even, really (adv.)
	claro, -a - light		
	comprido, -a - long	o	modelo - style, model
o	cruzeiro - Brazilian monetary unit		redondo, -a - round
	curto, -a - short (length)		ruivo, -a - red-headed
o	desenho - sketch, drawing	o	salário - salary, wage
o	dólar - dollar	o	soldado - soldier
	entre - between, among	o	som - sound; stereo system
	escuro, -a - dark		talvez - maybe, perhaps
o	esporte - sport		vários, -as - various, several

VERBOS

abraçar - to hug
andar - to walk; ride
beijar - to kiss
cair - to fall
    caio   caímos
    cai   caem
caminhar - to walk
cheirar - to smell
desenhar - to draw
escovar - to brush
lavar - to wash
machucar - to hurt, injure

morder - to bite
passar para - to be raised to
pintar - to paint, polish
preferir (prefiro) - to prefer
procurar - to look for; attempt
respirar - to breathe
servir (sirvo) - to serve
    servir para - to be used for
sorrir - to smile
    sorrio   sorrimos
    sorri   sorriem
usar - to use; wear

EXPRESSÕES

abaixo (adv.) - at the bottom
acima (adv.) - at the top
em cima de - above; on top of
embaixo de - below, under
mais em (para) baixo - further down
mais em (para) cima - further up

ter ... anos - to be ... years old

Bem, . . . - Well, . . .
Por exemplo, ... - For example
É verdade! - That's right; It's true
Já sei! - I know!
Sei lá! - How should I know!
Pois é! - Of course! That's right!
Para que serve(m)? - What is/are ... used for?
Que tal... ? - What about... ?

EXERCÍCIOS

A. Answer the following questions.

1. Quantas pessoas estão aqui hoje?
2. Quantos alunos estudam nesta universidade?
3. Quantos dias tem este mês?
4. Quantos anos você tem?
5. Como é seu namorado/sua namorada?

B. Answer each question with a complete sentence, using in your answer the words in the second column.

1. Com que você vê?   os olhos
2. Com que você ouve?   os ouvidos
3. Com que você sorri?   os lábios
4. Com que vocês falam?   a boca
5. Com que comemos?   a língua e os dentes

C. Answer each question with a complete sentence, using in your answer the information in the second column.

1. Quantas mãos você tem?   2
2. Quantas lições já estudamos?   21
3. Quantos dias tem agosto?   31
4. Quantos estudantes há na universdade?   13.459
5. Quantas pessoas falam português?   190.000.000
6. Quantas palavras vocês já aprenderam?   202
7. Quantos dias tem o ano?   365
8. Quantos dólares você gasta por mês?   1,250
9. Quantas vezes você escova os dentes cada dia?   2
10. Quantos quilômetros vocês correram?   22

D. Fill in the blanks with appropriate vocabulary.

1. Usamos os pés e as pernas para _correr, caminhar,_ . _chutar – dar chute_
2. Usamos as mãos para _bater, pegar, desenhar_ . _machucar_
3. Usamos _os lábios_ e _a boca_ para falar.
4. Usamos _os dentes_ para comer.
5. Usamos _____ para beijar.
6. Usamos _os braços_ para abraçar.
7. Nós cheiramos com _o nariz_ .
8. Você gosta de pintar _____?
9. Ronaldo tem _o cu / bunda_ redondo.
10. Seu _____ é ruivo.

116

E. Complete these sentences with the correct form of either the preterite or the imperfect of the verbs indicated.

Quando nós _____ (SER) pequenos, sempre _____ (IR) à praia todos os domingos. Meu pai _____ (GOSTAR) de tomar banho de mar, mas minha mãe _____ (PREFERIR) tomar banho de sol. Meus irmãos _____ (CORRER) na praia e eu _____ (FAZER) castelos de areia. Um domingo, meus irmãos e eu _____ (VER) um cachorro andando à beira do mar. Eu _____ (CHAMAR), mas ele não _____ (VIR). Eu _____ (FICAR) muito triste, mas minha mãe _____ (DIZER) que provavelmente o cachorro _____ (TER) medo das pessoas. Meu irmão _____ (CHEGAR) perto do cachorro e _____ (PÔR) a mão na cabeça dele. O cachorro _____ (MORDER) meu irmão. Que domingo!

Componente Cultural: Capoeira

Levada por escravos africanos, a capoeira apareceu no Brasil durante o período da escravidão. Inicialmente era uma luta mas depois passou a ter características de jogo ou dança. Os maiores capoeiristas de todos os tempos foram Mestre Besouro, Mestre Pastinha e Mestre Bimba.

O principal instrumento tocado para acompanhar o jogo da capoeira é o berimbau. O berimbau consiste de um arame esticado em um arco, uma cabaça e um chocalho.

Os jogadores formam uma roda e começam a lutar, dando golpes no ar, sem haver contato pessoal. Eles usam as mãos, os braços e os cotovelos como apoio; somente os pés são usados para golpear. Na capoeira é muito importante saber movimentar o corpo, tendo agilidade, flexibilidade, coordenação e dextreza.

o apoio - support
o arame - wire
o arco - bow
a cabaça - dry gourd
o chocalho - rattle
a dança - dance
a dextreza - dexterity
a escravidão - slavery

o/a escravo/a - slave
esticado - strung
o golpe - thrust, blow
o jogo - game
a luta - fight, struggle
o maior - the biggest/greatest
a roda - circle

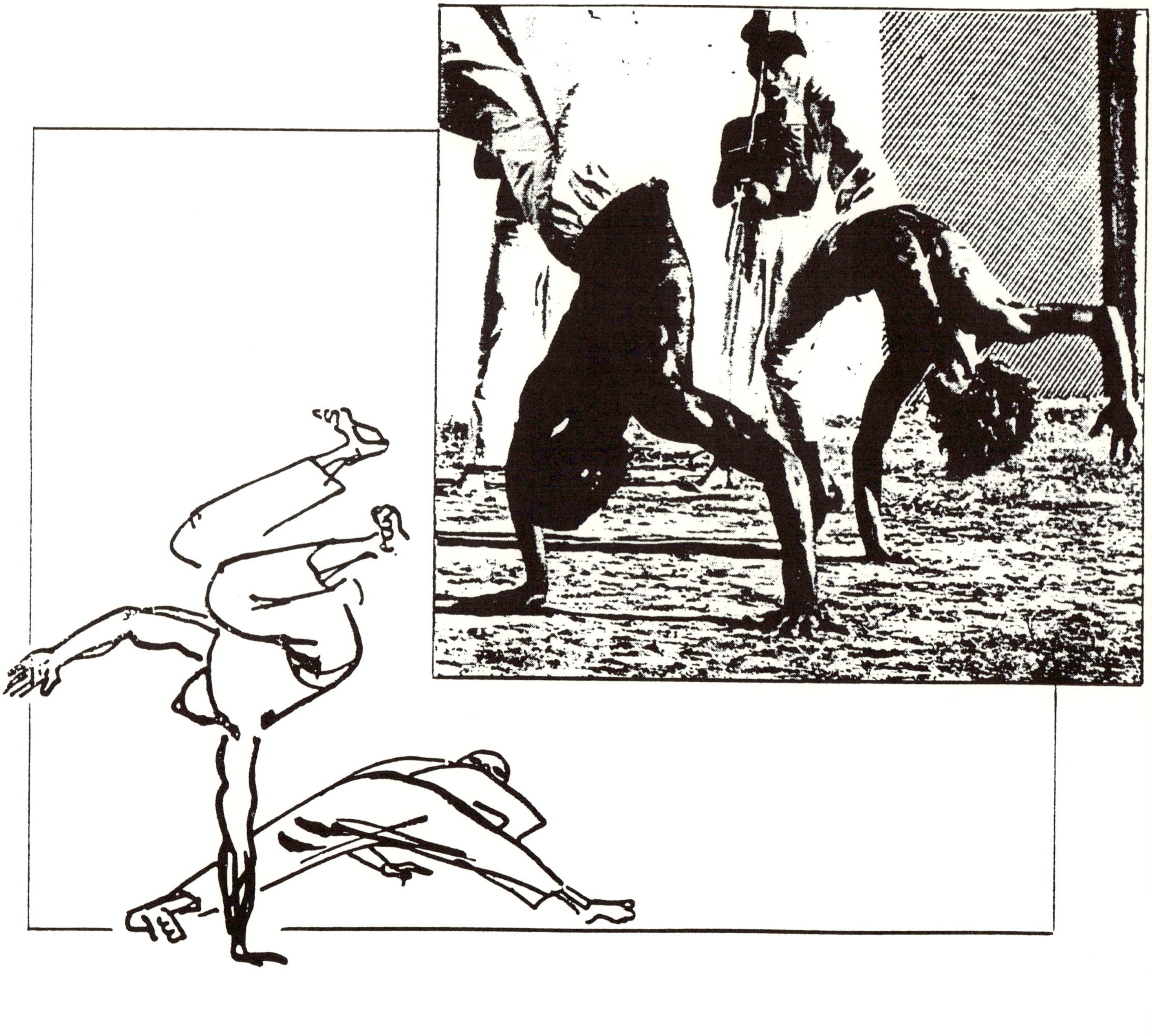

Lição 8

Maria: - Meu irmão e eu vamos dar uma festa mas não temos bastante música para tocar. Você tem muitos discos?

Sérgio: - Tenho, sim. Mas não posso emprestá-los a vocês.

Maria: - Por que não pode?

Sérgio: - Porque gosto muito deles e tenho medo de quebrá-los ou perdê-los.

Maria: - Tudo bem, entendo. E fitas, você tem algumas fitas boas?

Sérgio: - Tenho, sim. Posso levá-las comigo sem problemas. São todas brasileiras. Vocês vão gostar de ouvi-las.

Maria: - Ótimo!

Sérgio: - A minha namorada pode ir comigo à sua festa?

Maria: - Claro que pode! Você deve convidá-la agora mesmo.

PARA APRENDER

A.   The following pronouns are used <u>after</u> prepositions:

mim	- me	nós	- us
ele, ela	- him, her	eles, elas	- them
você	- you	vocês	- you
o senhor		os senhores	
a senhora		as senhoras	

Examples:

quanto <u>a mim</u>...	- as <u>for me</u>...
longe <u>de nós</u>...	- far <u>from us</u>...
É <u>para ele</u>.	- It's <u>for him</u>.
Recebeu uma carta <u>de vocês</u>.	- He received a letter <u>from you</u>.

1.   The prepositions <u>de</u> and <u>em</u> combine with the <u>third person pronouns</u> as follows:

```
           ele  = dele                    ele  = nele
de    +    eles = deles        em   +     eles = neles
           ela  = dela                    ela  = nela
           elas = delas                   elas = nelas
```

121

2. The preposition <u>com</u> combines with the first person pronouns as follows:

   comigo   -   with me
   conosco -   with us

B. <u>The direct object pronouns</u>:

   me - me   nos - us
   o - him, it, you   os - them, you
   a - her, it, you   as - them, you

Placement of direct object pronouns:

1. The object pronoun may be placed before or after the verb. When it follows the verb, it must be attached to it by a hyphen:

   Ele <u>me</u> viu.   He saw <u>me</u>.
   Ele viu-<u>me</u>.

   Eles <u>nos</u> ouvem.   They hear <u>us</u>.
   Ouvem-<u>nos</u>.

   Eu <u>os</u> dou a Vânia.   I give <u>them</u> to Vânia.
   Eu dou-<u>os</u> a Vânia.

   When the object pronoun is attached to the conjugated verb form, the use of the subject pronoun is optional. However, when the object pronoun is placed <u>before</u> the conjugated verb form, it is customary to use a subject. <u>Do not</u> begin a Portuguese sentence with the object pronouns <u>o(s)</u> and <u>a(s).</u> (In Brazil, popular usage permits the use of the other object pronouns at the beginning of a sentence. Example: Me viu. - He saw me.)

2.a If used in a negative or interrogative sentence or in a dependent clause, the object pronoun <u>must precede</u> the conjugated verb, unless it is logically associated with a following infinitive. In the latter case, it may precede the infinitive or follow and be attached to it by a hyphen.

   Maria <u>não nos</u> ouviu.   Mary did<u>n't hear us</u>.
   Sei <u>que ela nos ouviu</u>.   I know <u>that</u> she <u>heard us</u>.
   Quando você <u>o</u> perdeu<u>?</u>   When did you lose <u>it?</u>

   Meus tios querem <u>nos visitar</u>.   My aunt and uncle want to <u>visit us</u>.
   Meus tios querem <u>visitar-nos</u>.

122

b. Generally, if an <u>adverb</u> precedes the verb, the object pronoun is also placed <u>before</u> the verb.

| Ele <u>já me</u> pagou. | He has <u>already</u> paid <u>me</u>. |
| <u>Sempre os</u> damos aos pobres. | We <u>always</u> give <u>them</u> to the poor. |

3. The unstressed object pronouns (<u>o</u>, <u>a</u>, <u>os</u>, <u>as</u>) may precede a present participle with which it is logically associated or follow and be attached to it by a hyphen. They may also be placed before an auxiliary verb such as <u>estar</u>:

João <u>o</u> estava preparando.	John was preparing <u>it</u>.
João estava <u>o</u> preparando.	
João estava preparando-<u>o</u>.	

a. When the third person direct object pronouns (<u>o</u>, <u>os</u>, <u>a</u>, <u>as</u>) are attached to infinitives, the -<u>r</u> is dropped and an <u>l</u> is put before the pronoun:

| Vou visitar o meu amigo. | I'm going to visit my friend. |
| Vou <u>visitá-lo</u>. | I'm going <u>to visit him</u>. |

-<u>ar</u> verbs must have an <u>acute</u> accent on the final -<u>a</u> when the -<u>r</u> is dropped.

| Queremos comer as maçãs. | We want to eat the apples. |
| Queremos <u>comê-las</u>. | We want <u>to eat them</u>. |

-<u>er</u> verbs must have a <u>circumflex</u> accent placed on the final -<u>e</u> when the -<u>r</u> is dropped.

| Não posso abrir o arquivo. | I can't open the file. |
| Não posso <u>abri-lo</u>. | I can't open <u>it</u>. |

-<u>ir</u> verbs need no written accent when the -<u>r</u> is dropped since the final -<u>i</u> automatically receives the stress.

4. It is very common in colloquial Brazilian Portuguese to omit the third person object pronouns (<u>o</u>, <u>os</u>, <u>a</u>, <u>as</u>) if the meaning of the sentence is readily comprehensible without the object form. This usually occurs when the sentence is in reply to a question or in a two-part sentence in which English requires the repetition of the object:

| Quem <u>fez as lições</u>? | Who did the lessons? |
| - Eu fiz. | - I did <u>them</u>. |

| Por que ele comeu <u>as laranjas</u>? | Why did he eat the oranges? |
| - <u>Comeu</u> porque tinha fome. | - He ate <u>them</u> because he was hungry. |

| Onde você viu João? | Where did you see John? |
| - <u>Vi</u> no restaurante. | - I saw <u>him</u> in the restaurant. |

Ela foi até à porta e abriu.   She went to the door and opened it.

Aprendemos as palavras novas e depois usamos em sentenças.   We learned the new words and then used them in sentences.

5. The forms você(s), o(s) senhor(es) and a(s) senhora(s) can also be used as direct object pronouns. They must always follow the verb.

Eu vi vocês ontem.   I saw you yesterday.
Não ouvimos o senhor muito bem.   We didn't hear you very well.

It is also common to hear Brazilian speakers use the forms ele, eles, ela, elas which are always placed after the verb. One should be familiar with the correct usage as explained in the preceding paragraphs as well as the everyday Brazilian usage.

Vejo ela todos os dias.   I see her every day.

Conhecemos eles ontem.   We met them yesterday.

6. Placement of object pronouns in Continental Portuguese with verb forms ending in -s, -z, and nasals:

a. When the third person direct object pronouns (o, os, a, as) are attached to verb forms ending in -s, the -s is dropped and an l is placed before the pronoun:

Nós os vemos todos os dias.   We see them every day.
Vemo-los todos os dias.

Ela e eu bebemos a cerveja.   She and I drink the beer.
Bebemo-la.   We drink it.

b. When the third person direct object pronouns (o, os, a, as) are attached to verb forms ending in -z, the final -z is dropped and an l is put before the pronoun. When the -z is dropped from one syllable verb forms, an acute accent must be placed on the vowel of that form if it is an -a; a circumflex if it is an -e:

Maria o faz.   Mary does it.
Fá-lo.   She does it.

João os traz.   John brings them.
Trá-los.   He brings them.

Fez o exercício.	She did the exercise.
Fê-lo.	She did it.
Diz a verdade.	He tells the truth.
Di-la.	He tells it.

    c.   When the third person direct object pronouns (o, os, a, as) follow and are attached to verb forms ending in a nasal sound -ão, -õe, -am, -em), it is necessary to put an n before the pronoun:

Eles o vêem.	They see it.
Vêem-no.	
Ela os põe em cima da mesa.	She puts them on the table.
Põe-nos em cima da mesa.	
Elas os dão ao professor.	They give them to the teacher.
Dão-nos ao professor.	
Eles as estudam.	They study them.
Estudam-nas.	

NOTE: The above does not pertain to contemporary Brazilian usage, except in the most formal of situations.

VOCABULÁRIO

a	coleção - collection			nunca - never
o	disco - record		a	ópera - opera
o	disco-laser - compact disc		o	piano - piano
o	êxito - success			quanto a - as for
a	fita - tape		o	samba - samba
o	gravador - tape recorder		o/a	sambista - samba composer
	infelizmente - unfortunately			segundo - according to
o	instrumento - instrument		o	show - rock concert; show
	interessado, -a - interested			sozinho, -a - alone
a	música - music		o	toca-discos - record player
	música clássica/popular - classical/pop music		o	toca-fitas - tape player
			o	violino - violin

VERBOS

aceitar - to accept
apreciar - to appreciate
cantar - to sing
continuar - to continue, go on
desligar - to turn off, disconnect
emprestar - to lend

entender - to understand
gravar - to record
lançar - to release (an album, etc)
perder (perco) - to lose; miss
quebrar - to break
sambar - to do the samba

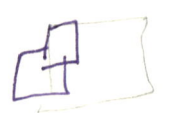

EXPRESSÕES

agora mesmo - right now
o ano que vem - next year
o ano que passou - last year

melhor ainda / ainda melhor - better yet, even better
horas a fio - hours on end
ter êxito - to be successful

EXERCÍCIOS

A. Translate the following sentences:

1. I like Madonna. I like her.
2. They are sitting far from us.
3. We are near them.
4. I am going to take Raimundo along with me.
5. As for him, he can't go with us.
6. We know that Mário prepares them every day.
7. Did you see us last night? We saw you.
8. She invited us to visit them.

B. Use the translation of the words opposite each question in your answer.

Com quem você foi ao cinema?   with her
- Fui ao cinema com ela.

1. Com quem ele jantou?   with us
2. Onde é que ela está sentada?   far from me
3. Com quem nós falamos?   with her
4. Com quem eles passearam?   with me
5. De quem é que recebi uma carta?   from her
6. Onde é que o cantor está sentado?   near us

C. Put the pronoun which is between parentheses in its correct place in the following sentences. Notice the example.

(me) João vai buscar.   João vai buscar-me.
                       João vai me buscar.

[margin note: diferença com os verbos/sentenças negativos o pronome vai antes — sempre]

(a) Eu quero escolher. *Eu quero a escolher. → Eu quero escolhê-la.*
2. (nos) Vão convidar. *Vão nos convidar. → Vão convidar-nos.*
3. (o) Eu faço. *Eu o faço. Eu faço-o.*
4. (nos) Eles não viram. *Eles não nos viram.*
5. (as) Alice está tocando. *Alice as está tocando.*
6. (me) Eles ouvem quando eu falo. *Eles me ouvem quando eu falo.*
7. (a) Você põe em cima da mesa. *Você a põe em cima da mesa.*
8. (me) depois de ver *depois de me ver; depois de ver-me.*
9. (o) depois de comprar *depois de comprá-lo.*
10. (nos) Estão ajudando. *Nos estão ajudando. → Nos estão ajudando-nos.*

D. Substitute the underlined words with the correct subject pronoun.

1. Elisa e eu gostamos de nadar.
2. Os rapazes jantaram tarde.
3. A minha mãe chegou ontem.
4. Você e Paulo querem dançar?
5. O exame foi difícil?
6. O médico tem medo de dentistas.
7. Liliana e Neide são alunas boas.
8. Meus irmãos e minhas irmãs foram ao cinema.

E. Substitute the underlined word(s) with the correct object of preposition pronoun.

1. Eu gosto de Roberto. *Eu gosto dele.*
2. Ele pensava em Maria. *Ele pensava nela.*
3. Você chegou depois de Ana e de mim. *Você chegou depois de nós.*
4. O presente é para Plínio e Lucélia. *O presente é para eles.*
5. Segundo minhas tias, vai chover. *Segundo elas, vai chover.*
6. Eu sei. Ele falou para _____. *Ele falou para mim.*

7. Berta se sentou perto de <u>você e Jonas</u>. *Berta se sentou perto de vocês.*
8. Você tem medo de <u>seu pai</u>. *Você tem medo dele.*
9. Raul vai <u>com você e comigo</u>. *Raul vai conosco.*
10. Eles perguntaram à <u>dona Isabel</u>. *Eles perguntaram a ela.*

F. Substitute the underlined word(s) with the correct <u>direct object</u> pronoun and place it correctly.

1. Eu comprei <u>o carro</u>. *Eu comprei-o. / Eu o comprei.*
2. Nós comemos <u>as maçãs</u>. *Nós comemos-las. / Nós as comemos.*
3. Ela viu <u>Jorge</u> no supermercado. *Ela viu-o no supermercado. / Ela o viu no super.*
4. <u>Eu</u> estava lá. João Carlos _____ viu. *João Carlos viu-me. / J.C. me viu.*
5. Nós compreendemos <u>Teresa e Diana</u>. *Nós as compreendemos. / Nós compreendemo-*
6. Ela quer aprender <u>a lição</u>. *Ela a quer aprender. / Ela quer aprendê-la.*
7. Nós vamos comprar <u>os sapatos</u>. *Nós os vamos comprar. / Nós vamos comprá-los.*
8. Você pode ouvir <u>Chico e eu</u>? *Você nos pode ouvir? / Você pode ouvir-nos?* [only 3rd person plural]
9. O gatinho queria abrir <u>as fitas</u>. *O gatinho as queria abrir. / queria abri-las.*
10. Eu estou escrevendo <u>o exercício</u>. *Eu o estou escrevendo. / Eu estou escrevendo-o.*

Componente Cultural: O samba

O samba é ao mesmo tempo um ritmo e uma dança que se desenvolveram no Brasil através dos anos. O samba chegou à sua forma atual depois de passar por várias etapas e sofrer diversas influências, principalmente de ritmos africanos. No início do século vinte o samba começou a ser aceito pela burguesia brasileira, em grande parte graças à enorme penetração e influência do rádio.

Há vários tipos de samba, como o samba-de-roda, o batuque, o samba-canção, etc, cada um com seu ritmo e seus passos diferentes. Os instrumentos usados para tocar o samba são principalmente de percussão, havendo vários tipos diferentes de tambores. Entre os sambistas mais famosos, temos os nomes de José Barbosa da Silva (o Sinhô), Noel Rosa, Alfredo Viana (o Pixinguinha), Ari Barroso, Dorival Caymmi, e Chico Buarque.

O samba é tradicionalmente associado ao carnaval e às escolas de samba, cujo desfile constitui o ponto alto do carnaval carioca. Mas na verdade o samba é tocado e dançado o ano todo, no país inteiro, porque é o veículo para os compositores populares expressarem os mais diversos sentimentos e emoções, desde a alegria intensa à tristeza profunda, desde o amor não-correspondido ao protesto político.

a	alegria - joy		graças a - thanks to
o	amor não-correspondido - unrequited love	o	início - beginning
		o	passo - step
	através de - along, through	o	ponto alto - high light
o	compositor - composer	o/a	sambista - samba composer, singer or dancer
	desenvolver-se - to develop		
o	desfile - parade, pageant	o	século - century
	em grande parte - to a large extent	o	sentimento - feeling
a	escola de samba - samba group		sofrer - to undergo
a	etapa - period, phase	o	tambor - drum
a	forma - form, shape	a	tristeza - sadness

128

CARTOLA

DISCOS MARCUS PEREIRA

Lição 9

Márcia:	- Rodrigo, quero lhe pedir um favor. Você pode me explicar o que temos que fazer para a aula de geografia de depois de amanhã?
Rodrigo:	- Claro. Temos que escrever um trabalho de três páginas sobre a Amazônia.
Márcia:	- Quando foi que o professor nos deu este dever?
Rodrigo:	- Anteontem, quando você não foi à aula. Eu posso lhe emprestar meu caderno para olhar. Quer?
Márcia:	- Quero, sim. Eu entrego para você amanhã.
Rodrigo:	- Está bem. Eu vou sair com a turma agora para fazer um lanche. Você vem?
Márcia:	- Não, vou ficar aqui estudando. A professora de química me entregou a prova que fiz na semana passada. Não me saí bem. Quero me preparar bem para a prova de amanhã.
Rodrigo:	- Então, até amanhã.

PARA APRENDER

A. <u>Grammatical usage</u> of the <u>indirect object pronouns</u>:

Indirect Object Pronouns	Emphatic Forms	Translation
me	a mim	to me
lhe	a ele, a ela	to him/her/it
	a você, ao senhor, à senhora	to you
nos	a nós	to us
lhes	a eles, a elas, a vocês, aos senhores, às senhoras	to them / to you

Eu lhe disse meu nome.	- I told him my name.
Ela nos escreveu uma carta.	- She wrote us a letter.
Nós já lhes explicamos a situação.	- We've already explained the situation to you.

1. The placement of the simple forms of the <u>indirect</u> object pronouns in a sentence is the same as that for the <u>direct</u> object pronouns. Verbs terminating with -<u>r</u>, -<u>s</u>, -<u>z</u> or nasal sounds suffer no change when the <u>indirect</u> object pronouns are attached to them (see Lição 8).

2. The emphatic forms, as the name suggests, are used to give more emphasis to the indirect object pronoun.

    Ele escreveu a carta <u>a mim</u> e não <u>a você</u>.

    He wrote the letter <u>to me</u> and not <u>to you</u>.

B. <u>Colloquial Brazilian Usage</u>:

When both direct and indirect object pronouns should be present in a sentence, the direct object is omitted and the indirect emphatic form is used. In this situation the Brazilian speaker tends to use <u>para</u> rather than <u>a</u>:

Para quem ele escreveu a carta?
- Escreveu <u>para mim.</u>

To whom did he write the letter?
- He wrote (<u>it</u>) <u>to me</u>.

Quem entregou o cheque para Rosane?
- Leopoldo entregou <u>para ela</u>.

Who gave the check to Rosane?
- Leopoldo gave (<u>it</u>) <u>to her</u>.

Para quem ela mandou o recado?
- Ela mandou <u>para nós.</u>

To whom did she send the message?
- She sent (<u>it</u>) <u>to us</u>.

C. <u>Contractions of direct and indirect object pronouns and their placement in Continental Portuguese</u>:

The indirect object pronouns and the <u>third person</u> direct object pronouns make the following contractions. (<u>Notice</u> that the <u>indirect</u> object pronoun always <u>precedes</u>).

me + o = mo	it to me	me + a = ma	it to me
me + os = mos	them to me	me + as = mas	them to me
te + o = to	it to you	te + a = ta	it to you
te + os = tos	them to you	te + as = tas	them to you
lhe + o = lho	it to him it to her it to you	lhe + a = lha	it to him it to her it to you
lhe + os = lhos	them to him them to her them to you	lhe + as = lhas	them to him them to her them to you

nos + o = no-lo	it to us	nos + a = no-la	it to us
nos + os = no-los	them to us	nos + as = no-las	them to us
vos + o = vo-lo	it to you	vos + a = vo-la	it to you
vos + os = vo-los	them to you	vos + as = vo-las	them to you
lhe + o = lho	it to them it to you	lhe + a = lha	it to them it to you
lhes + os = lhos	them to them them to you	lhes + as = lhas	them to them them to you

1. Study the following examples and note where the object pronouns can be placed.

    a. When subject is used

O homem no-lo deu.	- The man gave it to us.
O homem deu-no-lo.	- The man gave it to us.

    b. When subject is not used

Deu-me o livro.	- He gave me the book.
Deu-mo.	- He gave it to me.

    c. When sentence is negative or interrogative

Ele não me deu o livro.	- He didn't give me the book.
Não mo deu.	- He didn't give it to me.

    d. When the object pronoun is used in a dependent clause

Ela disse que no-la mandou.	- She said that she sent it to us.

2. Because of the number of possible translations for the contractions of the third person direct and indirect object pronouns, it is common practice to substitute the emphatic forms of the indirect object pronouns to avoid ambiguity.

Eu lho dei ontem.		I gave it to him yesterday. it to her it to you it to them it to you (plural)

Eu o dei	a ele ontem.	I gave it to him yesterday.
o	a ela	it to her
o	a você	it to you
o	a eles (a elas)	it to them
o	a vocês (aos senhores)	it to you

VOCABULÁRIO

o	chão - floor, ground	o/a	filho, -a - son, daughter
a	chave - key	o/a	jovem - youth
o/a	colega - classmate, colleague	o	preço - price
a	composição - composition	a	prova - test, exam
o/os	dever(es) - homework	a	química - chemistry
o	ditado - dictation; saying	a	redação - composition
o	edifício - building	a	situação - situation
o/a	empregado, -a - employee; maid	o	teste - test, quiz
o	emprego - job	o	trabalho - homework, paper, written work
o	espaço - space	a	turma - group, class
o	favor - favor	o/a	visitante - visitor

(handwritten notes: piso - Port.; andar; prédio)

VERBOS

afirmar - to affirm, state
analisar - to analyze
apresentar (a) - to present, introduce (to)
botar - to put, place
contar - to tell, relate; count

empregar - to employ, use
entregar - to hand in, give ≠ devolver
explicar - to explain
oferecer (ofereço) - to offer
pesar - to weigh
vender - to sell

EXPRESSÕES

anteontem - the day before yesterday
depois de amanhã - the day after tomorrow
sair-se bem/mal - to do well/poorly
mesmo assim (or assim mesmo) - even so
Eu lhe disse! - I told you so!

Claro! - Of course!
Claro que sim! - Of course!
Claro que não! - Of course not!
Claro que pode! - Of course you can!

EXERCÍCIOS

A. Fill in the blanks with <u>direct</u> and <u>indirect</u> object pronouns:

1. O Sr. Mendes __me__ deu o emprego. (to me)
2. O Sr. Mendes __o__ deu a mim. (it)
3. Eles __as__ vêem todos os dias. (them. fem.)
4. A gerente __nos__ entrega os cheques. (to us)
5. A gerente __os__ entrega a nós. (them, masc.)
6. Trazem- __nos__ os discos. (us)
7. Ela __o__ põe em cima da mesa. (it, masc.)

136

B. Translate these sentences:

1. They did it. ~~Eles o fizeram~~
2. John bought them. João os comprou (-os)
3. They are going to write them in their notebooks. Vão escrevê-los nos seus cadernos.
4. → I explained it to her. Eu expliquei para ela.
5. I translate it for them. Eu traduzo para eles.
6. He sold me the radio. Ele me vendeu a rádio.
7. *batom* Where did she put them? Onde ela os pôs?
8. She gave him the flowers the day before yesterday. Ela lhe deu as flores anteontem.

C. Repeat each sentence, using the simple form of the indirect object pronoun. Place this pronoun before the verb.

    A professora entrega o trabalho à moça.
    - A professora lhe entrega o trabalho.

1. O tio Alfredo escreve a nós.
2. Mário dá o livro a mim.
3. Eu pergunto isto aos meus amigos.
4. Nós escrevemos ao presidente.
5. Os jovens dão a informação aos visitantes.
6. Ela diz a verdade ao advogado.
7. O pai entregou as chaves do carro a Luciano e a mim.
8. Ele oferece o dinheiro a Pedro a Alice e a meu irmão.

D. Substitute the underlined words with the correct indirect object pronoun and place it correctly.

1. Meu vizinho deu a melancia para mim. Meu vizinho me deu.
2. Eu expliquei para as primas. Eu lhes expliquei.
3. Rogério contou para nós. Rogério nos contou.
4. Vocês responderam à secretária. Vocês lhe responderam.
5. Ela vai entregar para Júlio. Ela ~~lhe~~ vai entregar-lhe.
6. Ele disse isto para você? Ele lhe disse isto?
7. Meu filho vai dizer a verdade para mim. Meu filho (me) vai dizer-me a verdade.
8. Faça o favor de dar o recado a sua amiga. Faça o favor de lhe dar-lhe o recado.
9. A senhora estava explicando a razão a Roberto. A senhora lhe estava explicando a razão.
10. Ele dava presentes para mim e para Joana. Ele nos dava presentes.

E. Fill in the blanks with the correct reflexive pronoun.

1. Eu _____ levantei cedo.
2. Eles _____ sentiram mal.
3. Ana e eu _____ sentamos perto da porta.
4. Você e Paulo _____ divertiram muito?
5. Minha filha _____ esqueceu de fazer a lição.
6. Você _____ deitou tarde ontem?

F. Rewrite the following sentences using <u>indirect</u> object pronouns:

1. Josias dá as chaves do carro <u>para a irmã.</u>
2. A Lúcia vai entregar as composições <u>a vocês</u>.
3. O Eduardo está mostrando o edifício <u>ao visitante</u>.
4. O Zé vai apresentar o Mariano <u>à colega</u>.
5. Preparo o jantar <u>para você e para mim</u>.
6. Eles estão entregando os convites <u>aos parentes</u>.
7. O preço parece alto <u>para você e eu</u>.

G. Rewrite the following sentences using <u>direct</u> object pronouns:

1. Você vai comprar <u>aquela camiseta amarela</u>.
2. Pedro e você vão colocar <u>as fitas</u> no gravador.
3. Ela vai vender <u>o apartamento</u>.
4. Vamos pedir <u>as batatinhas fritas.</u>
5. A gente vai analisar <u>os resultados</u>.

_____ Lição 10

Pedro: - Marcos, o que você está fazendo aqui em Curitiba?

Marcos: - Vim visitar umas amigas.

Pedro: - E você está no apartamento delas?

Marcos: - Não estou, não. Alguns parentes delas moram lá, então não há lugar para mim.

Pedro: - Você quer ficar comigo? Estou morando numa casa enorme: nela há cinco quartos, três banheiros, e duas cozinhas.

Marcos: - E os seus pais, o que vão dizer?

Pedro: - Não vão dizer nada. Eu não moro mais com eles. Agora eu tenho a minha casa e eles têm a deles.

Marcos: - Então não há problema! Obrigado pela ajuda!

PARA APRENDER

A. The preposition por combines with the definite articles as follows:

    por + o = pelo   for the, by the, through the
    por + os = pelos
    por + a = pela
    por + as = pelas

B. Interrogatives:

    Quem? - Who? - Whom?
    De quem? - Whose?
    Qual? Quais? - What? - Which?

1. Quem is invariable in form, and refers only to persons.

    Quem viu o meu casaco?   - Who has seen my coat?
    Quem são aqueles rapazes?   - Who are those young men?

2. De quem is always followed by some form of the verb ser when it indicates possession:

    De quem é aquela bicicleta?   - Whose bicycle is that?

    De quem são aqueles sapatos? - Whose shoes are those?

3. <u>Qual/Quais</u> can be either a pronoun or an adjective and must agree in number with its referent:

<u>Quais</u> são os meses do verão?	<u>What</u> are the summer months?
<u>Qual</u> dos candidatos você prefere?	<u>Which</u> candidate do you prefer?
<u>Quais</u> camisas ele perdeu?	<u>Which</u> shirts did he lose?

C. <u>Possessive pronouns.</u> The possessive pronoun in Portuguese is formed by using the definite article <u>plus</u> the possessive adjective.

o, os	meu, -s	mine
a, as	minha, -s	
o, os	nosso, -s	ours
a, as	nossa, -s	
o, os	seu, -s	yours, his, hers, its, theirs
a, as	sua, -s	

Você tem os seus amigos e eu tenho <u>os meus</u>.	- You have your friends and I have <u>mine</u>.
Eu telefono para minha irmã e Ricardo telefona para <u>a sua</u>.	I call my sister and Ricardo call <u>his</u>.

Notice that to form the possessive pronoun, one merely drops the noun from the phrase.

1. Because the third person singular and plural forms are the same and may have multiple referents, the following forms are employed to avoid confusion:

o dele, a dele os dele, as dele	his	o deles, a deles os deles, as deles	theirs
o dela, a dela os dela, as dela	hers	o delas, a delas os delas, as delas	theirs

Faço os meus trabalhos e a Lúcia faz <u>os dela</u>.	I do my assignments and Lúcia does <u>hers</u>.

A Cristina traz a bicicleta dela e o Roberto traz <u>a dele</u>.	Cristina brings her bike and Roberto brings <u>his</u>.
Eu lavei o meu carro hoje, Jorge. Quando você vai lavar <u>o seu</u>?	I washed my car today, Jorge. When are you going to wash <u>yours</u>?

* The possessive phrase <u>de você</u> is not used in standard speech.

2. After the verb <u>ser</u>, the definite article is omitted from the possessive:

De quem <u>é</u> o violão? - <u>É meu</u>.	Whose guitar is it? - It's <u>mine</u>.
De quem <u>são</u> essas meias? - Essas meias <u>são dele</u>.	Whose socks are those? - Those socks are <u>his</u>.

D. Idiomatic use of <u>ter</u> for <u>haver</u>:

As you have already learned, <u>há</u> means <u>there is</u> or <u>there are</u>. The third person singular forms of the verb <u>haver</u> in the other tenses will project the impersonal expression into those time periods:

<u>Há</u> oito pessoas nesta sala.	<u>There are</u> eight people in this room.
<u>Havia</u> só uma pessoa quando cheguei.	<u>There was</u> only one person when I arrived.

In Brazil in popular speech the third person singular forms of <u>ter</u> are regularly used instead of those of <u>haver</u>:

<u>Tem</u> oito pessoas nesta sala.	<u>There are</u> eight persons in this room.
<u>Tinha</u> só uma pessoa quando eu cheguei.	<u>There was</u> only one person when I arrived.

E. The verb <u>trazer</u> - to bring

<u>Present</u>		<u>Preterite</u>	
trago	trazemos	trouxe	trouxemos
traz	trazem	trouxe	trouxeram

F. The verb saber - to know

Present		Preterite	
sei	sabemos	soube	soubemos
sabe	sabem	soube	souberam

The preterite of saber is translated as learned, heard or found out.

Eu soube ontem que eles iam chegar hoje. — I found out yesterday that they were going to arrive today.

Nós soubemos do acidente só hoje de manhã. — We heard about the accident just this morning.

VOCABULÁRIO

o	acidente - accident		o	fim - end
o	açúcar - sugar			o fim de semana - weekend
a	ajuda - help, assistance			fofo, -a - soft; cute
o	andar - floor, story (of a building)		a	frente - front
	andar térreo - ground (first) floor		a	geladeira - refrigerator
o	armário - wardrobe, closet			liso, -a - smooth
o	banheiro - bathroom			mobiliado, -a - furnished
o	colchão (-ões) - mattress		a	paciência - patience
a	cozinha - kitchen		o	porão (-ões) - basement
	curioso, -a - curious		a	sala - room (in a general sense)
	duro, -a - hard			sala de estar/jantar - living/dining room
	elétrico, -a - electric			
	enorme - large, enormous			último, -a - last, latest
as	escadas - stairs		a	viagem - trip, voyage
	excelente - excellent			fazer uma viagem - to take a trip
			a	xícara - cup

VERBOS

ajudar - to help, assist
descer (desço) - to go down, descend
desculpar (-se) - to excuse (oneself)

fumar - to smoke
funcionar - to work, function
subir - to go up, climb

subo	subimos
sobe	sobem

EXPRESSÕES

Qual o quê! - No way!
Quem diria! - I never would have thought …
Quem sabe! - Who knows?!

logo antes (de) - right before
logo depois (de) - right after
pouco antes (de) - right before
pouco depois (de) - right after

EXERCÍCIOS

A. Answer each question in the affirmative, using only the verb and the simplest form of the possessive.

    Esse lápis é seu?   - Sim, <u>é meu</u>.
    Esta xícara é de João? - Sim, <u>é sua</u>.

1. Aquele rádio é de Mariana?
2. Aquele rádio é do Paulo?
3. Essas bicicletas são suas?
4. Estes sapatos são da Ana?
5. Esse quarto é de dona Margarida?

B. Answer each question in the affirmative, using only the verb and the <u>most explicit form</u> of the possessive.

    Aquele lápis é seu?   - Sim, <u>é meu</u>.
    Aquela cadeira é da Patrícia?   - Sim, <u>é dela</u>.

1. Estas fitas são do Ricardo? *Sim, são dele.*
2. Aquele toca-discos é da Luísa? *Sim, é dela.*
3. Esse colchão aí é seu? *Sim, é meu.*
4. Estas flores aqui são das suas amigas? *Sim, são delas.*
5. Aquela casa era dos meus tios? *Sim, era deles.*

C. Repeat each sentence, omitting the noun in the second clause and substituting the possessive pronoun. Use the <u>most explicit form</u> of the pronoun.

    Eu entrego a minha prova e   Eu entrego a minha prova e João
    João entrega <u>a prova dele</u>.   entrega <u>a dele</u>.

1. Se você não tem mais café, tome o meu café. *Se você não tem mais café, tome o meu.*
2. A minha camisa é branca, mas a camisa de João é azul. *A minha camisa é branca, mas a dele é azul.*
3. Os nossos exercícios estão na mesa, mas não sei onde estão os exercícios dos rapazes. *não sei onde estão os deles*
4. Eu fiz a minha parte e Marisa fez a parte dela. *Eu fiz a minha parte e Marisa fez a dela.*
5. O nosso toca-discos não funciona, mas o toca-discos de Marta funciona. *o dela funciona.*

D. Repeat each sentence replacing the direct object with an object pronoun. Place the pronoun <u>before</u> the verb.

    Dona Matilde vendeu <u>a casa</u>.   Dona Matilde <u>a</u> vendeu.

1. O Norberto subiu as escadas.
2. Nós comemos os sanduíches.
3. Eles viram o seu carro.
4. Eu servi o café.
5. Minha mãe pôs as cartas na mesa.
6. O diretor explicou o problema.

E. Repeat each sentence giving the alternate simple form for the indirect object pronoun. Place the pronoun <u>before</u> the verb.

    Ela telefonou <u>para ele</u>.   Ela <u>lhe</u> telefonou.

1. Eu entreguei a ela.
2. Ela escreveu a mim.
3. João emprestou a nós.
4. Nós perguntamos a eles.
5. A mãe disse a elas.
6. Os rapazes pagaram a ele.

F. Translate:

1. There were two mattresses on the floor.
2. My dad used to smoke.
3. They left right after the meeting.
4. My kitchen is small but theirs is huge.
5. Last weekend we climbed Pão de Açúcar.
6. Whose T-shirt is that?
7. Who brought the cups?
8. What is the capital of Brazil?
9. Armando found out about the rock concert last night.
10. No way! You're not going to leave without me.

De jeito nenhum *ficar sabendo – found out*

G. Fill in the blanks with the correct form of por; use the correct combinations when necessary:

1. Obrigado __pelos__ (os) presentes.
2. Você entrou __pela__ (a) janela?
3. Muito obrigado __pela__ (a) sua paciência.
4. Obrigada __pelas__ (as) fitas.
5. Peço desculpas __por__ ser tão curioso.
6. Obrigado __por__ não fumar.
7. Você vai passar __pela__ (a) praia?
8. Temos que sair __pela__ (a) porta da frente.

JOHN knew

before
concert

9:00am

gift

introduce

human nature
meet   bear

letter
Cristina

$100

10:00pm

m
m   may
m

may
howent in
terms
card

gift
#
                         gift
    may   gift   gift   CRIED
                   gifts
  black ink   gift

green
red & yellow

LEITURA III

O PULO DO GATO

TEMA FOLCLÓRICO BRASILEIRO

Faz muito tempo,[1] quando os bichos ainda falavam, que esta história aconteceu.

O Gato era famoso entre os animais pela sua agilidade, e um certo dia, estando[2] à beira de um rio para beber água, lá foi encontrá-lo a Onça.

- Bom dia, mestre Gato; como vai você?

- Vou bem, obrigado, comadre Onça; e você?

- Assim, assim, - disse ela. - Ando tão triste ultimamente.

- Triste por que, comadre? Será que[3] eu posso ajudá-la?

- Mestre Gato, você é o único bicho que pode ajudar-me. Sinto-me assim porque ouço sempre falar da sua habilidade para pular, e eu não sou capaz de fazer o mesmo. Você não quer me ensinar, amigo Gato?

- Ora, comadre, é só esse o seu problema? Não se aborreça! Vou lhe ensinar, sim. Podemos começar já, quer?

- Claro que sim, disse a Onça muito satisfeita.

Começou então a mais estranha aula deste mundo: o Gato exibia todos os tipos de pulos que podia executar, e a aluna procurava imitá-lo da melhor maneira possível. Saltavam de um lado para outro, subiam às árvores e de lá pulavam para o chão, davam saltos de altura, de extensão, e o Gato mostrava que era de fato um mestre, mas a Onça não deixava de ser[4] uma boa aluna; depois de algum tempo já estava pulando quase tão bem quanto[5] o professor.

Aconteceu, porém, que com todo aquele exercício a Onça ficou com fome, e resolveu satisfazê-la da maneira mais simples: comer o Gato. Saltou sobre ele, disposta a devorá-lo, mas o Gato, com grande agilidade, pulou para trás, escapando assim de ser comido. A Onça, muito desapontada, lhe disse:

- Ora, Mestre Gato, este pulo você não me ensinou. . .

- Comadre Onça, - respondeu o Gato, muito esperto, - você não sabe que nem tudo aquilo

---

[1] Faz. . . tempo - It was a long time ago.
[2] estando - while he was
[3] Será que. . . - Do you think. . .; I wonder whether
[4] não deixava de ser - was really
[5] tão bem quanto - as well as

que o professor aprendeu, ele ensina aos seus alunos?[6]

E com esta última lição lá se foi embora[7] o Gato, muito alegre e satisfeito, deixando a Onça a ver navios...

VOCABULÁRIO

	aborrecer-se - to become annoyed	o	fato - fact
	Não se aborreça! - Don't worry!		de fato - in fact
	acontecer - to happen		folclórico, -a - folklore (adj.)
a	agilidade - agility, alertness	o/a	gato, -a - cat
	altura - height	a	habilidade - ability
	saltos de altura - high jumps, high leaps	a	história - story
			imitar - to imitate
	Ando tão triste - I've been so sad; I'm so sad		ir-se embora - to go away
		o	lado - side
a	árvore - tree		de um lado para outro - from one side to another
	assim - thus, so		
	assim, assim - so-so	a	melhor maneira - the best way
o	bicho - animal, creature	o	mundo - world
	capaz (de) - capable (of), able (to)	o	navio - ship
	certo, -a - certain		a ver navios - holding the bag
	um certo dia - one day; one fine day	a	onça - wildcat, puma
a	comadre - close friend: here translate as: my friend		Ora! - Come now!; Well, now!
			ouvir falar de - to hear about
	comido, -a - eaten		porém - however
	desapontado, -a - disappointed	o	pulo - jump, leap
	devorar - to devour, eat up	o	rio - river
	disposto, -a - ready, prepared, inclined	o	salto - leap, jump
	encontrar - to meet, find		dar saltos - to leap, jump
	escapar - to escape		satisfazer - to satisfy
	esperto, -a - alert, quick, clever		satisfeito, -a - satisfied, content
	estranho, -a - strange, odd		simples - simple
	executar - to execute, perform		tão... quanto - as... as
	exibir - to exhibit, show off	o	tema - theme, topic
a	extensão - extension		trás - behind, back
	saltos de extensão - broad jumps		para trás - backward
			ultimamente - lately, recently

EXERCÍCIOS

A. Para responder em português:

1. Quando esta história aconteceu?
2. Onde o Gato estava quando a Onça o encontrou?
3. O que a Onça respondeu quando o Gato lhe perguntou como estava?

---

[6]você não sabe... alunos? - Don't you know that the teacher never teaches his students everything he has learned?

[7]lá se foi embora - there went

4. Por que a Onça andava tão triste?
5. O que foi que o Gato resolveu fazer para ajudar a Onça?
6. Como a Onça ficou quando o Gato disse que ia ajudá-la?
7. O que a Onça fez depois de ver os pulos que o Gato deu?
8. Que tipos de pulos os dois executaram?
9. Por que a Onça ficou com fome?
10. Como ela resolveu satisfazer a fome?
11. Ela comeu o Gato? Por que?
12. Como a Onça ficou?
13. Segundo o Gato, o que é que o professor nunca faz?
14. O que foi que o Gato fez depois de dizer isso à Onça?

B. Para ler em voz alta:

 Entre todos os animais o Gato é famoso pela sua agilidade. Um dia está à beira dum rio para beber água quando a Onça o encontra. A Onça diz que se sente muito triste porque não sabe pular tão bem quanto o Gato. O Gato diz que vai lhe ensinar. Começam então as aulas, e os dois saltam de um lado para outro, das árvores para o chão, etc. O Gato mostra que é um bom mestre. Mas com o exercício a Onça fica com fome e salta sobre o Gato, que pula para trás. Ele diz à Onça que não ensina a ela esse pulo porque então ela vai saber tanto quanto ele.

C. Repita a leitura do parágrafo acima, colocando todos os verbos no passado.

Lição II

Jorge: — Susana, quando é que você e o Alfredo pretendem casar-se?

Susana: — Ainda não resolvemos, mas provavelmente vai ser em fins de dezembro.

Jorge: — Vocês já compraram tudo para o apartamento novo?

Susana: — Não, nós ainda não compramos nada. E no momento não temos nem tempo nem dinheiro para procurar móveis.

Jorge: — Seus pais não deram nada para vocês?

Susana: — Deram, sim. Compraram um fogão e uma geladeira para nós.

Jorge: — Que bom! Isso ajuda muito.

Susana: — E como!

PARA APRENDER

A. The seasons of the year

    a primavera - spring   o outono - autumn
    o verão - summer   o inverno - winter

The definite article is used with the names of the seasons.

| Na primavera vemos muitas flores. | In spring we see many flowers. |
| Faz frio no inverno. | It's cold in winter. |

B. The following expressions are used to express in the morning, in the afternoon, at night (in the evening) when no definite hour has been mentioned.

de manhã or pela manhã   in the morning
    Sempre estudamos pela manhã.   We always study in the morning.
    De manhã cedo ele se levantou e foi embora.   Early in the morning he got up and left.

de tarde or à tarde   in the afternoon
    O que você vai fazer hoje à tarde?   What will you do this afternoon?
    Ele está sempre em casa de tarde.   He's always at home in the afternoon.

de noite <u>or</u> à noite	at night, in the evening
Nunca saio <u>à noite</u>.	I never go out <u>at night</u>.
<u>De noite</u> sempre tem festa.	<u>At night</u> there's always a party.

C. Negation

1. Negative adverbs, adjectives, and pronouns

a. Negative adverbs

não - not
nunca - never
nem - nor
nem . . . nem - neither. . .nor

Eu <u>não</u> cozinho <u>nunca</u>.	I never cook.
<u>Nem</u> Gil <u>nem</u> Leda querem dirigir.	Neither Gil nor Leda want to drive.

b. Negative adjectives

nenhum, nenhuma - no, any

Não tenho <u>nenhum</u> problema.	I don't have any problems.
Ana não escreveu <u>nenhuma</u> carta.	Ana didn't write any letters.

These adjectives are always singular in Brazilian Portuguese.

c. Negative pronouns

nada - nothing
ninguém - no one, nobody, not anyone, not anybody
nenhum, nenhuma - not one, none, not any

Quantos filmes você viu no fim de semana passado?	How many movies did you see last weekend?
- Não vi <u>nenhum</u>.	- I didn't see any.

D. Position of negative words

Whenever a negative word follows the verb, another negative word must precede the verb. In other words, Portuguese uses <u>double negatives</u> with great frequency.

Ele <u>não</u> estuda <u>nunca</u>.	He doesn't ever study.
or	
Ele <u>nunca</u> estuda.	He never studies.

Não veio ninguém.	No one came.
or	
Ninguém veio.	No one came.
Não temos nem garfos nem colheres.	We have neither forks nor spoons.
Ela nunca compra nada.	She never buys anything.

E. Third conjugation verbs (those ending in -ir) with a stressed e in the stem, change the e to i only in the first person singular of the present tense.

servir - sirvo, serve, etc.

repetir - repito, repete, etc.

preferir - prefiro, prefere, etc.

divertir-se - divirto-me, diverte-se, etc.

F. Spellling changes in the first person singular of the present tense.

1. Verbs of the second conjugation ending in -cer must use a cedilla under the c in the first person singular to maintain the soft sound of that letter.

| aparecer | - | apareço | - but aparece, etc. |
| conhecer | - | conheço | - but conhece, etc. |

2. Verbs of the third conjugation ending in -gir must change the g to j in the first person singular to maintain the soft sound of the g.

| dirigir - | dirijo | - but dirige, etc. |
| fingir - | finjo | - but finge, etc. |

G.   AS REFEIÇÕES   MEALS

1. O café da manhã   Breakfast
    o pão   bread
    a manteiga   butter
    o leite   milk
    os ovos (fritos, mexidos)   eggs (fried, scrambled)
    o suco de laranja   orange juice

2. <u>O almoço</u>   <u>Lunch</u>
   o arroz   rice
   o feijão   beans
   o bife   beefsteak
   a salada   salad
   as frutas   fruit

3. <u>O jantar</u>   <u>Dinner, Supper</u>
   a sopa   soup
   o macarrão   spaghetti
   a galinha assada   baked chicken
   o peixe   fish
   o camarão   shrimp

VOCABULÁRIO

o	colégio - high school	a	louça - china(ware)
a	colher - spoon	a	mobília - furniture
	cômodo, -a - comfortable	os	móveis - furniture
	diante (de) - in front (of), before	a	ocasião (-ões) - chance, occasion
o	espetáculo - spectacle, show		ter ocasião de - to have a chance, have an opportunity
a	estação - season; station		
a	faca - knife	o	pires (os pires) - saucer
o	ferro - iron	a	poltrona - easy chair
o	fogão (-ões) - kitchen stove		provavelmente - probably
o	garfo - fork	o	sofá - sofa
o	guardanapo - napkin	os	talheres - silverware
o	gosto - taste	o	tamanho - size
	lindíssimo, -a - very beautiful	o	tapete - rug
o	liquidificador - blender	a	torradeira - toaster
		a	travessa - platter

VERBOS

aparecer (apareço) - to appear; show up
arrumar - to straighten up
cortar - to cut
cozinhar - to cook
descrever - to describe
dirigir - to drive
fingir - to pretend

impressionar - to impress
informar - to inform
limpar - to clean
passar a ferro - to iron
pôr/tirar a mesa - set/clear the table
praticar - to practice
secar - to dry

EXPRESSÕES

Que bom! - Great!
Que chato! - How boring!; How unpleasant!
E como! - And how!

em fins de - around the end of
em princípios de - around the beginning of
no momento - at the moment

EXERCÍCIOS

A. Translate:

1. I had a good time at your party last summer.
2. The furniture that Lúcia bought isn't very comfortable.
3. I iron while I watch TV at night.
4. My brother never has any money.
5. No one ever has the time to straighten up their room.
6. He and I are going to take a trip to Canada around the beginning of February.
7. Haroldo went away without saying anything to me.
8. Great! We're having shrimp for dinner.

9. I drive two hundred kilometers every week. Eu dirijo duzentos quilômetros todas as semanas
10. My grandmother doesn't like butter or milk. Minha avó não gosta de nem manteiga nem leite

B. Complete the following sentences: já fizemos

1. Minha mãe sempre se levanta cedo _____.
2. Os meses do outono são: _____.
3. As moças queriam visitar o México _____.
4. Depois de meu irmão chegar, nós _____.
5. Ele não gostou da viagem porque _____.
6. Como três refeições durante o dia: _____. *(meals)*
7. Sempre nos divertimos quando _____.
8. Antes, ele estudava de noite, mas agora _____.
9. Eu ponho a mesa, mas minha irmã _____.
10. A cozinha tinha muitas coisas elétricas: _____.

C. Answer each question affirmatively, beginning with <u>eu</u>.

Quem se levantou cedo?
- <u>Eu</u> me levantei cedo.

1. Quem vê o quadro-negro? Eu vejo o quadro-negro.
2. Quem prefere levantar-se cedo? Eu prefiro levantar-me cedo.
3. Quem se veste logo depois de tomar banho? Eu me visto logo depois de tomar banho.
4. Quem põe as xícaras na mesa? Eu ponho as xícaras na mesa.
5. Quem serviu o café? Eu servi o café.
6. Quem não se sente bem hoje de manhã? Eu me sinto bem hoje de manhã.
7. Quem foi ao cinema ontem à noite? Eu fui ao cinema ontem à noite.
8. Quem nasceu em outubro? Eu nasci em outubro.
9. Quem ouvia o rádio? Eu ouvia o rádio. *(pela manhã)*
10. Quem é que não estava de pé diante da classe? Eu não estava de pé diante da classe.
11. Quem é que sempre se diverte nas festas? Eu sempre me divirto nas festas.
12. Quem tocou piano hoje de manhã? Eu toquei piano hoje de manhã.

D. Answer each question negatively, using in your answer the Portuguese equivalent of the English word in the second column.

Quantos livros você comprou?   <u>not any book</u>
- Eu não comprei <u>nenhum livro</u>.

1. Quantos sofás você vê na sala de aula? Eu não vejo nenhum sofá   not any sofa *(vê-la)*
2. Quem foi ver a mãe dele? Ninguém foi ver a mãe dele.   no one
3. Quando é que você lava a louça? Eu nunca lavo a louça   never
4. Ela tem discos e fitas? Ela não tem nem discos nem fitas   neither...nor
5. O que é que eles vão fazer hoje à tarde? Nós não vamos fazer nada. nothing
6. Ela nunca faz uma pergunta? Eu não faço nenhuma pergunta   any question at all

160

E. Rewrite these sentences in the negative:

1. Eu vejo alguém. *Eu não vejo ninguém.*
2. Nós sempre compramos algo para alguém. *Nós nunca compramos nada para ninguém.*
3. Ele sempre traz alguma coisa. *Ele nunca traz nenhuma coisa.*
4. Vocês ou vão trabalhar ou vão fazer farra? *Vocês nem vão trabalhar nem fazer farra.*
5. Alguém sempre me dava algo. *Ninguém nunca lhe deu nada.* (Nem sempre / vão / dava)

F. Write in Portuguese:

1. No one ever understands anything when I speak French. *Ninguém nunca compreende nada quando falo o francês.*
2. You can't buy anything in any store with fifty cruzeiros. *Não pode comprar nada na loja com 50 cruz.* ("reais", nenhuma)
3. Why don't you ever say anything to anybody? *Por que você nunca diz nada a ninguém?*
4. We neither straighten the bedroom nor wash the dishes. *Nós nem arrumamos o quarto nem lavamos os pratos.*
5. There are no chairs in the dining room. *Não havia nenhuma cadeira na sala de jantar.* (tem)

Componente cultural: O futebol

O futebol é, de longe, o esporte mais popular do Brasil. Foi introduzido no país, em fins do século dezenove, por negociantes ingleses que moravam no Rio de Janeiro. Inicialmente era um esporte de elite, mas aos poucos foi se popularizando, até chegar a ser, como é hoje em dia, a grande festa do povo.

A popularização do futebol foi facilitada pelo aparecimento de times como o Flamengo, no Rio de Janeiro, e o Corinthians, em São Paulo, e também pela construção dos grandes estádios como, por exemplo, o Maracanã, no Rio de Janeiro, o Mineirão, em Belo Horizonte, e o Beira-Rio, em Porto Alegre. Nesses, e em muitos outros estádios, as torcidas dos grandes clubes demonstram seu entusiasmo nas tardes de domingo. Mas o futebol não é jogado somente nos grandes estádios; em qualquer lugar é possível ver crianças, jovens, e adultos jogando uma partida, freqüentemente de forma improvisada, como em uma pelada.

O futebol desempenha importante papel na cultura brasileira, não somente como esporte e diversão, mas também por ter outras funções, sociais, econômicas, e políticas.

aos poucos - little by little
de longe - by far
a diversão - entertainment
em fins de - at the end of
hoje em dia - nowadays
a partida - a game or match

a pelada - pick-up soccer
popularizar-se - to become popular
o time - team
torcer - to cheer, root for
a torcida - group of fans

Lição 12

Paulo: — João, quando é que você se formará?

João: — Eu me formarei daqui a três anos.

Paulo: — Quantos anos você terá então?

João: — Terei vinte e cinco anos, e você?

Paulo: — Terei vinte e três anos. Será o meu quarto ano aqui. Puxa, o tempo passa tão depressa, não é?

João: — É mesmo. Eu gostaria de poder estudar mais alguns anos antes de formar-me.

Paulo: — Você ainda pretende matricular-se na Faculdade de Direito?

João: — Sem dúvida! E você, continuará a estudar arquitetura?

Paulo: — Não sei. Na verdade, eu não preciso de uma profissão. Não terei que trabalhar nunca porque vou herdar muito dinheiro do meu avô.

PARA APRENDER

A. <u>The future tense.</u> The following endings are attached to the <u>infinitives</u> of verbs of all three conjugations to form the future tense in Portuguese.

    -ei   -emos
    -á   -ão

estudar<u>ei</u> — I will study
estudar<u>á</u> — he/she/you will study
estudar<u>emos</u> — we will study
estudar<u>ão</u> — they/you will study

comer<u>ei</u> — I will eat
comer<u>á</u> — he/she/you will eat
comer<u>emos</u> — we will eat
comer<u>ão</u> — they/you will eat

abrir<u>ei</u> — I will open
abrir<u>á</u> — he/she/you will open
abrir<u>emos</u> — we will open
abrir<u>ão</u> — they/you will open

B. <u>The conditional tense.</u> The following endings are attached to <u>infinitives</u> of verbs of all three conjugations to form the conditional tense.

-ia	-íamos
-ia	-iam

estuda**ia**	- I would study
estuda**ia**	- he/she/you would study
estudar**íamos**	- we would study
estudar**iam**	- they/you would study
comer**ia**	- I would eat
comer**ia**	- he/she/you would eat
comer**íamos**	- we would eat
comer**iam**	- they/you would eat
abrir**ia**	- I would open
abrir**ia**	- he/she/you would eat
abrir**íamos**	- we would open
abrir**iam**	- they/you would open

C. There are only <u>three</u> verbs which are irregular in the future and conditional tenses. These verbs have shortened stems to which the endings are attached.

<u>Future</u>   <u>Conditional</u>

<u>dizer</u> = <u>dir</u> + endings

| direi | diremos | | diria | diríamos |
| dirá | dirão | | diria | diriam |

<u>fazer</u> = <u>far</u> + endings

| farei | faremos | | faria | faríamos |
| fará | farão | | faria | fariam |

<u>trazer</u> = <u>trar</u> + endings

| trarei | traremos | | traria | traríamos |
| trará | trarão | | traria | trariam |

D. Placement of object and reflexive pronouns with future and conditional tenses:

1. Object and reflexive pronoun <u>precede</u> the conjugated verb:

Eu <u>os</u> daria para você.	I'd give them to you.
Nós <u>nos</u> levantaremos cedo amanhã.	We'll get up early tomorrow morning.

2. Since the object and reflexive pronouns can <u>never</u> be attached to these forms, be sure to start sentences in the future or conditional with a subject or some other introductory word:

Trouxe-as para você.	I brought them for you.
<u>but</u>:	
Amanhã <u>as</u> trarei para você.	Tomorrow I will bring them for you.
Escrevia-lhe toda semana.	I wrote to him every week.
<u>but</u>:	
Eu <u>lhe</u> escreveria toda semana se possível.	I would write to him every week if possible.
Vestem-se antes de tomar café.	They get dressed before eating breakfast.
<u>but</u>:	
Eles <u>se</u> vestirão antes de tomar café.	They will get dressed before eating breakfast.

E. The <u>ordinal</u> numbers

primeiro, -a	first
segundo, -a	second
terceiro, -a	third
quarto, -a	fourth
quinto, -a	fifth
sexto, -a	sixth
sétimo, -a	seventh
oitavo, -a	eighth
nono, -a	ninth
décimo, -a	tenth
décimo-primeiro, décima-primeira	eleventh
décimo-segundo, décima-segunda, etc.	twelfth, etc.
vigésimo, -a	twentieth
vigésimo-primeiro, vigésima-primeira, etc.	twenty-first, etc.
trigésimo, -a	thirtieth

1. The ordinals <u>precede</u> the noun they modify, and agree with it in <u>gender</u> and <u>number</u>.

<u>a</u> sext<u>a</u> sinfoni<u>a</u>	the sixth symphony
<u>as</u> primeir<u>as</u> lições	the first lessons
<u>o</u> quint<u>o</u> an<u>o</u>	the fifth year

2. Note that when using the ordinals above 10th, the number is composed of two words.

   décimo-sétimo, vigésimo-nono, etc.

   Each of the two words must be made either masculine or feminine depending on the gender of the word being modified.

   | a décima-segunda lição | the twelfth lesson |
   | no vigésimo-terceiro dia | on the twenty-third day |

3. Above décimo it is common practice to use the cardinal numbers. In this case, the cardinal number follows the noun and is always in the masculine form.

a vigésima-primeira zona eleitoral or a zona eleitoral (número) vinte e um	the twenty-first precinct
o décimo-nono exercício or o exercício (número) dezenove	the nineteenth exercise
na página (número) duzentos e dois	on page two hundred and two

4. Cardinals, not ordinals, are used with centuries:

   | Estamos no século vinte. | We are in the twentieth century. |
   | Bach nasceu no século dezessete. | Bach was born in the seventeenth century. |

F. In Portuguese (and especially in Brazilian Portuguese) it is very common to use a gente as a substitute for other subject or object pronouns as well as to denote an indefinite subject. The context in which it is used will make clear its meaning.

O que é que <u>a gente</u> fala no Brasil?	What do <u>they</u> (what does <u>one</u>) speak in Brazil?
Está chovendo. O que é que <u>a gente</u> vai fazer durante o dia todo?	It's raining. What are <u>we</u> going to do all day?
<u>A gente</u> que não estuda, não aprende.	<u>Those</u> who don't study, don't learn.
Durante a aula, <u>a gente</u> tem que fazer muita coisa.	During class, <u>we</u> have to do a lot.
Onde foi que você viu <u>a gente</u>?	Where did you see <u>us</u>?

VOCABULÁRIO

a	administração (de empresas) - business administration	o	interesse - interest
		o	jornalismo - Journalism
a	arquitetura - architecture	a	maioria - majority
a	avenida - avenue	a	matemática - Mathematics
a	avó - grandmother	a	matéria - material; subject, course
o	avô - grandfather	a	medicina - Medicine
a	cultura - culture	a	pós-graduação - graduate studies
o	direito - Law		primário, -a - primary
a	engenharia - Engineering		próximo, -a - next
o	escritório - office	o	século - century
a	faculdade - school (department of a university)		secundário, -a - secondary
		a	sinfonia - symphony
a	história - History	o	vestibular - college entrance exam
	imenso, -a - immense; very much (adv.)	a	vez - time, turn
			uma vez - once
			duas vezes - twice

VERBOS

completar - to complete
encontrar - to find
especializar-se (em) - to major, specialize (in)
fazer (Comunicações) - to major in (Communication Arts)
fazer/tomar um curso / uma matéria - to take a course

formar-se - to graduate
herdar - to inherit
matricular-se (em) - to register, enroll (in)
melhorar - to better, improve
mencionar - to mention
passar (em) - to pass
ser reprovado (em) - to fail

EXPRESSÕES

daqui a (três anos) - (three years) from now
de primeira mão - first hand
É mesmo! - That's right!

De verdade - really, in fact
nessa(s) altura(s) - by then
sem dúvida - doubtlessly, without a doubt

EXERCÍCIOS

A. Repeat each sentence, putting the verb in the future tense.

        Alice esteve em casa.   Alice <u>estará</u> em casa.

1. João falava português.
2. Eu disse a verdade.
3. Nós fomos ao Brasil.
4. Matricularam-se na universidade.
5. Maria Aparecida era famosa.
6. Eu faço cinco matérias.
7. Paulo traz os jornais para o escritório.
8. José Maria e Júlio César encontraram a solução.

B. Repeat each sentence, putting the verb in the conditional tense.

Ele fazia um curso.   Ele **faria** um curso.

1. Marcos viajará a Portugal.
2. Ela e eu herdamos uma fortuna.
3. Especializam-se em Física.
4. Nós dissemos a verdade.
5. Maria de Lourdes tocou a fita da Quinta Sinfonia.
6. Eu dirijo o carro.
7. Ele deu um beijo no filho.
8. Os amigos foram ao cinema.

C. Read each sentence, substituting an object pronoun for the direct object. Place the pronoun **before** the verb.

José ensinará <u>o curso</u>.   José <u>o</u> ensinará.

1. A Camila encontrará os cheques em cima da mesa.
2. Nós visitaremos a avó.
3. Eu verei o filme amanhã.
4. Eles trarão o café.
5. Eu poria as flores aqui.
6. Maria Alice tomaria o café.
7. O senhor Mendes abriria a porta.
8. Eu deixaria o gato lá fora.

D. Answer in Portuguese:

1. Em que ano você começou os seus estudos universitários?
2. Quando você se formará?
3. Você pretende fazer estudos de pós-graduação?
4. O que a gente pode fazer depois de completar os quatro anos de estudos universitários?
5. Você se matriculará num curso de português no próximo semestre?
6. Em que você está se especializando?
7. Você já foi reprovado em algum curso?
8. O que você gostaria de estar fazendo daqui a cinco anos?

E. Write in Portuguese:

1. How old will you be in the year 2000?
2. Will you graduate in January or June?
3. Would you like to continue studying languages?
4. She plans to begin Law School in two years.
5. Ricardo will inherit a lot of money from his grandfather.
6. He will have to work during the summer.

F. Write in the future and in the conditional:

1. ela vai
2. nós pomos
3. eu toco
4. gosto de lê-lo
5. ela se levanta
6. eles o têm

G. Write in Portuguese:

1. The first month of the year is January.
2. The third day of the week is Tuesday.
3. I don't know anything about 16th century music.
4. We are on the twenty-ninth floor.
5. This is the seventh time that I have seen this film.
6. Varig's office is on Fifth Avenue.

Lição 13

Andrea: - Inês, olhe aquele cartaz de Portugal!

Inês: - Que lindo! Você sabe que eu vou passar o verão lá, não é?

Andrea: - Vai custar mais de mil e quinhentos dólares?

Inês: - Um pouco mais. Mas acho que vale a pena.

Andrea: - Portugal é muito mais interessante do que o Brasil?

Inês: - É muito diferente. É menor, mas não posso dizer que é melhor nem pior para passear.

Andrea: - É mais barato ir lá do que ir ao Brasil?

Inês: - Isso é. E meus amigos dizem que as praias são tão bonitas quanto as do Brasil.

Andrea: - Bem, eu estudei e trabalhei tanto quanto você este ano. Posso ir junto?

Inês: - Claro! Venha a minha casa para conversar mais e depois faça suas reservas.

PARA APRENDER

A. Formation of the comparative

1. To form the comparative in Portuguese it is necessary to place the words mais or menos before the adjective, or adverb, or noun:

Ele é alto; eles são mais altos.	He is tall; they are taller.
Esta lição é difícil; aquela é menos difícil.	This lesson is difficult; that one is less difficult.
Eu me levanto cedo; ele se levanta mais cedo.	I get up early; he gets up earlier.
Nós íamos ao cinema toda semana; agora vou menos freqüentemente.	We used to go to the movies every week; now I go less frequently.
Tenho pouco dinheiro; Paulo tem menos dinheiro.	I have little money; Paul has less.
Elsa tem muitas blusas; Teresa tem mais blusas.	Elsa has a lot of shirts; Teresa has more.

2. To express the word <u>than</u> in a comparative sentence, one uses either <u>do que</u> or <u>que</u>.

    Ela é <u>mais alta (do) que</u> Maria.   She is <u>taller than</u> Mary.
    Estas lições têm <u>menos exercícios (do) que</u> as outras.   These lessons have <u>fewer exercises than</u> the others.

B. Formation of the <u>superlative</u>

1. To form the superlative in Portuguese it is necessary to use the definite article before the comparative form of the adjective or adverb:

    André, Pedro e Mário são altos. André é <u>o mais alto</u>.   André, Pedro and Mário are tall. André is <u>the tallest</u>.
    Ela leu <u>o</u> romance <u>mais interessante</u>.   She read <u>the most interesting</u> novel.
    Estas ilhas são <u>as menos conhecidas</u>.   These islands are <u>the least known</u>.

2. To express <u>in</u> or <u>of</u> after a superlative, use the word <u>de</u>.

    Ela é a mais alta <u>d</u>as três.   She is the tallest <u>of</u> the three.
    É o país menos desenvolvido <u>do</u> mundo.   It is the least developed country <u>in</u> the world.

C. To express <u>more than</u> or <u>less than</u> (<u>fewer than</u>) before numerals, use <u>mais de</u> or <u>menos de</u>.

    Ele tem <u>mais de</u> vinte primos.   He has <u>more than</u> twenty cousins.
    <u>Menos de</u> quarenta pessoas apareceram.   <u>Fewer than</u> 40 persons appeared.

D. <u>Comparatives of equality</u> are formed by placing the <u>adjective</u> or <u>adverb</u> between the invariable words <u>tão</u> . . . <u>quanto</u> or <u>tão</u> . . . <u>como</u>.

    Eu sou <u>tão</u> inteligente <u>quanto</u> ele.   I am <u>as</u> intelligent <u>as</u> he.
    Eu sou <u>tão</u> inteligente <u>como</u> ele.

    Levanto-me <u>tão</u> cedo <u>quanto</u> você.   I get up <u>as</u> early <u>as</u> you.
    Levanto-me <u>tão</u> cedo <u>como</u> você.

E. <u>As much (As many)</u> . . . <u>as</u> is expressed by <u>tanto</u> (<u>tantos</u>) . . . <u>quanto</u>. Tanto is an adjective and must agree in gender and number with the <u>noun</u> it modifies.

    Edu tem <u>tanto</u> dinheiro <u>quanto</u> Clóvis.   Edu has <u>as much</u> money <u>as</u> Clóvis.
    Eu falo <u>tantas</u> línguas <u>quanto</u> ele.   I speak <u>as many</u> languages <u>as</u> he.
    Ela faz <u>tantos</u> projetos <u>quanto</u> eu.   She develops <u>as many</u> projects <u>as</u> I.

F. To express <u>as much as</u>, use <u>tanto quanto</u>.

O pai fala <u>tanto quanto</u> a filha. The father talks <u>as much as</u> the daughter.
Trabalhamos <u>tanto quanto</u> você. We work <u>as much as</u> you.

G. Adjectives and adverbs with irregular comparative forms.

<u>Positive</u> <u>Comparative</u>

bom, boa	good	melhor	better
mau, má	bad	pior	worse
grande	large	maior	larger
pequeno, -a	small	menor	smaller
muito, -a	much, many	mais	more
pouco, -a	little, few	menos	fewer, less
muito	a lot	mais	more
pouco	little	menos	less
bem	well	melhor	better
mal	badly, poorly	pior	worse

H. The absolute superlative in Portuguese is generally formed with the ending <u>-íssimo.</u> This is added to the adjective after the final vowel, if any, has been dropped. The English translation is <u>very</u> or <u>extremely</u> plus the meaning of the adjective.

lindo - lindíssimo   very <u>or</u> extremely pretty
grande - grandíssimo   very <u>or</u> extremely large (or great)
rico - riquíssimo   very <u>or</u> extremely rich

pouquíssim<u>as</u> pesso<u>as</u>   very few people
<u>as</u> flores caríssim<u>as</u>   the very expensive flowers

Note: There are a number of irregularities in the formation of the absolute superlative. The most common are:

fácil   >   fac<u>í</u>limo - very easy
difícil   >   dific<u>í</u>limo - very difficult

I. <u>Formal commands</u>

1. For verbs of the first conjugation (-<u>ar</u>), drop the -<u>o</u> from the first person singular of the present tense, and add -<u>e</u>, -<u>emos</u>, -<u>em</u>.

<u>fechar</u>
fech/o

Fech<u>e</u> a porta!	Close the door!
* Fech<u>emos</u> a porta!	Let's close the door!
Fech<u>em</u> a porta!	Close the door!

2. For verbs of the second (-<u>er</u>) and third (-<u>ir</u>) conjugations, drop the -<u>o</u> from the first person singular of the present tense and add -<u>a</u>, -<u>amos</u>, -<u>am</u>.

<u>ver</u>   <u>abrir</u>
vej/o   abr/o

Vej<u>a</u>!	Look!	Abr<u>a</u> a porta!	Open the door!
* Vej<u>amos</u>!	Let's look!	* Abr<u>amos</u> a porta!	Let's open the door!
Vej<u>am</u>	Look!	Abr<u>am</u> a porta!	Open the door!

3. Command forms of reflexive verbs

<u>vestir-se</u>   <u>levantar-se</u>
vist/o-me   levant/o-me

Vist<u>a-se</u>!	Get dressed!	Levant<u>e-se</u>!	Get up!
* Vist<u>amo-nos</u>!	Let's get dressed!	* Levant<u>emo-nos</u>!	Let's get up!
Vist<u>am-se</u>!	Get dressed!	Levant<u>em-se</u>!	Get up!

In a negative command, the reflexive pronoun must be placed <u>before</u> the verb.

Não <u>se</u> esque<u>ça</u> de escrever!	Don't forget to write!
Não <u>nos</u> levant<u>emos</u> tão cedo!	Let's not get up so early!

4. Verbs with irregular command forms

<u>ir</u>	<u>dar</u>	<u>estar</u>	<u>ser</u>
vá	dê	esteja	seja
* vamos	* demos	* estejamos	* sejamos
vão	dêem	estejam	sejam

* The English <u>let's</u> is generally expressed in Portuguese by <u>vamos</u> plus the infinitive:

<u>Vamos sair</u>! - Let's leave!
<u>Vamos comer</u>! - Let's eat!

VOCABULÁRIO

a	agência de viagens - travel agency			movimentado, -a - full of life, active
o/a	agente de viagens - travel agent		a	nuvem - cloud
o	cartaz - poster; billboard		a	parte - part
o	céu - sky; Heaven		a	passagem - ticket (air, train, etc.)
a	chuva - rain			pobre - poor
o	clima - climate		o	povo - people of a nation
	diferente - different		a	reserva - reservation
o	estrangeiro - foreigner			fazer reservas - to make reservations
	europeu, européia - European			rico, -a - rich
a	foto - photo		o	romance - novel
	tirar fotos - to take pictures		o	sol - sun
	igual - equal; the same as		o	turismo - tourism
o	mapa - map		o/a	turista - tourist

VERBOS

anunciar - to announce
comparar - to compare
desenvolver-se - to develop
incluir - to include
    incluo incluimos
    inclui incluem

preocupar-se - to worry
reservar - to reserve
significar - to mean, signify
treinar - to train; to practice
trocar - change; exchange
valer (valho) - to be worth

EXPRESSÕES

Isso é! - It certainly is!
Não dá tempo! - There's not enough time!
Vale a pena . . . - It's worthwhile . . .

Vamos! - Let's go!
Vamos embora! - Let's get out of here!
Vamos ver . . . - Let's see . . .

EXERCÍCIOS

A. Answer each question with a complete sentence, using the comparative in each reply.

Raul é inteligente mas Nei não é tão inteligente.

Qual dos dois é mais inteligente?
- Raul é <u>mais inteligente do que</u> Nei.

1. Celso tem 15 anos mas a irmã tem 12 anos.

   Qual dos dois é mais velho?

2. A primeira lição é difícil, mas a quinta é dificílima.

   Qual das duas lições é mais fácil?

179

3. Eu tenho oitenta discos-laser e o meu amigo tem só sessenta discos.
Quem é que tem menos discos?
O meu amigo tem menos discos.

4. O agente de viagens fala três idiomas e sua mulher também.
A mulher do agente fala tantos idiomas quanto ele?
Ela fala tantos idiomas quanto ele.

5. Jonas é bom aluno. Francisco é ainda melhor.
Quem é melhor aluno?
Francisco é melhor aluno.

6. O Sr. Mendes viaja freqüentemente e sua filha também viaja freqüentemente.
A filha viaja tanto quanto o pai?
A filha viaja tanto quanto o pai. igual que o seu pai.

7. Joaquim ganha vinte mil escudos por mês. Manuel também ganha vinte mil.
Manuel é tão pobre como Joaquim?
Manuel é tão pobre como Joaquim.

B. Modify each sentence using the comparative and then the superlative.

Marcos é alto. (Rui/José)
(a) Rui é mais alto do que Marcos.
(b) José é o mais alto de todos.

1. Esta música da fita é bonita. (a próxima/a última) *A próxima é mais bonita. A última é a mais bonita de todas.*
2. Ele é bom atleta. (Márcia/Clarissa) *Márcia é melhor atleta que ele. Clarissa é a melhor de todas.*
3. Marcelo é inteligente. (seu irmão/seu pai) *Seu irmão é mais inteligente. Seu pai é o mais int.*
4. Estas frases são fáceis. (essas/aquelas) *Essas são mais fáceis. Aquelas são as mais fáceis.*
5. Ela é rica. (Lígia/Vera) *Lígia é mais rica do que ela. Vera é a mais rica de todas.*
6. Aquela casa é grande. (a minha/a sua) *A minha casa é mais grande. A sua é a mais grande.*
7. Aquele homem é mau. (esse/o criminoso) *Esse homem é pior que aquele. O crim. é o pior.*
8. Paulo é gordo. (seu tio/seu avô) *O seu tio é mais gordo. O seu avô é o mais gordo de todos.*

C. Give the singular command of each sentence.

<u>Ir</u> para casa.   <u>Vá</u> para casa.

1. Estudar todo o vocabulário. *Estude todo o vocabulário.*
2. Falar com ela. *Fale com ela.*
3. Ler o romance. *Leia o romance.*
4. Escrever as respostas. *Escreva as respostas.*
5. Abrir as janelas. *Abra as janelas.*
6. Tocar uma música. *Toque uma música.*
7. Traduzir a sentença. *Traduza a sentença.*
8. Sair daqui. *Saia daqui.*
9. Dizer a verdade. *Diga a verdade.*
10. Vir antes das oito. *Venha antes das oito.*

D. Repeat each sentence, putting the verb in the plural command form.

    Não <u>trabalhar</u> tanto.   Não <u>trabalhem</u> tanto!

1. Não trocar a fita.
2. Não deixar os cheques na mesa.
3. Não tirar fotos agora.
4. Não repetir o erro.
5. Não chegar atrasados.
6. Não comer com as mãos.
7. Não fazer isso.
8. Não trazer o gato para dentro.
9. Não ir com eles.
10. Não dar nada para a Rosângela.

E. Repeat each sentence two times: (1) putting the verb in the singular command form; (2) putting the verb in the plural command form.

    <u>Levantar-se</u> às sete.   (1) <u>Levante-se</u> às sete.
                              (2) <u>Levantem-se</u> às sete.

1. Vestir-se logo.
2. Não sentar-se perto da janela.
3. Matricular-se logo.
4. Não preocupar-se com isso.
5. Divertir-se na viagem.

F. Write in Portuguese:

1. Cláudia sleeps much more than her roommate.
2. Those boys are as tall as their father.
3. Fernando walks slower than I.
4. Let's talk about more important things.
5. This novel isn't as interesting as you said.
6. What is the largest country in the world?
7. I think that it is Russia. Brazil and the U.S. are smaller than Russia.
8. There are more than ten new countries in Africa.
9. This dinner is worse than yesterday's.
10. There aren't as many people here tonight as there were last night.
11. Do you think his latest CD is better than his others?
12. Athletes train as much in the winter as they do in the summer.

G. Read the following selection in Portuguese. Then try, with the help of the vocabulary given immediately below, to understand this ad.

  Não diga que a comida do restaurante é melhor do que a sua, porque não é. A diferença está no ambiente. Faça uma experiência. Cubra a mesa com a toalha mais bonita da casa. Troque os seus pratos comuns por Termo-Rey, que são lindos e tão resistentes que podem ir ao forno. Agora apague as luzes, acenda uma vela no centro da mesa e espere aquela pessoa cansada, que chega por volta das

7 da noite. Antes dela perguntar a razão dessa loucura, sirva o seu santo arroz com feijão de todos os dias. Você vai encontrar mais satisfação em casa que em qualquer restaurante.

acender - to light, turn on
apagar - to erase; turn off
cubra (from cobrir) - cover
o forno - oven

a loucura - madness
a razão - reason
a toalha - tablecloth
a vela - candle

Componente Cultural: Portugal

Portugal fica na Península Ibérica e é um país pequeno - é um dos menores países do continente europeu. Tem uma população de mais de dez milhões de habitantes - isso inclui os habitantes das ilhas dos Açores e da Madeira que são partes integrais da Metrópole. "A Metrópole" significa Portugal continental. A capital de Portugal é Lisboa, a maior cidade do país e a mais movimentada. Vale a pena visitá-la. As bases da economia portuguesa são a agricultura e a pesca; mas há também indústrias tais como fábricas de cerâmica e louça, indústria têxtil e os estaleiros. Outra indústria a desenvolver-se rapidamente é o turismo. Portugal tem muito para o turista ver: castelos, monumentos históricos, paisagens lindíssimas, e praias. E o clima é dos melhores: muito sol e céu azul, temperaturas amenas, e pouca chuva. O povo português é muito simpático e está sempre pronto para ajudar o estrangeiro. É preciso mencionar que a pronúncia portuguesa é bem diferente da brasileira; é mais difícil compreender um português do que um brasileiro. Se a gente já aprendeu a pronúncia brasileira e vai a Portugal, tem que treinar o ouvido durante um ou dois dias antes de poder compreender tudo.

os Açores - the Azores
a agricultura - agriculture
ameno, -a - pleasant
a base - base, basis
a cerâmica - ceramics
a economia - economy
o estaleiro - shipyard
a ilha - island

a indústria - industry
o monumento - monument
a paisagem - landscape
a Península Ibérica - the Iberian Peninsula
a pesca - fishing
a pronúncia - pronunciation
a temperatura - temperature
têxtil - textile

Agora consulte o mapa de Portugal na página seguinte. Veja os nomes das várias províncias. Compare este mapa com o do Brasil.

Responda em português:

1. Onde fica Portugal e como é?
2. Portugal é maior do que o Brasil?
3. Qual é a população de Portugal?
4. Qual é a base da economia portuguesa?
5. Por que o turista visita Portugal?
6. Por que a gente que estudou o português do Brasil vai ter um pouco de dificuldade durante os primeiros dias de sua visita a Portugal?
7. O que é Lisboa?
8. Qual dos dois países tem mais habitantes, Portugal ou o Brasil?

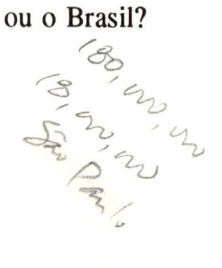

Escreva em português:

1. Portugal is one of the smallest countries in Europe.
2. Its capital is Lisbon, which is the largest city in the country.
3. It is as easy to travel in Portugal as in other countries.
4. The Portuguese people are very kind to foreign tourists.

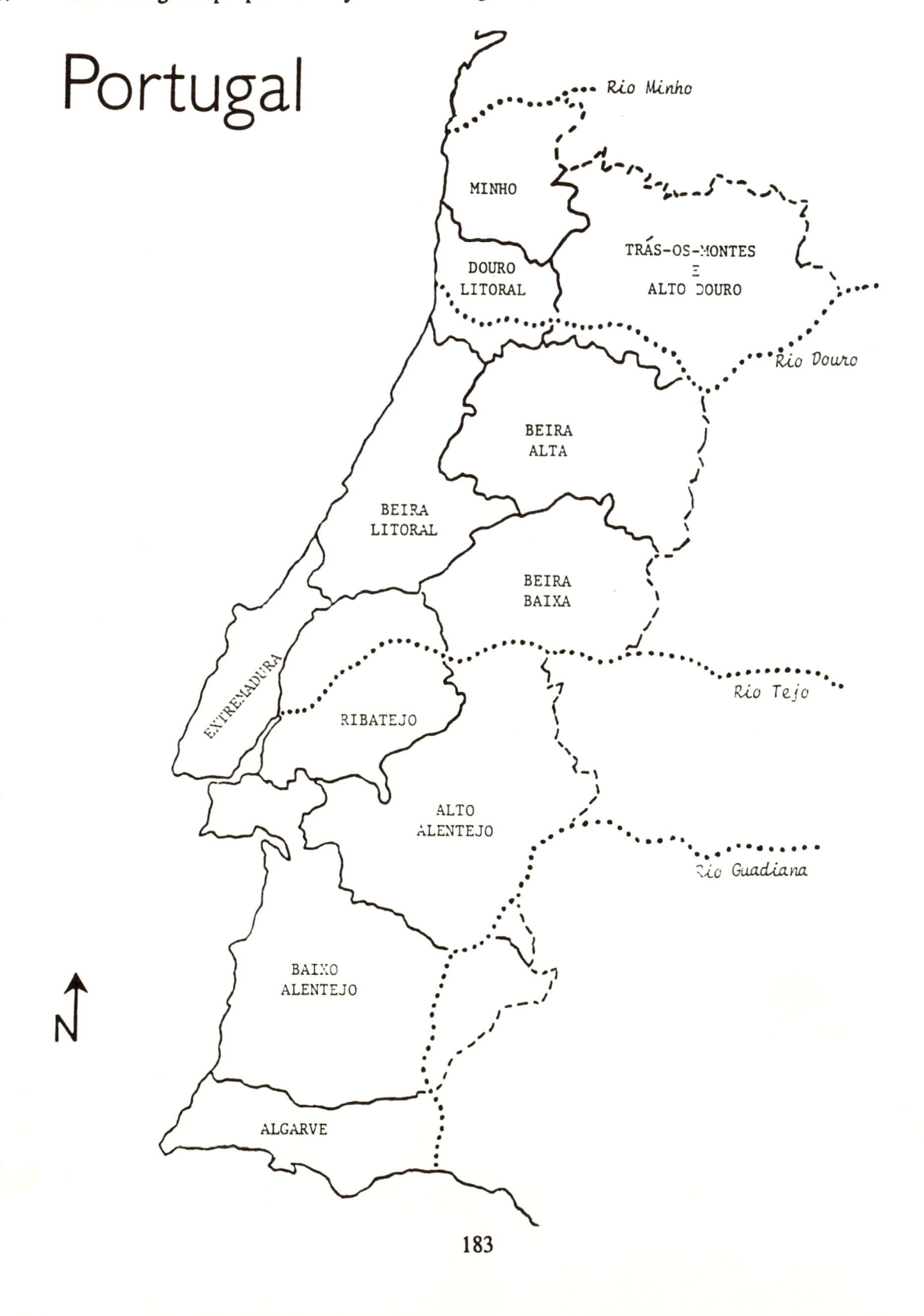

Lição 14

Lula: - Não dormi bem ontem à noite devido a uma dor de dente.

Zeca: - Ainda está doendo muito?

Lula: - Está sim. Tenho que telefonar para o dentista para marcar uma hora mas não posso. Ai! Ai!

Zeca: - Deixe de gemer! Não se queixe tanto! Dê-me o número e vou discá-lo agora mesmo.

Lula: - Puxa vida! O que é que vou fazer! Dói-me demais este dente!

Zeca: - Não se preocupe! Você estará bem na próxima semana.

PARA APRENDER

A. Dates:

- Qual é a data de hoje?   What's today's date?
- Hoje é doze de novembro.   Today is November 12.

1. In giving dates, the ordinal number primeiro is used for first, but only cardinal numbers are used after that.

    Hoje é primeiro de maio.   Today is the first of May.
                    but
    Hoje é dois de maio.   Today is May 2.
    Hoje é vinte e um de maio.   Today is May 21st.

2. To express on with a date, use no dia:

    Vamos viajar no dia três de   We are going to travel on June 3rd.
       junho.

    No dia primeiro de setembro   On September 1st we will be home
       estaremos de novo em   again.
       casa.

    To express in with a year use either em or no ano de:

    a) em

    Ele nasceu em 1963.   He was born in 1963.
    Em 1877 houve uma enchente.   There was a flood in 1877.

b) <u>no ano de</u>

<u>No ano de</u> 1822 o Brasil ficou independente.

<u>In</u> (the year) 1822 Brazil became an independent nation.

Onde você estará <u>no ano de</u> 1999?

Where will you be <u>in</u> 1999?

B. The use of <u>próximo</u>, <u>que vem</u> and <u>seguinte</u>

1. To express <u>next</u> in future time expressions, use <u>próximo</u> or <u>que vem</u>. <u>Próximo</u> is an adjective and is placed <u>before</u> the noun it modifies. The expression <u>que vem</u> is always placed <u>after</u> the noun.

Nós o veremos no <u>próximo</u> mês.
Nós o veremos no mês <u>que vem</u>.

We will see him <u>next</u> month.

Ela vai me telefonar na <u>próxima</u> semana!
Ela vai me telefonar na semana <u>que vem</u>!

She will call me <u>next</u> week!

2. To express <u>next</u> in a past context, use <u>seguinte</u> and place it after the noun.

Não apareceu no sábado passado, mas no dia <u>seguinte</u> me telefonou.

He didn't show up last Saturday, but he called me on the <u>next</u> (following) day.

Houve seca no ano de 1936; mas no ano <u>seguinte</u> choveu de novo.

There was a drought in 1936; but the <u>next</u> (following) year it rained again.

C. The verb <u>doer</u> is used only in the third person singular and plural forms.

<u>Dói</u>-me o pé.

My foot aches.

<u>Doíam</u>-lhe os olhos.

His eyes ached.

<u>Dói</u>? . . . Não, senhor, não <u>dói</u> nada.

Does it hurt? . . . No, sir, it doesn't hurt at all.

It is also common to use the following construction: <u>estar</u> + <u>present</u> <u>participle</u>:

    Meu joelho <u>está</u> <u>doendo</u>.   My knee hurts.

    Minhas costas <u>estavam doendo.</u>   My back hurt.

D. <u>Tudo</u> and <u>Todo:</u>

1. <u>Tudo</u> is a pronoun which translates as <u>everything</u>. Its form is invariable. It is never used with a noun. However, at times it is followed by one of the demonstrative pronouns, <u>isto</u>, <u>isso</u> <u>aquilo.</u>

Ele pensa que sabe <u>tudo</u>.	He thinks he knows <u>everything</u>.
Comemos <u>tudo</u>!	We ate <u>everything!</u>
<u>Tudo</u> <u>isto</u> é muito grave.	<u>All</u> <u>this</u> is very serious.

<u>Tudo que</u> or <u>Tudo o que</u> are equivalent expressions meaning
    Everything (that) . . . :

<u>Tudo o que</u> temos é velho e feio.   <u>Everything</u> we own is old and ugly.

O ladrão roubou <u>tudo que</u> encontrou no meu quarto.   The thief took <u>everything</u> he found in my bedroom.

2. <u>Todo</u> is an adjective. It means <u>every</u> or <u>all</u>. It must agree with the noun it modifies.

<u>Toda</u> pergunta era difícil.	Every question was hard.
Bebi <u>todo</u> o vinho.	I drank all the wine.
Você já viu <u>todas</u> as fotos?	Have you already seen all the pictures?

Note that when <u>todo</u> is followed by the singular definite article, it means <u>entire</u> or <u>whole</u>; when it is followed by the plural definite article or directly by the noun, it means <u>each</u> or <u>every</u>. Units of time best illustrate this contrast:

Choveu <u>todo o dia</u>.   It rained the entire day.

Chove <u>todo dia</u> (<u>todos os dias</u>) na Amazônia.   It rains every day in the Amazon.

<u>Todo mundo</u> is a pronoun which means <u>everybody</u>. It is followed by a third person singular verb.

<u>Todo mundo</u> sabe isso!   <u>Everybody</u> knows that!
Parece que você conhece <u>todo mundo</u>.   It seems like you know <u>everyone</u>.

VOCABULÁRIO

	apesar de - in spite of	a	independência - independence
o	assunto - subject matter		independente - independent
o/a	bobo, -a - fool		livre - free, open
o	caso - case		marcado, -a - marked, set
a	consulta - consultation;		hora marcada - appointment
	doctor's appointment	o	mercado - market
o	consultório - doctor's office	a	natureza - nature
a	conversa - conversation		por natureza - by nature
a	data - date		nervoso, -a - nervous
	devido a - due to	o	programa - program
a	enchente - flood	a	seca - drought
	grátis - free of charge	o	telefone - telephone
	horrível - horrible		

VERBOS

aguentar - to bear, tolerate
arrancar - to yank, pull out
atender - to wait on; answer (door, telephone)
consultar - to consult
cuidar (de) - to take care (of), care (for)
deixar (de + inf.) - to quit, stop
discar - to dial
doer - to ache, hurt

examinar - to examine
gemer - to moan, groan
gritar - to scream, shout, yell
marcar - to mark, indicate
    marcar uma hora - to make an appointment
mexer - to stir, work on
queixar-se (de) - to complain (about)
sofrer - to suffer
sossegar - to calm down

EXPRESSÕES

Ai! Ai! - Ouch!
Deixe de bobagem! - Don't be silly!

Esteja à vontade! - Make yourself comfortable!
Puxa vida! - Good grief!; My gosh!

EXERCÍCIOS

A. Answer the following questions:

1. Onde nós estaremos na próxima segunda-feira a esta hora?
2. Quando lhe dói a cabeça o que é que você pode fazer?
3. A que horas você se acorda geralmente? O que faz depois de acordar-se?
4. O que é boa idéia fazer antes de ir ao consultório do dentista ou do médico?
5. Por que você está queixando tanto?
6. Quem foi que mexeu em todas as minhas roupas?

B. Write complete sentences in Portuguese using these phrases:

1. horas a fio
2. aqui mesmo
3. em fins de
4. logo depois
5. de repente
6. deixar de
7. pôr a mesa
8. ter . . . anos

C. Answer in Portuguese:

1. Que dia da semana é hoje?
2. Qual é a data de hoje?
3. Onde você estará no dia 25 de dezembro deste ano?
4. Você se preocupa muito com o futuro?
5. Quando você foi ao dentista pela última vez?
6. Dói muito quando o dentista arranca um dente?
7. Seus joelhos estão doendo muito?
8. Doeu muito quando você caiu?

D. Answer each question with a complete sentence, using in your reply the word(s) in the second column.

Quando é que ela nasceu?	3 de março
- Ela nasceu no dia 3 de março.	

1.	Que dia é hoje?	terça-feira
2.	Qual é a data de hoje?	28 de janeiro
3.	Em que mês estamos?	julho
4.	Que mês do ano é março?	terceiro
5.	Quantos meses tem o ano?	doze
6.	Qual é a data da Independência do Brasil?	7 de setembro de 1822
7.	Quando comemoram o Dia do Trabalho no Brasil?	1º de maio
8.	Quando é o Dia dos Namorados no Brasil?	12 de junho

E. Rewrite each sentence as a singular and plural command:

Falar português.	Fale português!
	Falem português!

1. Sentar-se, por favor.
2. Não comer tanto.
3. Ver aquela casa nova.
4. Estar aqui às nove e meia.
5. Abrir a boca e fechar os olhos.
6. Ir embora.
7. Não mexer ali.

8. Não me <u>tocar</u>.
9. <u>Discar</u> o número dele.
10. <u>Atender</u> o telefone.
11. <u>Apagar</u> as luzes.
12. Não <u>ser</u> bobo(s).
13. <u>Pôr</u> as xícaras na mesa.
14. <u>Fazer</u> as reservas agora.
15. <u>Ficar</u> mais um pouquinho.
16. Não se <u>queixar</u> tanto.
17. <u>Calar</u> a boca.
18. Não se <u>esquecer</u> das chaves.
19. <u>Ter</u> a santa paciência.
20. Não <u>perder</u> a cabeça. *perca*

F. Fill the blanks with <u>tudo</u> or <u>todo/a/os/as</u>:

1. *Todos* estes bolos estão ótimos.
2. Ela volta a Campinas *todo* inverno.
3. Trouxe *todas* as frutas que vi no mercado.
4. Já li *tudo* isso. Já assisti *todos* esses filmes.
5. Ele diz *tudo* o que pensa.
6. A gente quer aprender *tudo* sobre o Rio Paraná.
7. Os meninos gostam de *todos* os programas da TV.
8. Estamos procurando emprego e já temos *todos* os documentos. Nós vamos sair do país e já temos *tudo*.
9. Você achou *tudo* o que procurava?
10. Para completar *todo* o trabalho, o Antônio ficou *toda* a manhã no escritório. Você sabe que ele vai ao escritório *toda* manhã?

OXUMARÉ

Componente Cultural: Candomblé

O candomblé é uma complexa religião levada para o Brasil pelos escravos africanos. Os sacerdotes do candomblé se chamam pais-de-santo ou mães-de-santo, e seus deuses, orixás. O Deus Supremo é Oxalá. Como os senhores proibiam a prática do candomblé, os escravos passaram a identificar cada orixá com um santo católico. Assim, por exemplo, Santa Bárbara é Iansan e a Virgem Maria é Iemanjá. Graças a esta correspondência (chamada sincretismo) entre orixá e santo católico, foi possível não somente a preservação como também a integração da religião africana à cultura brasileira. Apesar da maioria católica, o candomblé tem grande penetração em todas as camadas sociais e raciais da população. É também importante fonte de inspiração para os artistas brasileiros, como Jorge Amado e Carybé.

a camada - level
o deus - god
a fonte - source

passar a - to begin to
o sacerdote - priest
o/a santo, -a - saint

OXALÁ

Lição 15

Alberto:	- O que você vai fazer durante as férias de verão, Carlos?

Carlos:	- Bem, minha namorada quer que eu passe um mês na praia com ela e sua família em Guarujá.

Alberto:	- Não me diga! Ricardo e eu esperamos que você faça uma viagem à Bahia conosco.

Carlos:	- Eu gostaria, mas meus pais estão pedindo que eu vá à fazenda do meu avô em janeiro. Só vou ter fevereiro para passear.

Alberto:	- Então você vai ter que escolher entre a praia e a Bahia, não é?

Carlos:	- Infelizmente é. Duvido que haja tempo suficiente para fazer tudo.

Alberto:	- Eu estou vendo que é bem provável que você prefira ir com sua namorada.

Carlos:	- Não é isso. Eu tenho medo que ela fique zangada comigo. Eu sei que vocês não vão se importar muito.

PARA APRENDER

A. The present subjunctive is formed by adding the following endings to the stem of the first person singular of the present indicative.

1st Conjugation	2nd Conjugation	3rd Conjugation
fal<u>ar</u>	com<u>er</u>	sa<u>ir</u>
falo	como	saio
fal<u>e</u>	com<u>a</u>	sa<u>ia</u>
fal<u>e</u>	com<u>a</u>	sa<u>ia</u>
fal<u>emos</u>	com<u>amos</u>	sa<u>iamos</u>
fal<u>em</u>	com<u>am</u>	sa<u>iam</u>

It will be noted that the endings for the <u>second</u> and <u>third</u> conjugaton verbs are the same.

Remember that many verbs have an <u>irregular</u> first person singular form in the present indicative, and therefore are irregular in the present subjunctive as well. Some of these verbs are:

descer (desço) = desça, etc.
dizer (digo) = diga, etc.
pedir (peço) = peça, etc.
perder (perco) = perca, etc.

poder (posso) = possa, etc.
trazer (trago) = traga, etc.
ver (vejo) = veja, etc.
vir (venho) = venha, etc.

B. There are seven verbs of common usage which have irregular forms in the present subjunctive:

dar	estar	haver	ir	querer	saber	ser
dê	esteja	haja	vá	queira	saiba	seja
dê	esteja	haja	vá	queira	saiba	seja
demos	estejamos	hajamos	vamos	queiramos	saibamos	sejamos
dêem	estejam	hajam	vão	queiram	saibam	sejam

C. Spelling changes are sometimes necessary in the formation of the present subjunctive in order to maintain the hard sound of a consonant before an e.

1. When forming the present subjunctive of verbs ending in -car, it is necessary to change the c to qu before adding the endings.

    ficar > fico = fique, etc.
    praticar > pratico = pratique, etc.
    tocar > toco = toque, etc.

2. When forming the present subjunctive of verbs ending in -gar, it is necessary to change to g to gu before adding the endings.

    estragar > estrago = estrague, etc.
    pagar > pago = pague, etc.

3. Remember that no cedilla is used when a c precedes the letter e. Thus in verbs which end in -çar, no cedilla is used in the subjunctive forms.

    começar > começo = comece, etc.

D. The present subjunctive in noun clauses

The present subjunctive is rarely used in English in noun clauses. Its place is taken either by the (1) present or (2) future tense, or by (3) an infinitive construction. In the following examples the underlined words are those which in English substitute for the subjunctive.

1. I don't believe that he studies so hard.
   We are glad that she isn't sick.

2. He hopes that she will come.
   I doubt that they will prepare it.

3. I want you to go.
   He tells the students to study.

However, there are rare cases in which we still use the present subjunctive in English. In some instances we recognize its presence by the use of the word may with the verb.

I prefer that he <u>do</u> it now.
He asks that we <u>give</u> him the money.
I'm afraid that they <u>may</u> not <u>be able</u> to come.

In Portuguese the subjunctive is used very frequently in subordinate noun clauses. The noun clause is always introduced by the word <u>que</u>. The subjunctive is used in this clause when the verb in the independent clause is one of:

1. COMMANDING or INSISTING:

    dizer   insistir
    exigir   mandar
    fazer

O chefe faz <u>que leiamos</u> o regulamento.	The boss makes us read the rules.
Exijo <u>que</u> vocês <u>imprimam</u> a carta de novo.	I insist that you print the letter again.
Mandam <u>que cheguemos</u> cedo.	They order us to arrive early.
Diz-lhes <u>que não falem</u> tanto.	He tells them not to talk so much.

2. WISHING, PREFERRING, REQUESTING, PERMITTING, ETC.:

    aconselhar   pedir   querer
    deixar   permitir   recomendar
    desejar   preferir   sugerir

Não quero <u>que vocês percam</u> o ônibus.	I don't want you to miss the bus.
Aconselham-me <u>que não saia</u> do país agora.	They advise me not to leave the country now.
Preferimos <u>que ele não compre</u> o carro.	We prefer that he not buy the car.
Ela nos pede <u>que tragamos</u> os sanduíches.	She asks us to bring the sandwiches.
Heloísa não permite <u>que eu faça isso</u>.	Heloísa doesn't let me do that.

3. EMOTION:

esperar	temer
sentir	ter medo

Temo que ela fique zangada. — I'm afraid she is going to get angry.

Sentimos que sua mãe esteja doente. — We are sorry that your mother is sick.

Meus colegas de trabalho esperam que eu aprenda a usar o computador novo. — My co-workers hope that I will learn to use the new computer.

4. DOUBTING, DENIAL, NOT BELIEVING, UNCERTAINTY:

duvidar	não acreditar	não estar seguro
negar	não crer	não pensar
não achar	não estar certo	não ter certeza

Duvidamos que ele vá pagar as contas. — We doubt he will pay the bills.

Nego que isto seja verdade. — I deny that this is true.

Ninguém acredita que eu saiba dirigir. — No one believes I can drive.

Ela não está certa de que tudo saia bem. — She's not sure that everything will turn out all right.

E. The subjunctive is also used in noun clauses after <u>impersonal expressions</u> which express necessity, probability, possibility, emotion, etc.

é bom que
é impossível que
é necessário que   basta que
é pena que   pode ser que
é possível que
é preciso que
é provável que

Não é preciso que você se preocupe tanto. — It's not necessary for you to worry so much.

É possível <u>que eu o veja</u> mais tarde.	I might see him later.
Pode ser <u>que Maria se forme</u> em junho.	Perhaps Mary will graduate in June.
Não é bom <u>que vocês durmam</u> tão pouco.	It's not good for you to sleep so little.
É triste <u>que não possamos</u> visitá-la.	It's sad that we can't visit her.

F. No subjunctive is used after expressions of truth or certainty:

É certo <u>que ele vai</u> chegar hoje.	It's certain that he is going to arrive today.
É verdade <u>que Anita é</u> ótima funcionária.	It's true that Anita is an outstanding employee.
Temos certeza <u>que o Rogério terá</u> êxito.	We are sure Rogério will be successful.

<u>Não duvidar</u>, however, may be followed by either the indicative or the subjunctive, depending on the intent of the speaker.

Não duvido <u>que ele vem</u>.	I don't doubt that he will come. (i.e., I'm sure).
Não duvido <u>que ele seja</u> honesto.	I don't doubt that he's honest. (i.e., I'm not really sure).

G. In some instances, when the subject of both clauses is the same, an infinitive construction can be used to substitute for the dependent clause which is introduced by <u>que</u>:

<u>I</u> hope that <u>I</u> can see him tomorrow.	Espero <u>poder</u> vê-lo amanhã.
<u>He's</u> sorry that <u>he</u> doesn't have the money.	Ele sente não <u>ter</u> o dinheiro.

H. The verb <u>pedir</u> may be followed by: (1) a subordinate noun clause with the verb in the subjunctive; or (2) the preposition <u>para</u> followed by an infinitive. Both constructions have the same meaning.

Ela me pede <u>que eu faça</u> o trabalho. Ela me pede <u>para eu fazer</u> o trabalho.	She asks me <u>to do</u> the work.

VOCABULÁRIO

- o cartão (-ões) - greeting card
  - cartão postal - postcard
- o/a chefe - boss
- o computador - computer
- o endereço - address
- o envelope - envelope
- fabricado, -a - made, manufactured
- a impressora - printer
- legível - legible
- a letra - handwriting; words (of a song)
- a máquina - machine
  - máquina de escrever - typewriter
- a marca - make, brand
- péssimo, -a - horrible, awful
- portátil - portable
- preciso - necessary
- provável - probable, likely
- quebrado, -a - broken; out of order
- quieto, -a - quiet
- o/a secretário, -a - secretary
- zangado, -a - angry

VERBOS

- aconselhar (a) - to advise, warn
- acreditar (em) - to believe
- bastar - to be sufficient, enough
- datilografar - to type
- duvidar - to doubt
- escrever (bater) à máquina - to type
- estragar - to harm, ruin, spoil
- exigir (exijo) - to demand, insist
- imprimir - to print
- mandar - to order, make
- negar - to deny
- sugerir (sugiro) - to suggest
- temer - to fear

EXPRESSÕES

- com antecedência - in advance, ahead of time
- hoje em dia - nowadays
- Basta! - Enough!
- Chega! - Enough!
- Deixe ver ... - Let's see ...
- Não importa! - Never mind!; It doesn't make any difference.
- Tenha cuidado! - Be careful!

EXERCÍCIOS

A. Fill in the blanks with the correct form of the verb in parentheses:

1. Ele duvida que Lúcia _esteja_ (estar) doente.
2. Esperamos que o diretor não nos _dê_ (dar) mais tarefas.
3. É bem possível que o manual não _tenha_ (ter) todas as páginas.
4. Pode ser que os rapazes _queiram_ (querer) ficar aqui.
5. É preciso que minha irmã _vá_ (ir) ao dentista amanhã.
6. Quero que vocês _imprimam_ (imprimir) o documento.
7. Minha mãe tem medo de que eu _perca_ (perder) a chave da casa.
8. Espero que a minha amiga me _deixe_ (deixar) o seu endereço.
9. Aconselho-lhes que não _vendam_ (vender) o computador usado.
10. É possível que _chova_ (chover) no domingo.
11. É certo que a máquina de escrever _esteja_ (estar) quebrada.
12. Não acredito que ela _seja_ (ser) capaz de tal coisa.

13. Ela espera ~~possa~~ poder (poder) partir depois de amanhã.
14. O pai pede que eu __vá__ (ir) buscar o jornal.
15. O pai me pede para __ir__ (que vá) (ir) buscar o jornal.

B. Complete the following sentences:

1. Minha chefe quer que eu _chegue na hora de trabalhar_.
2. Eu duvido que aquele filme _seja bom_.
3. É provável que meus tios _venham amanhã_.
4. Pode ser que amanhã _haja calor_.
5. Permitimos que os empregados _fumem enquanto trabalham_.
6. Todos me pedem que eu não _dance durante a aula_.
7. É verdade que _estaja procurando trabalho_.
8. Peço a ele para _fazer-me um favor_.
9. Espero _sair-me bem no exame final_.
10. A carta não chegou ontem. Pode ser que _chegue hoje_.
11. Sentimos muito que ela não _faça todos os deveres_.
12. Não é possível que a estas horas a porta _esteja fechada_.
13. Eles desejam que nós _cozinhemos o jantar hoje_.
14. Não acho que os políticos _digam a verdade_.
15. Eu não deixo que vocês _corram na casa_.

C. Repeat each of the following sentences, beginning with the expression: É provável que . . .

Teresa vem à aula.   É provável que Teresa venha à aula.

1. Ele está no supermercado.
2. Os rapazes perdem o dinheiro.
3. Eu darei o meu endereço a ele.
4. Nós saímos às oito.
5. Paula é presidente.
6. João não quer estudar.
7. Não há jogo hoje.
8. O professor não sabe tudo.
9. As moças têm trabalho demais.
10. Alguém quer fazer reservas com antecedência.

D. Repeat each of the following sentences, beginning with the expression: Ele quer que . . .

Ana lhe manda um postal.   Ele quer que Ana lhe mande um postal.

1. Eu aceito o convite.
2. Nós fazemos muitas perguntas.
3. O teste não é difícil.
4. Os turistas ficam naquele hotel.
5. O jogo começa às oito.
6. Sua irmã toca uma música alegre.
7. Nós estamos à vontade.
8. O companheiro de quarto desliga a televisão.

E. Repeat each of the following sentences, beginning with the expression: Diga-lhe que . . .

Faz um café. Diga-lhe que faça um café.

1. Compra umas flores.
2. Ouve com cuidado.
3. Vai para casa.
4. Não perde os discos.
5. Ela nos esperará no clube.
6. Estará em casa antes das seis.
7. Traz outra colher.
8. Ela nos dá as instruções.

F. Answer the questions in the negative. Use a complete sentence.

Você quer que tenhamos um teste amanhã? Eu não quero que tenhamos um teste amanhã.

1. É preciso que você assista à aula?
2. Você tem medo que ele estrague o jantar?
3. Elas exigem que nós comecemos cedo?
4. É possível que todos saiam antes das cinco?
5. Vocês esperam que faça mau tempo amanhã?
6. Sua namorada deseja que você volte para casa?
7. É bom que isso aconteça?
8. Antônio deixa que você use a impressora dele?

G. Write in Portuguese:

1. I want him to be here early.
2. I doubt that he knows where I live.
3. Perhaps they will make dinner tonight.
4. Don't worry, John. I'm not going to ruin your party.
5. Enough! You're making me angry.
6. It's not likely that she will help us.
7. Beto is afraid that his term paper is not good.
8. It's too bad that we never do things ahead of time.
9. He wants me to type his letters.
10. It's true that my handwriting is awful.
11. I tell him not to work so much.
12. We're sorry we can't see you tomorrow.

LEITURA IV

A DIVERSIDADE BRASILEIRA

O Brasil é um país de contrastes, ao mesmo tempo rico e pobre, rural e urbano, liberal e conservador. Sua diversidade pode ser observada no clima, na natureza, na geografia, na população, na música, na religião, e em muitos outros aspectos.

A cultura brasileira recebeu contribuições dos europeus, africanos e asiáticos. Os portugueses chegaram ao Brasil no século dezesseis e prevaleceram sobre os indígenas e também sobre outros europeus, como os franceses e os holandeses, que tentavam tomar posse da terra. Assim, podemos dizer que os portugueses colonizaram o Brasil até a Independência, ocorrida no dia 7 de setembro de 1822. Depois disso, a forma de governo foi a Monarquia, até que a República foi proclamada, no dia 15 de novembro de 1889.

Nos séculos dezenove e vinte, outros europeus (principalmente italianos e alemães), e também asiáticos (principalmente japoneses) chegaram ao país como imigrantes, desta forma aumentando ainda mais a diversidade da nossa cultura.

O Brasil é o quinto maior país do mundo em extensão. Com uma população de cerca de cento e sessenta milhões de pessoas em 1992, o país tem vinte e seis estados, um território e um Distrito Federal, onde fica a capital, Brasília. Construída especialmente para ser a capital da nação, Brasília foi inaugurada em 1960, substituindo assim a antiga capital, o Rio de Janeiro.

A economia brasileira é uma das doze mais fortes do mundo ocidental e o país é um dos maiores exportadores de café, soja, açúcar, minério de ferro, suco de laranja, e produtos manufaturados. Apesar da desigualdade econômica e da gravidade dos seus problemas sociais e ecológicos, o Brasil tem imenso potencial de desenvolvimento graças à criatividade do seu povo e à abundância e à diversidade das suas riquezas minerais e biológicas.

antigo, -a - old, former
cerca de - about, approximately
conservador - conservative
o desenvolvimento - development
a desigualdade - inequality
desta forma - thus
forte - strong
graças a - thanks to, due to

a gravidade - seriousness
holandês, holandesa - Dutch
o minério de ferro - iron ore
ocidental - Western
a posse - possession
prevalecer - to prevail
a riqueza - wealth, riches
a soja - soybeans

EXERCÍCIOS

A.   Responda em português:

1. Por que o Brasil é um país de contrastes?
2. Que importância teve a imigração na formação da cultura brasileira?
3. Em que ano o Brasil ficou independente de Portugal?
4. Que tipos de governo o Brasil já conheceu?
5. Qual é a atual capital do Brasil?
6. Quantos estados o Brasil tem?
7. Quais são os principais produtos de exportação do país?
8. Você acha que há motivos de otimismo para o futuro do Brasil?

B. No mapa escreva, nos devidos lugares, os nomes dos estados do Brasil. Embaixo do nome de cada estado, escreva entre parênteses o nome da capital. Consulte um atlas para identificar corretamente os estados.

Brasil

Lição 16

Carlos: Que dia maravilhoso! Você não acha, Laura?

Laura: Acho, sim. É um dia simplesmente perfeito.

Carlos: A gente tem vontade de tirar férias. Como eu gostaria de sair desta sala agora!

Laura: É mesmo. Você quer dar um passeio?

Carlos: Por que não? Você já foi ao parque novo?

Laura: Não, ainda não fui. Como se chega lá?

Carlos: Não é difícil. Este mapa aqui foi feito pela secretaria de turismo para ajudar. Vamos ver...

Laura: Será que tem muita gente lá?

Carlos: Provavelmente. Fala-se que somente na semana passada o parque foi visitado por mais de duas mil pessoas.

PARA APRENDER

A. Formation of the past participle:

The past participle in Portuguese is formed by:

1. dropping the -ar from the infinitives of the first conjugation and adding -ado to the stem.

   falar = falado - spoken
   pronunciar = pronunciado - pronounced

2. dropping the -er from verbs of the second conjugation and the -ir from verbs of the third conjugation and adding -ido to the stem.

   comer = comido - eaten   sair = saído - left, gone out
   ler = lido - read   ir = ido - gone

However, there are a number of verbs which have both regular and irregular past participles. The irregular form is used after ser and estar. Either the regular or the irregular participle can be used with the auxiliary verbs ter and haver. The following list includes the most commonly used irregular past participles. In the cases where both a regular and irregular forms are given, it is the irregular one which is most often used.

abrir = aberto - opened
aceitar = aceitado, aceito - accepted
acender = acendido, aceso - lit
(des)cobrir = (des)coberto - (dis)covered
dizer = dito - said
eleger = elegido, eleito - elected
entregar = entregado, entregue - handed
escrever = escrito - written

fazer = feito - done
ganhar = ganhado, ganho - earned, won, received
gastar = gastado, gasto - spent
pagar = pagado, pago - paid
pôr = posto - put, placed
prender = prendido, preso - arrested
ver = visto - seen
vir = vindo - come

B. Passive voice:

The passive voice in Portuguese is formed by using a form of the verb ser followed by the past participle of the principal verb. This past participle acts as an adjective, and as such must agree in gender and number with the subject. In the passive voice the agent is either expressed or understood. When the agent is expressed, it is preceded by the preposition por.

The following examples compare active and passive constructions:

ACTIVE: Os pais amam o filho.   The parents love their son.
         O carpinteiro fez a mesa.   The carpenter made the table.
         Eles escreverão os exercícios.   They will write the exercises.

PASSIVE: O filho é amado pelos pais.   The son is loved by his parents.
         A mesa foi feita pelo carpin-   The table was made by the carpenter.
         teiro.
         Os exercícios serão escritos   The exercises will be written by them.
         por eles.

C. Passive constructions with se:

When the subject of the passive voice is present, and the agent is not identifiable, the impersonal form of the verb is used. Although the subject follows the verb in this construction, the verb must agree in number with the subject:

Fala-se português aqui.   Portuguese is spoken here.
Ouvem-se vozes no corredor.   Voices are heard in the corridor.
Não se vende cerveja nessa loja.   Beer is not sold in that store.
Compram-se livros e discos usados. Used books and records are purchased here.

D. Impersonal expressions with se:

To express the impersonal English subjects one, you or they, the third person singular of the verb is used with se.

Pode-se ir por aqui.	One can go this way.
Como se vai à biblioteca?	How does one get to the library?
Segue-se por esta rua.	You continue down this street.
Diz-se que é muito difícil.	They say that it's very difficult.

The above construction is equivalent to the use of a gente with a third person singular verb.

Come-se bem naquele restaurante.	One eats well in that restaurant.
A gente come bem naquele restaurante.	

E. Exclamations with COMO and QUE:

1. Both como and que can be used in an exclamation which begins with an adjective or adverb:

   a. Use Que with an adjective when no verb is present:

Que maravilhoso!	How marvelous!
Que interessante!	How interesting!

   b. Use Como with standard Portuguese word order when a verb is present:

Como ele canta bem!	How well he sings!
Como ela corre depressa!	How quickly she runs!
Como estas aulas são chatas!	How boring these classes are!

2. Que can also precede a noun in exclamatory phrases. Notice the use of tão or mais for emphasis:

Que idéia fantástica!	What a great idea!
Que crianças mais precoces!	What precocious children!
Que sonho eu tive!	What a dream I had!
Que praias tão lindas eu vi!	What beautiful beaches I saw!

F. Adverbs of Manner ending with -mente:

1. These adverbs are formed by adding the suffix -mente to the feminine singular form of the adjective:

certa	= certamente	- certainly
confusa	= confusamente	- confusedly
divina	= divinamente	- divinely
rápida	= rapidamente	- rapidly

2. The adverbial ending -mente is added directly to those adjectives having no feminine form.

artificial	= artificialmente	- artificially
feliz	= felizmente	- happily; fortunately
freqüente	= freqüentemente	- frequently
simples	= simplesmente	- simply

3. Many times the construction com + noun substitutes for an adverb ending in -mente:

com carinho	carinhosamente	affectionately
com freqüência	freqüentemente	frequently
com atenção	atenciosamente	considerately

4. At times a masculine singular adjective is used in place of an adverb:

Eliana foi direto para casa.　　Eliana went directly home.
Eles falam bem claro.　　They speak very clearly.
Vocês andam rápido mesmo.　　You really walk fast.

VOCABULÁRIO

a	batalha - battle			perfeito, -a - perfect
o	carinho - affection	o		pesadelo - nightmare
o/a	carpinteiro, -a - carpenter			real - real; royal
	confuso, -a - confused			ridículo, -a - ridiculous
	contra - against			santo, -a - holy
o/a	dono, -a - owner	a		secretaria - bureau (government)
a	escuridão - darkness	o		soldado - soldier
	exausto, -a - exhausted	o		sonho - dream
o	exército - army	a		sugestão (-ões) - suggestion
a	idade - age			sujo, -a - dirty
o/a	invasor, -a - invader	o		time - team
	limpo, -a - clean	a		vitória - victory
a	luz - light	o		voto - vote
a	obra (de arte) - work of art			

VERBOS

- acender - to light
- comemorar - to celebrate, commemorate
- cobrir (cubro) - to cover
- corrigir (corrijo) - to correct
- derrotar - to defeat
- eleger (elejo) - to elect

- parecer - to seem, look
- prender - to arrest
- sonhar (com) - to dream
- tentar - to try, attempt
- tirar férias - to take a vacation
- tratar de - to deal with; treat
- votar - to vote

EXPRESSÕES

- ao longe - in the distance
- ou seja - or rather
- Coitadinho/a! - Poor thing!
- Que maravilha! - How wonderful! How beautiful!
- Que pena! - What a pity!

EXERCÍCIOS

A. Repita as seguintes orações no plural de acordo com o modelo:

A casa foi vendida pelo dono.
As casas foram vendidas pelo dono.

1. A batalha foi ganha pelo exército português.
2. A conta será paga pela gerente.
3. A porta é feita pelo carpinteiro.
4. A janela será aberta por mim.
5. O aniversário foi comemorado em junho.

B. Escreva na voz passiva:

O garçom acende as velas.
As velas são acesas pelo garçom.

1. A moça não recebeu a carta.
2. Nosso time ganhou o jogo.
3. Meu pai pagará todas as contas. *serão pagas*
4. A menina pôs as frutas na mesa.
5. Nós lemos os postais com muito cuidado.
6. Eu trago o lanche todos os dias.
7. A médica corrigirá o problema.
8. Mariana tirou muitas fotos na Europa.

C. Passe para a voz ativa de acordo com o exemplo:

O livro foi lido por Paulo.
Paulo leu o livro.

1. As flores são entregues pelo empregado. *entrega*
2. A refeição foi preparada por meu namorado.
3. As melhores sugestões sempre são dadas por você.
4. A obra será apresentada ao presidente pelo diretor do museu.
5. Os endereços foram escritos por mim.
6. Os senadores são eleitos pelo povo.
7. O criminoso foi preso pela polícia. *prender*
8. A idade do professor foi descoberta pelos alunos. *descobriram*

D. Responda usando construções com se. Use as informações à direita na sua resposta.

O que é que se vê ao longe?   um navio
Vê-se um navio ao longe.

1. O que é que se fala no Brasil? *No Brasil se fala português.*   português
2. Onde é que se pode aprender português? *Se pode aprender P na*   na universidade
3. O que é que se vê naquela galeria? *Na aquela galeria se vêem obras* obras de arte
4. O que é que se ouvia lá fora? *Se ouviam muitas vozes lá fora.*   muitas vozes
5. Quando é que se abriram as portas? *Se abriram as portas*   às oito da manhã
6. O que é que se vendia naquela loja? *Se vendia roupa ... loja*   roupa para homens
7. Como é que se chega no centro? *Se chega ao centro*   por essa avenida
8. A que horas se toma o café da manhã? *Se toma o café de manhã*   às sete e trinta

impessoal verbo-se

E. Traduza:

1. What a big house! *Que casa tão grande!*
2. How ridiculous those men are! *Como eles são ridículos!*
3. How interesting! *Que interessante*

214

4. What beautiful eyes! Que olhos mais bonitos!
5. What a clean hotel! Que hotel tão limpo.
6. What a marvelous day! Que dia tão maravilhoso! *tão, muito, mais bem*
7. How well they speak Portuguese! Como eles falam português!
8. How tired you look today! Como (cansado) você aparece hoje!
9. What a hot day! Que dia mais quente! *tão*
10. What dirty hands! Que mãos mais sujas.

F. Escreva em português:

1. Your checks will not be accepted by the owner of the supermarket.
2. One never knows what the weather will be like in April.
3. They really tried to win the game, but they were beaten by a better team.
4. Ana Luísa clearly needs to take a vacation. She is simply exhausted.
5. I dreamt about my boss last night. What a nightmare!

1. Os seus cheques não se aceitaram pelo dono do supermercado.
negativo 2. Nunca se sabe como será o tempo em abril.
quiseram 3. Tentaram muito ganhar o jogo, mas foram ganhos por um time melhor. *mesmo* *para* *derrotados*
4. Ana Luisa precisa duma férias. Ela está exausta. *claramente* *tirar*
5. Sonhei com meu chefe ontem à noite - que pesadelo!
minha chefe
simplesmente

Lição 17

Eduardo: Tânia, quanto tempo faz que você está lendo?

Tânia: Faz meia hora, mas preciso ler mais.

Eduardo: Você já viu aquele filme italiano?

Tânia: Ainda não. Mas não posso ir hoje à noite. Vou me esforçar para terminar este romance.

Eduardo: Eu terminei há uma semana. Você tem sorte que a professora ainda não fez uma provinha.

Tânia: Sei. Mas faz dez dias que eu quero ler e nunca acho tempo.

Eduardo: Então, leia agora. Eu tenho uma porção de coisas para fazer e volto mais tarde.

Tânia: Está certo. Tchau.

PARA APRENDER

A. In English we use the present perfect tense in either its simple or progressive form to express an action which <u>began in the past</u> and <u>still continues in the present</u>. Thus we say:

> They <u>have lived</u> here for ten years.
> or
> They <u>have been living</u> here for ten years.

To put this same idea into Portuguese it is necessary to use one of the following two ways:

1. <u>Faz</u> (or <u>Há</u>) + time expression + <u>que</u> + <u>present</u> or <u>present progressive tense</u> of main verb:

   <u>Faz</u> um ano que ele mora aqui.   He has lived (been living) here for a year.
   <u>Há</u> um ano que ele mora aqui.

   <u>Faz</u> dez dias que estamos   We have been studying ten days for
   estudando para os exames.   our exams.

2. <u>Present</u> or <u>present progressive tense</u> of main verb + <u>faz</u> (or <u>há</u>) + time expression:

   Ele mora aqui <u>faz</u> um ano.   He has lived (been living) here for a year.
   Ele mora aqui <u>há</u> um ano.

   Estou estudando francês <u>faz</u>   I've been studying French for nine months.
   nove meses.

B. In all other cases where the action of the main verb is past or completed, one should use the preterite tense in Portuguese to translate the English present perfect:

Have you already read the book?   Você já leu o livro?

We've never seen that film.   Nunca vimos esse filme.

I haven't paid the rent yet.   Ainda não paguei o aluguel.

C. The use of haver in impersonal constructions:

1. As an impersonal verb, haver expresses the English there + to be:

Present:	há	there is/there are
Imperfect:	havia	there was/there were
Preterite:	houve	there was/there were
Future:	haverá	there will be
Conditional:	haveria	there would be
Present Subjunctive:	haja	there may be (there is/are)

Há uma mosca na minha sopa.   There is a fly in my soup.
Há provinhas demais neste curso.   There are too many quizzes in this course.
Havia muito para fazer.   There was much to be done.
Haverá um concerto amanhã.   There will be a concert tomorrow.
Espero que haja um bom filme no centro.   I hope that there is a good movie downtown.

Keep in mind that in Brazilian Portuguese it is common to substitute the third person singular forms of ter for those of haver.

2. When the main verb is in a past tense, the invariable form há (or faz in Brazilian Portuguese) when placed before an expression of time means ago.

Chegamos há dois dias.   We arrived two days ago.
Eu o vi há uma semana.   I saw him a week ago.
A Guerra Civil foi há mais de um século.   The Civil War took place more than a century ago.

220

VOCABULÁRIO

a	aposta - bet, wager		a	figa - talisman, good-luck charm
	fazer uma aposta - to place a bet		a	guerra - war
o	azar - bad luck		a	loteria - lottery
	ter/estar com azar - to be unlucky		a	mosca - fly
o	balão (-ões) - balloon		o	pacote - package
o	baralho - deck of cards		a	paz - peace
a	bola - ball		a	piada - joke
a	brincadeira - practical joke		a	pintura - painting
o	brinquedo - toy		o	prêmio - prize
a	campainha - bell		a	promessa - promise
a	conferência - lecture		a	provinha - quiz
	conseqüentemente - consequently		o	silêncio - silence
	cuidadosamente - carefully		a	sorte - luck
o/a	enfermeiro, -a - nurse			ter/estar com sorte - to be lucky
	estranho, -a - strange		a	vizinhança - neighborhood
o	exame - exam		o	xadrez - chess

VERBOS

acostumar-se (a) - to get used to
estar acostumado/a a - to be used to
adivinhar - to guess
apostar - to bet
confessar - to confess, admit

ensaiar - to practice, rehearse
esforçar-se (para + inf.) - to make an effort, try
interessar-se (em) - to be interested (in)
prometer - to promise

EXPRESSÕES

até agora - by now; so far
ao contrário - on the contrary
de novo - again
acabar de (+ inf.) - to have just ...
Cadê ...? - Where is/are ...?

um pouco de - a little (of)
um montão de - a lot of
um pedaço de - a piece of
uma porção de - a number of

EXERCÍCIOS

A. Responda às seguintes perguntas usando as sugestões à direita:

Quantos meses faz que você está nesta cidade? — três meses
- *Faz três meses que* estou nesta cidade.

1.	Quanto tempo faz que seu pai está viajando?	15 dias
2.	Quantos anos faz que sua família mora nesta casa?	oito anos
3.	Quanto tempo faz que ela está no supermercado?	45 minutos
4.	Quanto tempo há que você não vai ao dentista?	6 semanas
5.	Há quantas horas eles estão ensaiando essa canção?	duas horas
6.	Há quantos meses vocês comem nesse restaurante?	cinco meses

221

B. Responda às seguintes perguntas nas formas afirmativa e negativa, de acordo com o modelo:

O professor já explicou a gramática?
- Explicou. O professor já explicou a gramática.
- Não explicou. O professor ainda não explicou a gramática.

1. Você e Paulo já viram aquele filme?
2. Você já levou o livro para a biblioteca?
3. Renan já se acostumou a viver no campo?
4. O senhor Alencar já trouxe o pacote?
5. Todos já ouviram a nova fita?
6. Vocês já ganharam um prêmio de loteria?

C. Responda às seguintes perguntas usando as sugestões à direita:

Quando é que ele chegou?   uma semana.
- Ele chegou há uma semana.

1. Quando é que você entregou a pintura?   três dias
2. Quando vocês fizeram ginástica?   duas horas
3. Quando as crianças ganharam os balões?   25 minutos
4. Quando foi que ele viu os seus amigos?   vários dias
5. Quando é que nós começamos a pintar a casa?   muito tempo

D. Complete os espaços em branco com uma forma correta de haver:

1. Atualmente na minha vizinhança _____ muitas famílias estrangeiras.
2. No ano 2000 _____ mais de cento e oitenta milhões de brasileiros.
3. _____ gente demais na festa que a Susana ofereceu.
4. _____ um brinquedo embaixo da cama.
5. Os políticos esperam que não _____ uma investigação.

E. Reescreva cada sentença, começando: É preciso que...

João vai embora.   É preciso que João vá embora.

1. Eu me esforço para aprender a jogar xadrez.
2. Nós nos lembramos do endereço dela.
3. Há silêncio durante o concerto.
4. Nós tentamos compreendê-lo.
5. O professor corrige as provinhas cuidadosamente.

F. Responda às seguintes perguntas com uma sentença completa, usando o imperfeito dos verbos dados à direita:

O que Josenilton fazia quando eu cheguei?   ouvir o rádio
- Josenilton ouvia o rádio quando eu cheguei.

O que ela estava fazendo quando o telefone tocou?   tomar café
- Ela estava tomando café quando o telefone tocou.

1.	O que ele fazia quando nós entramos?	falar com sua irmã
2.	O que vocês faziam quando o pai chegou?	tomar chá
3.	O que Paulo fazia quando o jornalista lhe fez a pergunta?	ler uma revista
4.	O que a médica estava fazendo quando as enfermeiras entraram na sala?	escrever uma receita
5.	O que você estava fazendo quando o seu amigo apareceu?	preparar o jantar
6.	O que vocês faziam quando a campainha tocou?	assistir o jogo na TV

G. Escreva em português:

1. How long has David been studying Portuguese?
   - He began four years ago.
2. My parents have lived in that house for ten years.
3. I have never studied a foreign language.
4. Has Gilberto been waiting for a long time?
   - Yes, he has been here for more than an hour.
5. Have you ever been to South America?
6. My sister left home three months ago, and we don't know where she is.
7. We haven't played cards in years!
8. I talked to the nurses a little while ago.
9. They have just bought a famous painting.
10. Where are my keys? - Haven't you found them yet?!

Componente Cultural: Jogo do Bicho

O jogo do bicho é uma loteria diária que usa os nomes de vinte e cinco animais para identificar grupos de números. Foi criado no século dezenove para ajudar a custear a construção do Jardim Zoológico do Rio de Janeiro. Desde a sua criação, este tipo de jogo tem sido muito popular entre as classes menos favorecidas porque não há limite mínimo de aposta e também, é claro, por causa da promessa de ganho fácil. O jogo do bicho também é muito popular entre os analfabetos porque os desenhos dos animais simplificam o processo de apostar. Fazer uma fezinha é, assim, parte da rotina diária de grande número de brasileiros.

O jogo do bicho está fortemente enraizado na cultura brasileira devido às ligações dos animais com o folclore nacional e ao elemento de superstição existente no comportamento das pessoas. Por ser tão popular, o jogo do bicho, tecnicamente ilegal, é tolerado pelas autoridades no país inteiro. Os bicheiros não pagam imposto de renda e chegam a fazer grandes fortunas. Alguns deles se envolvem em causas públicas e outros em espetáculos populares, patrocinando, por exemplo, o desfile das escolas de samba do Rio de Janeiro.

o analfabeto - illiterate
o bicheiro - bookmaker in illegal lottery
a classe menos favorecida - low-income class
custear - to fund
desde - since
o desenho - drawing

o desfile - parade
enraizado - rooted
fazer uma fezinha - to place a bet (in <u>jogo do bicho</u>)
o imposto de renda - income tax
o jogo do bicho - animal lottery
patrocinar - sponsor
a superstição - superstition

O calendário da sorte no bicho

Você já sabe quais são, no jogo do bicho, as dezenas correspondentes ao cavalo? As respostas a estas e outras perguntas, de quem ainda não se habituou a arriscar uma fezinha, podem ser encontradas num calendário que neste fim de ano vem sendo distribuído nos pontos de bicho da cidade. Criado pelo gráfico Bartholo, o calendário (ao lado e abaixo, em frente e verso) apresenta uma orientação completa para o apostador que ainda não domina bem a matéria: na frente, em cores, o desenho de uma roda da sorte com todos os bichos do jogo e, junto a cada um, as dezenas correspondentes; no verso, 32 tabelas mostrando sucessivamente variações de grupos combinados com ternos, ternos combinados com dezenas e uma série de outras indicações numéricas que podem ser consultadas em caso de dúvida. Mesmo sabendo o quanto o jogo do bicho é difundido no Rio, o criador do calendário não imaginou que sua obra viesse a fazer tanto sucesso: os 150 mil primeiros exemplares impressos já estão por se esgotar.

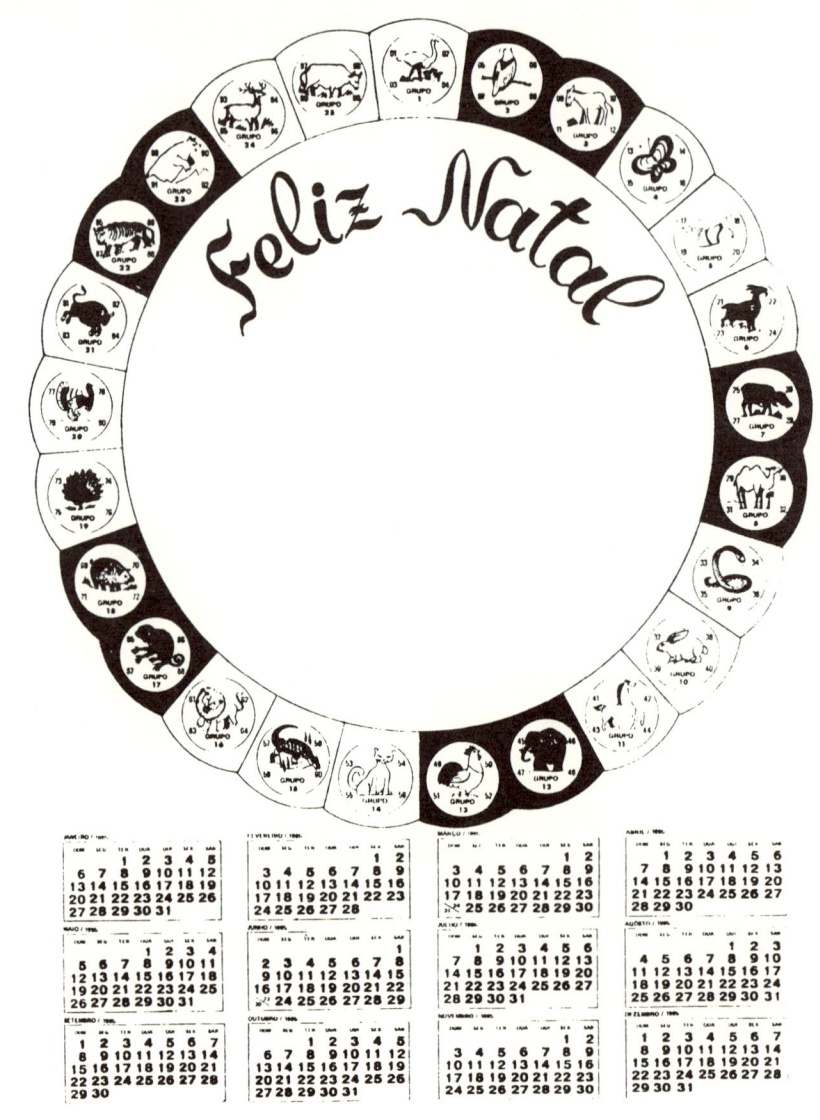

Lição 18

Lucinha: Você sabe que dia é amanhã?

Mário: Sei, sim. É o dia do aniversário da Aninha.

Lucinha: Quantos anos ela vai fazer?

Mário: Vai fazer quinze anos.

Lucinha: Você já comprou um presente para ela?

Mário: Ainda não. Eu estava para sair para fazer compras quando você chegou.

Lucinha: Por acaso, você sabe o que vai comprar para ela?

Mário: Por favor, não faça tantas perguntas! Estou lhe pedindo isto pela última vez.

Lucinha: Tudo bem. Não faça caso. Até amanhã, então, na festa da Aninha.

Mário: Acho que vou chegar tarde, lá pelas oito e meia. E não poderei ficar por muito tempo.

Lucinha: Não faz mal. Mas pelo menos tente chegar antes de Aninha cortar o bolo. Vamos cantar parabéns às nove.

PARA APRENDER

A. The multiple meanings of the prepositions por and para and the many expressions in which they appear warrant a more detailed presentation than has been given to other prepositions. The most common uses of these prepositions are given below. Some of the more important expressions with por and para are included in the vocabulary section of this lesson.

1. PARA

a. to, in order to, for the purpose of

Estudamos para aprender.   We study to learn.
Trabalha para ganhar dinheiro.   He works in order to earn money.

b. to (destination)

Ele foi para o Brasil.   He went to Brazil.
Vamos para a biblioteca!   Let's go to the library!

c. for, destined for, for the benefit of

Este presente é <u>para</u> minha mãe.	This present is <u>for</u> my mother.
Nós fizemos isso <u>para</u> eles.	We did this <u>for</u> them.

d. for (deadline)

Este trabalho é <u>para</u> amanhã.	This paper is <u>due</u> tomorrow.
Quero tudo pronto <u>para</u> sábado.	I want everything ready <u>by</u> Saturday.

e. about to (to express idea of imminence)

O concerto estava <u>para</u> começar.	The concert was <u>about to</u> begin.

f. to express viewpoint or implicit comparison:

<u>Para</u> eles, tudo era difícil demais.	<u>For</u> them, everything was too difficult.
<u>Para</u> um jogador de basquete, ele não é muito alto.	<u>For</u> a basketball player, he isn't very tall.

2. POR

a. for, in exchange for

Troquei a camisa <u>por</u> outra menor.	I exchanged the shirt <u>for</u> a smaller one.
Paguei oitenta dólares <u>pelos</u> sapatos.	I paid $80.00 <u>for</u> the shoes.
Muito obrigada <u>pelo</u> presente.	Thanks a lot <u>for</u> the present.

b. for (in expressions indicating duration of time)

Digo-lhe isto <u>pela</u> última vez.	I'm telling you this <u>for</u> the last time.
<u>Por</u> duas horas ficamos à espera deles.	<u>For</u> two hours we waited for them.

c. for, on account of, because of

Não o fiz <u>por</u> falta de tempo.	I didn't do it <u>for</u> lack of time.
<u>Por</u> isso, eu não fui.	<u>For</u> that reason, I didn't go.
<u>Por</u> causa dela, nós não fomos.	<u>Because of</u> her, we didn't go.

d. for (in place of)

Eu pagarei <u>por</u> você porque você está sem dinheiro.	I'll pay <u>for</u> you because you have no money.

e. at about, around (with expressions of <u>time</u>)

Chegamos lá <u>pelas</u> sete horas.   We arrived <u>at about</u> seven o'clock.

f. around, by, through, along (with expressions of direction, location, or manner)

Não vejo ninguém <u>por</u> aqui.   I don't see anyone <u>around</u> here.
Caminhava <u>pela</u> praia sozinho.   He walked <u>along</u> the beach alone.
O ladrão entrou <u>pela</u> janela.   The thief entered <u>through</u> the window.
Vou mandar o pacote <u>por</u> via aérea.   I'll send the package <u>via</u> airmail.

g. per, every, a, by (in expressions of distribution)

Tome seis pílulas <u>por</u> dia.   Take six pills <u>a</u> day.
Conta as moedas uma <u>por</u> uma.   He counts the coins one <u>by</u> one.

h. by (in passive voice constructions)

A carta foi escrita <u>pelo</u> Roberto.   The letter was written <u>by</u> Robert.

♪ ♪ ♪ ♪ ♪ ♪ ♪ ♪ ♪ ♪

"Parabéns a você" - Happy Birthday to You

Parabéns a você
Nesta data querida
Muitas felicidades
Muitos anos de vida

B. Idiomatic expressions with <u>fazer</u>:

<u>fazer anos</u> - to have a birthday
<u>fazer...anos</u> - to be...years old
<u>fazer perguntas</u> - to ask questions
<u>fazer uma viagem</u> - to take a trip
<u>fazer caso (de)</u> - to pay attention, show regard
<u>fazer a chamada</u> - to call roll
<u>fazer a(s) mala(s)</u> - to pack
<u>fazer a barba</u> - to shave

<u>fazer de conta que</u> - to pretend, make believe that
<u>fazer compras</u> - to go shopping
<u>fazer troça de</u> - to make fun of
<u>fazer pouco de</u> - to belittle
<u>fazer dieta/regime</u> - to diet
<u>fazer frio/calor</u> - to be cold/hot (weather)
<u>Não faz mal</u> - Never mind; It doesn't matter
<u>Tanto faz</u> - Either one is fine

Quando é que ele faz anos?	When is his birthday?
- Vai fazer vinte anos no dia 12.	- He's going to be twenty on the 12th of this month.
Ninguém faz caso disso.	No one pays attention to that.
Eles fazem pouco caso do que o político diz.	They show little regard for what the politician says.
Antes de começar a aula, o professor fez a chamada.	Before beginning the class, the teacher called the roll.
Quando eu era pequena, fazia de conta que era a Mulher Maravilha.	When I was little, I used to pretend I was Wonder Woman.
Neste show fazem troça do vice-presidente.	They make fun of the vice-president on this show.
Não faça pouco dele!	Don't belittle him!
Sofre do fígado e tem que fazer dieta.	He has liver trouble and has to diet.
Ela quer perder 5 kilos e está fazendo regime.	She wants to lose 10 lbs. and is on a diet.
- Não tive tempo para fazer as compras.	- I didn't have time to go shopping.
- Não faz mal. Pode fazer amanhã.	- Never mind. You can do it tomorrow.
- Você quer vinho branco ou vinho tinto?	- Do you want white wine or red wine?
- Tanto faz.	- It doesn't matter.

C. **COMIDAS** **FOOD**

1. **Frutas** **Fruit**

o	abacate	avocado
o	abacaxi	pineapple
o	caju	cashew
a	goiaba	guava
a	laranja	orange
a	maçã	apple
o	mamão	papaya
a	manga	mango
o	melão	melon
a	melancia	watermelon
o	morango	strawberry
a	uva	grape

2. **Legumes e verduras** **Vegetables**

a	abóbora	pumpkin, squash
a	alface	lettuce
o	alho	garlic
a	cebola	onion
a	cenoura	carrot
o	chuchu	chayote squash
a	couve	kale
as	ervilhas	peas
o	palmito	hearts of palm
o	pepino	cucumber
o	tomate	tomato

3. **Sobremesas** **Desserts**

o	bolo	cake
o	doce de leite	soft caramel paste
	goiabada e queijo	guava jelly and cheese
o	pudim	pudding
a	torta	pie

VOCABULÁRIO

	azedo, -a - sour	a	pimenta - pepper
o	brinde - toast	os	parabéns - congratulations
o	chá - tea	a	receita - recipe; prescription
o/a	convidado, -a - guest	o	refrigerante - soft drink
	doce - sweet	o	sal - salt
a	fatia - slice		salgado, -a - salty
	forte - strong	a	surpresa - surprise
	fraco, -a - weak	a	vela - candle
	maduro, -a - ripe	a	velinha - birthday candle
a	mala - suitcase		verde - green; not ripe
a	moeda - coin	o	vinho - wine
a	nota - bill; note; grade		vinho tinto - red wine

VERBOS

cantar parabéns - to sing "Happy Birthday"
festejar - to celebrate
planejar - to plan
reunir-se - to get together

sofrer (de) - to suffer (from)
soprar - to blow
surpreender - to surprise
surpreender-se - to be surprised
temperar - to season

EXPRESSÕES

para já - now; right away
para sempre - always; forever
estar para - to be about to
Fica para depois (amanhã, sábado, etc.) - Let it
    go until later (tomorrow, Saturday,
    etc.)

por acaso - by chance
por enquanto - for now
por exemplo - for example
por favor - please
por fim - finally
por isso - for that reason; therefore
pelo/ao menos - at least

EXERCÍCIOS

A.   Substitua a expressão em inglês pela forma correta em português:

1. Ele sempre (made fun of) ela.
2. A filha nunca (pays attention to) os conselhos do pai.
3. Quando é que o professor (will call the roll)?
4. (It was very cold) ontem à noite.
5. O médico aconselha que eu (diet) porque sofro do coração.
6. (Pretend) que você não a viu.
7. Você não pagou o que me deve. (It doesn't matter).
8. Depois de (shopping), voltamos para casa.

B. Responda em português, segundo o modelo:

O jornalista sempre faz perguntas indiscretas?
- Faz, o jornalista sempre faz perguntas indiscretas.

1. Você vai fazer as malas hoje de noite? *vou fazer*
2. Seu namorado fez a barba antes de sair? *fez sim, fez*
3. Cristina faz uma viagem todo verão? *faz*
4. O Eduardo vai fazer 24 anos em abril? *fez anos*
5. Vocês fizeram compras ontem à tarde? *fizemos*
6. Você gosta de ficar em casa quando faz frio lá fora? *gosto faz*

C. Responda às perguntas usando as sugestões dadas à direita:

Por que ela está chorando?   because I made fun of her
- Ela está chorando <u>porque eu fiz troça dela.</u>

1. Você quer café ou chá? *tanto faz*   Either one is fine.
2. Não tem mais leite. Quer que eu vá comprar?   Never mind.
3. Que tempo fez ontem? *Fez muito calor*   It was very hot.
4. O que é preciso fazer antes de viajar? *Fazer as malas*   to pack.
5. O que a Elisete fez para ficar tão magra? *Ela fez regime*   She went on a diet.
6. Por que Ana está furiosa?   Her boss showed no regard for her ideas.
   O seu chefe fez pouco das suas idéias

D. Reescreva as seguintes orações, começando com <u>A gente duvida que</u>:

Marta virá amanhã.   <u>A gente duvida que</u> Marta <u>venha</u> amanhã.

1. O exame é fácil. *A gente duvida que o exame seja fácil*
2. Há morangos suficientes para a torta. *que haja morangos*
3. O Luís pode encontrar chuchu naquele mercado. *que o Luís possa*
4. Todos se reúnem para o aniversário da avó. *que todos se reúnam*
5. Eles se amam para sempre. *que eles se amem p.s.*
6. As frutas estão maduras. *que as frutas estejam maduras.*

E. Preencha as lacunas com <u>por</u> ou <u>para</u>:

1. Quanto você pagou *por* aquele carro? Seu carro foi vendido *por* Paulo?
2. Nós vamos *para* a biblioteca *para* estudar.
3. O jogo está *para* começar e um dos times ainda não apareceu *por* aqui.
4. O advogado escreveu a carta *para* seu cliente que não sabia nem ler nem escrever. ↓ *em vez de*
? 5. Leiam este artigo *para* terça. Vocês têm que ler cinco *por* mês.
6. Meu primo ficou no Rio *por* quinze dias. *Para* ele, é a cidade mais bonita do mundo.
7. Você passa *por* aquele parque quando você está indo *para* minha casa.
8. Este presente é *para* você. Você pode trocar *por* outra coisa se você quiser.
9. Meu irmão chegou em casa *para* meia-noite e *por* isso minha mãe ficou furiosa.

233

F. Responda às perguntas usando por ou para segundo o modelo:

Você mandou a carta?   Sim, eu mandei por mensageiro.

1. Você já treinou muito? (duas horas) *já treinei 2 horas por*
2. Gilberto levou a cerveja? (casa) *já levou para casa*
3. O menino vai andar? (a praia) *vai andar pela praia.*
4. Sílvio sempre comprava presentes? (sua mãe) *para sua mãe*
5. Todo mundo vai? (o Rio) *para o Rio*
6. Seus primos estiveram no Brasil? (um ano) *por um*
7. O trabalho será terminado? (João Alberto) *por*
8. Tudo tem que estar pronto? (domingo)

G. Escreva em português:

1. Let's go shopping Thursday night! *Façamos compras a quinta-feira à noite.*
2. Don't pay attention to that sign. *Não faça caso de esse senhe (sinal/cartaz)*
3. When I make kale, I season it with garlic, salt and pepper. *Quando faço couve, o tempero com alho, sal e pimenta*
4. Do you prefer red wine or white wine with Italian food? *Prefere vinho branco o tinto com comida italiana*
5. Give me another piece of birthday cake please.
6. Would you like a slice of melon or pudding for dessert?
7. I was about to leave when you called.
8. Is this going to go on forever?

5. *Dê-me outra fatia do bolo de aniversário.*
6. *Gostaria de uma fatia de melão ou pudim para postre. sobremesa*
7. *Ia sair quando você chamou. Estava para sair*
8. *Isto não vai parar?*
   vai seguir para sempre?
   durar
   continuar
   demorar

PRAÇA DA CONSTITUIÇÃO.

Lição 19

Alfredo: Por que você veio de ônibus hoje?

Carlos: Quando eu me acordei, o pai já tinha saído e eu não queria me preocupar com carro hoje.

Alfredo: O que é que houve? Não é você que sempre diz que fica louco sem carro?

Carlos: Olhe, ontem eu levei meia hora para chegar no centro porque havia um engarrafamento incrível. Depois, não conseguia achar um lugar para estacionar.

Alfredo: Não vejo nada demais nisso, Carlos. O trânsito é assim mesmo.

Carlos: Pois é, mas quando eu finalmente achei um lugar, um guarda apareceu.

Alfredo: O que você tinha feito?

Carlos: Ele disse que eu tinha passado por um sinal fechado e por isso me deu uma multa. Para completar, quando eu finalmente cheguei no escritório, a reunião com os diretores já tinha começado.

Alfredo: Que chato! Mas, a mesma coisa já aconteceu com muita gente. Sabe, mesmo que você fique irritado às vezes, é muito melhor andar de carro do que andar de ônibus ou a pé por aqui.

Carlos: Não sei, não. Às vezes eu acho que o bom mesmo seria ficar em casa.

PARA APRENDER

A.   <u>Past perfect</u> (<u>pluperfect</u>) tense:

This tense has two forms, the <u>compound</u> and the <u>simple</u>.

1.   The <u>compound</u> form is used in conversational Portuguese. It is composed of the <u>imperfect</u> tense of the auxiliary verb <u>ter</u> plus the invariable past participle of the principal verb.

        tinha falado   I had spoken
        tinha falado   he/she/you had spoken
        tínhamos falado   we had spoken
        tinham falado   they/you had spoken

The imperfect tense of the auxiliary verb <u>haver</u> is also used, but primarily in written Portuguese. Bear in mind that this is seldom used in conversational Portuguese.

        havia falado   havíamos falado
        havia falado   haviam falado

2. The <u>simple</u> form of the past perfect is used in literary Portuguese, very seldom in conversation. Its stem is the <u>third person plural</u> of the <u>preterite</u>, from which the ending -<u>ram</u> has been removed. The following endings are then attached to the stem:

falar = fala~~ram~~   trazer = trouxe~~ram~~

fala<u>ra</u>	I had spoken	trouxe<u>ra</u>	I had brought
fala<u>ra</u>	he/she/you had spoken	trouxe<u>ra</u>	he, she, you had brought
falá<u>ramos</u>	we had spoken	trouxé<u>ramos</u>	we had brought
fala<u>ram</u>	they, you had spoken	trouxe<u>ram</u>	they, you had brought

a. The first person plural of the <u>simple</u> past perfect bears an <u>acute accent</u> (´) on (1) verbs of the <u>first</u> and <u>third</u> conjugations, and (2) on all <u>irregular</u> verbs of the second conjugation:

1. telefonáramos; abríramos; etc.
2. disséramos; tivéramos; etc.

b. The first person plural of <u>regular</u> verbs of the <u>second conjugation</u> and of <u>ser</u> and <u>ir</u> bears a circumflex accent (^):

comêramos; fôramos; etc.

3. The <u>past perfect tense</u> is used to describe an action that was already completed when another past action took place.

Ivan já <u>tinha partido</u> quando eu cheguei.   Ivan <u>had</u> already <u>left</u> when I arrived.

4. Object and reflexive pronouns <u>precede</u> the auxiliary verb of the past perfect tense in negative and interrogative sentences, dependent clauses, and when an adverb is present.

Ninguém <u>me</u> tinha dito nada.   No one had told <u>me</u> anything.
Eu não sabia que ela <u>os</u> tinha visto.   I didn't know that she had seen <u>them</u>.
Quem <u>lhe</u> tinha dado a notícia?   Who had told <u>you</u> the news?
Nós <u>a</u> tínhamos visitado antes.   We had visited <u>her</u> before.

In colloquial Brazilian Portuguese these pronouns are often placed between the auxiliary verb and the past participle.

Eu ainda não tinha <u>me</u> deitado.   I hadn't gone to bed yet.

B. Prepositions used with modes of travel and transportation:

1. The preposition <u>de</u> is used with mechanical and motorized means of transportation:

    ir/vir/andar/viajar

<u>de</u> carro	<u>by</u> car
de avião	by airplane
de navio	by ship
de ônibus	by bus
de trem	by train
de bicicleta	by bicycle

2. The preposition <u>a</u> is used when expressing locomotion by other means:

    ir/vir/andar/passear

<u>a</u> pé	<u>on</u> foot
a cavalo	by horse, on horseback

C. Uses of <u>mesmo</u>:

1. As an adjective <u>mesmo</u> means <u>same</u> and agrees in number and gender with the noun it modifies:

Ele está usando a mesma camisa outra vez!	He is wearing the same shirt again!
Tinham os mesmos problemas que nós.	They had the same problems we did.

2. As a noun or personal pronoun intensifier, <u>mesmo</u> means <u>oneself</u>, <u>by oneself</u>, or <u>all alone</u>, and agrees with its antecedent.

Aninha mesma fez o bolo!	Aninha made the cake all by herself.
O pedido foi feito por eles mesmos.	The order was placed by them and them alone.
Eu mesmo paguei o aluguel.	I myself paid the rent.

3. As an adverb, <u>mesmo</u> means <u>really</u>.

Você quer mesmo casar-se com esse rapaz?	Do you really want to marry that young man?
Telma fez um regime e agora está magra mesmo.	Telma went on a diet and now she is really thin.

4. <u>Mesmo que</u> is a conjunction that means <u>even if/even though</u>, and it is always followed by a form of the subjunctive.

Vamos fazer um pique-nique mesmo que chova.	We are going to have a picnic even if it rains.

D. Meanings of ficar:

You have no doubt noticed that ficar is one of the more common verbs in Portuguese. The diverse meanings of this verb are:

1. To stay, to remain:

No verão passado, fiquei no Hotel Nacional do Rio.	Last year, I stayed at the Rio National Hotel.
Não ficou nada no refrigerador.	There wasn't anything left in the refrigerator.

2. To get, to become:

Ele ficou com frio enquanto assistia o jogo.	He got cold while he was watching the game.
Eles vão ficar ricos em pouco tempo.	They are going to get rich in a short time.

3. To be (permanent location):

O estádio fica perto da lagoa.	The stadium is near the lagoon.
Onde fica Uberaba?	Where is Uberaba?

E. A família   The family

o	pai	father
a	mãe	mother
os	pais	parents
o/a	filho, -a	son, daughter
o	irmão	brother
a	irmã	sister
o/a	tio, -a	uncle, aunt
o	avô	grandfather
a	avó	grandmother
os	avós	grandparents
o/a	neto, -a	grandson, granddaughter
o/a	primo, -a	cousin
o/a	sobrinho, -a	nephew, niece
o	marido	husband
a	esposa, a mulher	wife
o/a	sogro, -a	father-in-law, mother-in-law
o	genro	son-in-law
a	nora	daughter-in-law
o/a	cunhado, -a	brother-in-law, sister-in-law
o	parente	relative

VOCABULÁRIO

o	apelido - nickname	a	multa - fine; traffic ticket
	atrasado, -a - late, delayed	a	oportunidade - opportunity
a	avenida - avenue	a	parada de ônibus/táxi - bus stop/taxi stand
o	barulho - noise	o	ponto de ônibus/táxi - bus stop/taxi stand
a	calçada - sidewalk		
o	cruzamento - intersection	a	poluição - pollution
a	direita - right	a	quadra - block
o	engarrafamento - traffic jam	a	rua - street
a	esquerda - left	o	sinal - traffic signal
a	esquina - corner		sinal aberto - green light
o	estacionamento - parking lot		sinal fechado - red light
a	estrada - road, highway	o	sobrenome - last name, surname
	frustrado, -a - frustrated	o	tráfego - traffic
o	guarda - traffic officer; security guard	o	trânsito - transit, traffic
	incrível - incredible		urbano, -a - urban
	irritado, -a - irritated		

VERBOS

- atravessar - to cross
- conseguir (consigo) - to manage, get
- dobrar - to turn; fold
- empurrar - to push
- estacionar - to park
- mudar - to move; change
- parar - to stop
- puxar - to pull
- seguir (sigo) - to follow
- virar - to turn

EXPRESSÕES

- ficar por conta - to get very angry
- Fica por isso mesmo! - Let it go at that!
- Fico com (esta camiseta). - I'll take (this T-shirt).
- Não fica bem. - This is not proper.
- agora mesmo - right now
- aqui mesmo - right here
- Isso mesmo! - That's it!
- Siga em frente! - Go straight ahead!
- Vire/Dobre à direita (esquerda)! - Go/Turn to the right (left)!

EXERCÍCIOS

A. Repita as orações seguintes, pondo o verbo na forma composta de acordo com o modelo:

Rute atravessou a rua. Rute <u>tinha atravessado</u> a rua.

1. Eu vejo o guarda.
2. Dizíamos que não.
3. Veio antes das nove.
4. Ele sai cedo.
5. Eles punham a gasolina no carro.
6. Fomos ver o filme três vezes.

B. Junte as duas orações, seguindo o modelo:

Eu cheguei. Você saiu com os seus primos.
<u>Quando</u> eu cheguei, você <u>já tinha saído</u> com os seus primos.

1. Você telefonou. Nós pagamos as contas.
2. Pedro as convidou. Elas aceitaram outro convite.
3. A atriz ganhou o prêmio. A gente viu o filme duas vezes.
4. Meu avô lhes ofereceu o apartamento. Vocês alugaram outro.
5. Ela começou a atravessar a rua. O sinal mudou.

C. Complete com o vocabulário apropriado:

1. O pai do meu pai é meu _____.
2. A filha da minha irmã é minha _____.
3. A mulher do meu tio é minha _____.
4. Eu sou a _____ da minha avó.
5. Minha mãe é a _____ do meu pai.
6. Os filhos dos meus tios são meus _____.
7. Minha tia é a _____ do meu pai.
8. Meus tios, sobrinhos e primos são meus _____.
9. O pai do meu marido é meu _____.
10. Eu sou a _____ da mãe do meu marido.

D. Responda às seguintes perguntas usando em suas respostas o verbo FICAR:

1. Onde é o Hotel Glória? *O Hotel Glória fica na rua Roosevelt.*
2. O banco é longe do centro? *Não, o banco fica no centro mesmo.*
3. Onde é o Pão de Açúcar? *O Pão de Açúcar fica na geladeira.*
4. Onde é Luanda? *Luanda preferia ficar na sua casa.* [Angola]
5. O jogo é hoje? *O jogo agora fica na sexta.*
6. O que acontece ao professor quando vocês respondem em espanhol? *Fica com raiva.*
7. O que acontece quando você não come por doze horas? *Eu fico com fome e sonho.*
8. Você comprou aquela calça preta? *Fiquei com ela, sim.*
9. O que aconteceu em 1776? E em 1822? *Os E.U.A e Brasil ficaram independentes respectivamente.*
10. Você acha que um convidado deve chegar duas horas atrasado?

E. Escreva em português: *MYOB - Fica na sua*

1. Do you really think this is proper? *Você acha mesmo que isto é apropriado?* [fique bem]
2. Did you do that all by yourself, Zezinho? *Você mesmo fez isso Zezinho?*
3. We went by bus but came back on foot. *Fomos no ônibus mas voltamos a pé.*
4. He gave me the same answer last week. *Me deu a mesma resposta a semana passada.*
5. The same relatives always do the work when we get together. *Os mesmos parentes sempre fazem* [combinamos]
6. Alberto got very angry when he got a ticket. *Alberto ficou pouco contente quando recebeu uma multa.*
7. Turn left right here. *Vire à esquerda aqui mesmo*
8. The bus stop is right before the next corner. *A parada de ônibus é mesmo antes na próxima esquina.* [fica]
9. They had never heard that samba before. *Eles nunca tinham ouvido essa samba antes.*
10. When I got to the theater, the movie had already started.
Quando cheguei ao cinema, o filme já tinha começado.

242

F. Responda às seguintes perguntas usando as expressões sugeridas. Nas suas respostas você deve escolher entre o indicativo e o subjuntivo.

Teresa vai ao cinema mais tarde. O que é provável?
- <u>É provável que Teresa vá ao cinema mais tarde.</u>

1. Vocês sabem nadar. O que é preciso?
2. O Mário diz a verdade. O que você acha?
3. A Cleide traz a comida para a mesa. O que a mãe dela pede?
4. Nós temos que trabalhar muito. O que é pena?
5. Eles estão doentes. O que não é certo?
6. Todos nós vamos embora agora mesmo. O que não é possível?
7. O garçom serve a salada depois do prato principal. O que é preferível?
8. Eu ainda sei o nome delas. O que é interessante?
9. Vocês querem ganhar um dinheirão. O que é bom?
10. Nós chegamos cedo. O que é necessário?
11. Você segue um caminho diferente. O que é curioso?
12. Você é inteligente e tem notas ruins neste curso. O que é totalmente impossível?
13. Eu dou os cheques para o general. O que é absolutamente desnecessário?
14. Tudo está certo. O que você crê? O que você não crê?
15. O apelido dele é Tuca. O que você sabe?

Lição 20

Miguel: A última vez que nós viemos a este restaurante, você demorou demais para escolher um prato. Fazia meia-hora que eu esperava quando você finalmente escolheu. Será que você vai fazer a mesma coisa hoje?

Mônica: Não fique irritado! Quanto mais pratos há, mais difícil a escolha fica.

Miguel: Pois é! Eu quero um prato que seja tipicamente português, como a bacalhoada.

Mônica: E eu vou pedir o caldo verde.

Miguel: Ainda não escolhemos o vinho. Quem me dera poder comprar um desses vinhos caros do menu. Você prefere vinho branco ou vinho tinto?

Mônica: Tanto faz. Talvez o garçom possa nos ajudar.

PARA APRENDER

A. In English we use the <u>progressive form</u> of the <u>past perfect</u> tense to express an action in the past which <u>was going on</u> when another action <u>occurred</u>. A phrase stating length of time is often included in such constructions.

I <u>had been waiting</u> for a long time when they finally arrived.

To express this same idea in Portuguese, the <u>imperfect</u> tense is used for the action which was in progress, and the <u>imperfect</u> of <u>haver</u> or <u>fazer</u> is used in the time expression. The example above may be rendered into Portuguese as follows:

<u>Fazia/Havia</u> muito tempo que eu <u>estava esperando/esperava</u> quando finalmente chegaram.

Quando finalmente chegaram, eu <u>estava esperando/esperava</u> <u>fazia/havia</u> muito tempo.

B. The subjunctive in <u>adjective clauses</u>:

1. The subjunctive is used in adjective clauses following an <u>indefinite</u> antecedent (one not identified in the speaker's mind).

| Procuro <u>um homem</u> que <u>saiba</u> falar chinês. | I'm looking for <u>a man</u> (any man) who knows how to speak Chinese. |
| Queremos visitar <u>um zoo</u> que <u>seja</u> interessante. | We want to visit <u>a zoo</u> (any zoo) that is interessante. |

BUT

| Conheço <u>um homem</u> que <u>sabe</u> falar chinês. | I know <u>a man</u> (a certain man) who knows how to speak English. |

Visitei um zoo que era interessante.   I visited a zoo (a certain zoo) that was interesting.

2. The subjunctive is used in adjective clauses following a negative or non-existent antecedent.

Não conheço ninguém que queira fazer isso.   I don't know anyone who wants to do that.

Não vemos nada que custe menos de dez dólares.   We don't see anything that costs less than ten dollars.

BUT

Conheço alguém que quer fazer isso.   I know someone who wants to do that.

Vejo alguma coisa que custa menos de dez dólares.   I see something that costs less than ten dollars.

3. The subjunctive is used in adjective clauses introduced by whoever, whatever, however (no matter how) much, however (no matter how) little.

Quemquer que seja, diga-lhe que espere.   Whoever it is, tell him/her to wait.

Qualquer coisa que façam, fazem bem.   Whatever they do, they do it well.

Por muito que tenha que fazer, sempre faz sem queixar-se.   No matter how much he/she has to do, he/she always does it without complaining.

Por menos que ela trabalhe, sempre tem dinheiro.   No matter how little she works, she always has money.

C. Quanto mais/menos...mais/menos - The more/less...the more/less

These correlatives require a change in word order in Portuguese just as they do in English. The examples below illustrate the correct sequences:

Quanto mais você dorme, mais quer dormir.	The more you sleep, the more you want to sleep.
Quanto menos exercício faz, mais irritado fica.	The less exercise you get, the more irritated you become.
Quanto melhor o vinho, mais caro custa.	The better the wine, the more expensive it is.
Quanto mais rápido você dirige mais perigo corre.	The faster you drive, the greater the danger.

D. Quem...dera!

To express a fervent wish, it is very common in Portuguese to use the following construction:

Quem + indirect object pronoun + dera + infinitive !

Quem me dera não ter tantas dívidas!	How I wish I wasn't so in debt.
Quem me dera poder passar um ano viajando!	Oh, how I'd love to be able to spend a year traveling!
Quem nos dera ter menos provinhas!	We sure would like to have fewer quizzes.

O gosto brasileiro à mesa

O Guia Quatro Rodas pesquisou cardápios de todo o país e apresenta as preferências nacionais nas mesas dos restaurantes.

VOCABULÁRIO

a	bacalhoada - codfish dinner	o	churrasco - barbecue
a	batida - alcoholic fruit drink		diverso, -a - diverse, various
o	bife - steak	a	escolha - choice
	bem passado - well done	a	feijoada - black bean stew
	mal passado - rare	a	gorjeta - tip, gratuity
	no ponto - medium	o	menu - menu
a	cachaça - cane liquor		picante - hot and spicy
o	caldo verde - potato and kale soup	o	prato - dish
a	canja - chicken soup with rice		razoavelmente - reasonably
o	cardápio - menu		ruim - bad
o	chope - tap beer		típico, -a - typical

VERBOS

adoecer - to become ill
demorar - to take a long time
despedir-se(de)(despeço-me) - to say goodbye
escolher - to choose

experimentar - to try, taste; try on; experiment
festejar - to celebrate
provar - to try, taste; try on; prove
tentar - to try, attempt

EXPRESSÕES

por mais/menos que (+ subj.) - no matter how much/little
por muito/pouco que (+ subj.) - no matter how much/little

O que há de novo? - What's new?
Quais são as novidades? - What's new?
Tudo bem! - Everthing's great!
Tudo velho! - Not much!

EXERCÍCIOS

A. Reescreva as orações seguintes de acordo com o modelo:

João lê o cardápio.   João tinha lido o cardápio.

1. Ela escolhe o prato.
2. Eles se despedirão dos amigos.
3. Experimentamos o caldo que ele preparou.
4. O garçom traria a conta.
5. Nós não dizíamos nada.
6. Os convidados provam o vinho.

B. Reescreva as orações seguintes de acordo com o modelo:

Faz dois dias que ela não come.   Fazia dois dias que ela não comia.

1. Faz dois anos que não o vejo.

2. Faz dez minutos que o garçom está esperando.
3. Faz muito que não recebemos notícias dos pais.
4. Há pouco tempo que as visitas descansam.
5. Há oito dias que está fazendo um tempo muito mau.
6. Há mais de um mês que chove todos os dias.

C. Responda às seguintes perguntas, usando <u>nenhum, -a</u> ou <u>ninguém</u> na sua resposta.

Há alguma pessoa aqui que dirija bem?   <u>Não</u>. Não há <u>nenhuma</u> pessoa aqui que dirija bem.

1. Você vê alguma pessoa que possa ajudá-lo?
2. Vocês conhecem alguém que queira comprar um violão?
3. Há alguém aqui que saiba escrever em francês?
4. Sua irmã quer encontrar um apartamento que fique no centro?
5. Você quer escolher um presente que custe muito?
6. Marina procura um emprego que dê dor de cabeça?

D. Escreva em português:

1. There is no language that I don't understand.
2. Don't you see anything that you like?
3. I don't have any friends who like to party.
4. We are looking for someone who has a lot of patience.
5. I know a restaurant that serves typical Brazilian dishes.
6. We don't know anybody who doesn't like barbeque.

E. Junte as orações seguintes usando a construção <u>Quanto mais. . . menos</u>.

Eu falo. Ele presta atenção.
<u>Quanto mais</u> eu falo, <u>menos</u> atenção ele presta.

1. Você toma café. Você tem sono.
2. As lições são fáceis. André tem dificuldade.
3. Eloi se esforça. Ele consegue lembrar.
4. Eliane viaja. Gosta de ficar em casa.
5. Temos trabalho para fazer. Podemos ver televisão.
6. Há feriados. Ganhamos dinheiro.

F. Reescreva orações do tipo <u>Quem...dera!</u> para expressar as seguintes idéias.

Não ganho bastante para poder comprar um Mercedes.
<u>Quem me dera</u> ganhar bastante para poder comprar um Mercedes!

1. Não festejamos muitos êxitos hoje em dia.
2. Não posso viajar frequentemente.
3. Não consigo entender isto.
4. Não estou na praia agora.
5. Não sabemos falar português.

Componente cultural: A comida

Da mesma forma que outros aspectos da cultura brasileira, a comida também revela influências indígenas, africanas e européias. Entre as contribuições dos primeiros habitantes desta terra, temos o consumo de farinha de mandioca, peixes, palmito e numerosas frutas tropicais. Da África veio o gosto pelo arroz e pelo feijão, o uso do leite de coco e do óleo de dendê para cozinhar, e a predileção pelo cuscuz. Outra importante contribuição africana foi a grande variedade de pratos associados a cerimônias religiosas dos ioruba. Quase todos esses pratos são conhecidos hoje em dia como "comida baiana": o acarajé, o caruru, o vatapá, etc. Os portugueses trouxeram o uso do sal, do açúcar, do leite de vaca, da farinha de trigo, e dos ovos de galinha, bem como o gosto pelos doces e sobremesas.

Algumas comidas são encontradas através de todo o país enquanto outras são mais limitadas a uma certa região. Como exemplos do primeiro caso temos o cozido, a dobradinha com feijão branco, e a feijoada completa (que inclui arroz, farofa, e molho); entre os pratos regionais, podemos citar o churrasco gaúcho, o cuscuz paulista, o tutu à mineira, a carne de sol nordestina, o pato no tucupi do Pará, e o xinxim de galinha da Bahia. Finalmente, em áreas que receberam imigrantes nos fins do século dezenove e começo do século vinte, nota-se influência das culinárias italiana, japonesa, e sírio-libanesa.

o acarajé - black-eyed pea fritters
a carne de sol - sun-dried, salted meat
o caruru - stew made with okra, greens, shrimp and palm oil
o churrasco - barbecued beef
o cozido - stew using different meats and vegetables
a culinária - cuisine
a dobradinha - tripe stew
a farinha de (mandioca, trigo) - (manioc, wheat) flour
gaúcho - from Rio Grande do Sul
o gosto - taste
hoje em dia - nowadays
o leite de coco - coconut milk
a mandioca - cassava, manioc
mineira - from Minas Gerais

nordestina - from the Northeast
o óleo de dendê - palm oil
o pato - duck
a sobremesa - dessert
o trigo - wheat
o tucupi - sauce prepared by mixing pepper and manioc flour with duck meat juices
o tutu - dish of beans with manioc starch and smoked pork fat
o vatapá - purée of fresh and dried shrimp, ground peanuts and cashews, ginger, dried bread crumbs and palm oil
o xinxim - stew made with spices, palm oil, ground peanuts and squash seeds, and dried shrimp

Lição 21

Ana:	Isabel, você conhece um hotel em São Paulo que tenha diárias relativamente baratas e fique perto do centro?
Isabel:	Conheço vários. Se você me telefonar hoje à noite, eu posso lhe dar nomes e endereços.
Ana:	Que bom! Eu vou passar uns dias lá e quero aproveitar quanto puder.
Isabel:	Quando você for, vai ter que passear nos "shoppings" e visitar o Museu de Arte Moderna.
Ana:	Claro que vou. Por acaso, há algum restaurante que você recomende?
Isabel:	Os restaurantes de São Paulo são fantásticos. Mas, na minha opinião, os restaurantes italianos são os melhores, especialmente o Dom Fabrizio. Você vai adorar.
Ana:	Se eu tiver tempo para uns passeios turísticos, o que você sugere?
Isabel:	Vale a pena visitar o jardim zoológico. Também é interessantíssimo conhecer o Butantã, o maior e mais importante instituto de pesquisas sobre cobras do mundo.
Ana:	Eu não fico em nenhum lugar onde haja cobras! Imagine só!
Isabel:	Deixe de bobagem! As cobras são tão interessantes quanto os outros animais.
Ana:	Você tem toda a razão, mas por mais que eu tente, não consigo nem pensar em cobras. Vou a São Paulo para divertir-me, não para passar mal.
Isabel:	Está bem. Faça uma boa viagem.
Ana:	Obrigada. Telefono assim que eu chegar em casa para saber dos hotéis.

PARA APRENDER

A. The <u>future subjunctive</u>:

This tense is formed by dropping the -<u>ram</u> from the <u>third person plural</u> of the <u>preterite</u> and adding the following endings:

fala = fala<s>ram</s>	beber = bebe<s>ram</s>	repetir = repeti<s>ram</s>
fala<u>r</u>	bebe<u>r</u>	repeti<u>r</u>
fala<u>r</u>	bebe<u>r</u>	repeti<u>r</u>
fala<u>rmos</u>	bebe<u>rmos</u>	repeti<u>rmos</u>
fala<u>rem</u>	bebe<u>rem</u>	repeti<u>rem</u>

Note that every verb that is irregular in the preterite will also be irregular in the future subjunctive. For example:

ser = foram	dizer = disseram	saber = souberam
for	disser	souber
for	disser	souber
formos	dissermos	soubermos
forem	disserem	souberem

B. Uses of the <u>future subjunctive</u>:

1. The future subjunctive is used in a dependent temporal adverbial clause to express a <u>hypothetical future action</u> or <u>state</u> introduced by:

    QUANDO - when

    Falaremos com eles <u>quando chegarem</u>. We'll talk to them <u>when they arrive</u>.

    ASSIM QUE
        - as soon as
    LOGO QUE

    Abriremos as janelas <u>assim que parar</u> de chover. We'll open the windows <u>as soon as it stops</u> raining.

    <u>Logo que</u> ele me <u>der</u> as passagens farei as malas. <u>As soon as he gives</u> me the tickets, I'll pack.

    ENQUANTO - while, as long as

    Não poderemos trabalhar muito <u>enquanto eles estiverem</u> aqui. We won't be able to get a lot done <u>while they are</u> here.

    DEPOIS QUE - after

    <u>Depois que eu escrever</u> a carta, levarei ao correio. <u>After I write</u> the letter, I'll take it to the post office.

SEMPRE QUE - whenever, every time that

<u>Sempre que você quiser</u>, eu sairei com você.   I'll go out with you <u>whenever you want</u>.

☞ Notice that English uses the <u>present tense</u> in these dependent adverbial clauses whereas Portuguese requires the <u>future subjunctive</u>.

2. The future subjunctive is used in <u>conditional clauses</u> introduced by <u>se</u> (if) when the action of the sentence is projected into the future.

<u>Se formos</u> em junho, João nos acompanhará.   <u>If we go</u> in June, João will accompany us.

<u>Se houver</u> tempo, vamos fazer compras.   <u>If there is time,</u> we are going to go shopping.

When the result (or independent) clause indicates <u>habitual</u> action, no subjunctive is used in the <u>if clause</u>, since no condition is implied. In this case, the word <u>se</u> can be translated as <u>whenever</u> or <u>if</u>.

<u>Se temos</u> pressa, <u>tomamos</u> um táxi.   <u>Whenever</u> we <u>are</u> in a hurry, we take a cab.

<u>Se chove</u>, levo um guarda-chuva.   <u>If it rains</u>, I take an umbrella along with me.

☞ It is important to remember that in Portuguese <u>if</u> is <u>never</u> followed by the <u>present</u> subjunctive.

3. If the main verb of the sentence refers to future time, the future subjunctive is used in <u>dependent clauses</u> introduced by one of the following:

como	quanto
o que	quem
onde	

Comprarei <u>o que</u> encontrar.   I'll buy <u>whatever</u> I can find.

Vamos pagar <u>quanto</u> nos cobrarem.   We'll pay <u>whatever</u> they charge.

Irei <u>aonde</u> vocês mandarem.   I'll go <u>wherever</u> you send me.

Faça <u>como</u> você quiser.   Do <u>as</u> you wish.

Você pode entregar o pacote <u>a quem</u> atender a porta.   You can give the package <u>to whoever</u> answers the door.

VOCABULÁRIO

o/a	assaltante - robber		o	jardim - garden
o	assalto - robbery, mugging			jardim zoológico - zoo
a	arte - art		o	ladrão, a ladra - thief
a	cobra - snake		o/a	milionário, -a - millionaire
a	diária - daily rate		o	museu - museum
o	guichê - box office, window		a	opinião - opinion
o	horário - schedule		a	pesquisa - research
	horário de atendimento - office hours		a	variedade - variety

VERBOS

adorar - to like very much
aproveitar - to enjoy, take advantage of
aproveitar-se (de) - to take advantage of, exploit
assaltar - to rob, mug
estar certo/a - to be right
cobrar - to charge
manter - to maintain, keep
    mantenho   mantemos
    mantém   mantêm

pedir emprestado - to borrow
pesquisar - to research
roubar - to steal
supor (suponho) - to suppose
ter/estar com inveja - to envy
ter/estar com preguiça - to be or feel lazy
ter/estar com razão - to be right

EXPRESSÕES

não só...como - not only...but
→ estar duro/liso/sem grana - to be broke

Não deixe de (+ inf.) - Be sure to
Deixe de (+ inf. or noun) - Stop, quit ...
Imagine só! - Just imagine!

EXERCÍCIOS

A. Complete as orações abaixo usando as sugestões dadas à direita.

Eu irei ao clube.   <u>if she goes with me.</u>
Eu irei ao clube, <u>se ela for comigo</u>.

1. Farei uma viagem no mês que vem,   if I can.
2. Ari não irá ao Recife amanhã,   if he doesn't receive his check.
3. Eu comprarei o vinho,   if you give me the money.
4. O ladrão roubará tudo,   if you leave the car doors open.
5. Não terei que levantar-me cedo,   if I do everything tonight.
6. Não poderemos ver a exposição,   if the museum is closed.

B. De acordo com o modelo, junte as duas orações, começando com Logo que...:

O telefone toca. Eu vou atender.   Logo que o telefone tocar, eu vou atender.

1. O advogado me pergunta. Eu direi a verdade.
2. Nós chegamos do supermercado. Eu vou começar a cozinhar.
3. Nós sabemos o horário do museu. Vamos planejar o passeio.
4. Tenho tempo. Eu lhe farei uma visita.
5. Ouço a campainha. Sairei da sala.
6. O assaltante exige o dinheiro. Vou entregá-lo.

C. Responda às seguintes perguntas, usando nas suas respostas o que está sugerido à direita:

O que você fará enquanto eles estiverem aqui?   ficar com eles.
- Eu ficarei com eles, enquanto eles estiverem aqui.

1. Com quem irá se você for ao cinema hoje à noite?   com Marisa
2. O que ele comprará se tiver dinheiro?   um novo paletó
3. O que você fará assim que se formar?   procurar um emprego
4. O que o Lula fará quando souber disso?   ficar por conta
5. Aonde nós iremos se elas nos convidarem?   a um restaurante
6. O que farão depois que o jogo terminar?   jogar cartas

D. Complete:

1. Prefiro estudar uma língua que _____.
2. Se o computador quebrar, _____.
3. Eu quero um/uma namorado/a que _____.
4. Se fizer muito calor, _____.
5. Estou procurando alguém que _____.
6. Quando ele descobrir o que fizemos, _____.

E. Traduza:

1. Do as I say!
2. Just imagine! It's Monday and I'm broke already.
3. Give what you can!
4. No matter how hard I try, I'm always wrong.
5. Be sure to take advantage of this opportunity.
6. Call me as soon as you get home.

Lição 22

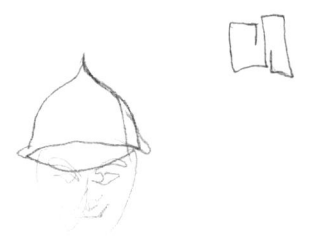

Roberto: Eu soube hoje que ganhei uma bolsa de estudos.

Paulo: Que sorte, rapaz! Há uns meses eu preenchi e assinei um montão de formulários. Mas até agora estou à espera de uma resposta. Para onde você vai?

Roberto: Vou passar um ano inteiro pesquisando em Portugal, tudo pago. E se ainda tiver dinheiro ao terminar o ano letivo, irei à Espanha também.

Paulo: Se eu pudesse escolher, pediria para ir ao Brasil. Mas não sei se vou conseguir a bolsa.

Roberto: Aposto que você está doido para saber o resultado.

Paulo: Sem dúvida! Mas não há outro remédio a não ser esperar.

Roberto: Que chato!

Paulo: Mas se eu não conseguir a bolsa, irei de qualquer modo.

Roberto: Você vai pedir um empréstimo aos seus pais?

Paulo: Vou, sim. Se papai me emprestasse o dinheiro, eu partiria hoje mesmo. Mas é claro que seria muito melhor se eu ganhasse a bolsa.

Roberto: Tenha paciência! Se Deus quiser tudo se arranjará.

PARA APRENDER

A. <u>The Imperfect or Past Subjunctive</u>:

1. The past subjunctive is formed by dropping the <u>-ram</u> from the <u>third</u> person plural of the preterite and adding the following endings:

   falar = fala<u>ram</u>   comer = come<u>ram</u>   fazer = fize<u>ram</u>

   fala<u>sse</u>   come<u>sse</u>   fize<u>sse</u>
   fala<u>sse</u>   come<u>sse</u>   fize<u>sse</u>
   falá<u>ssemos</u>   comê<u>ssemos</u>   fizé<u>ssemos</u>
   fala<u>ssem</u>   come<u>ssem</u>   fize<u>ssem</u>

2. An acute accent (´) must be written on the <u>first person plural</u> form of:

   a. All <u>regular</u> verbs of the <u>first</u> and <u>third</u> conjugations.
      falá́ssemos, abríssemos, etc.

   b. All irregular verbs except <u>ser</u> and <u>ir</u>.
      disséssemos, quiséssemos, déssemos, estivéssemos, etc.

3. A circumflex (^) must be written on the <u>first person plural</u> form of all regular verbs of the second conjugation and of <u>ser</u> and <u>ir</u>.

   comêssemos, aprendêssemos, fôssemos, etc.

B. Uses of the Imperfect or Past Subjunctive:

1. The imperfect subjunctive is used in <u>dependent noun clauses</u> after verbs of commanding, wishing, emotion, doubting, etc., when the <u>main verb</u> of the sentence is in a <u>past</u> tense or in the <u>conditional</u> tense. (See Lição 15 for use of subjunctive in dependent noun clauses).

Ele <u>mandou</u> que eu me <u>sentasse.</u>	He <u>told</u> me <u>to sit</u> down.
<u>Pedi</u>-lhes que me <u>dessem</u> seu número de telefone.	I <u>asked</u> them <u>to give</u> me their telephone number.
<u>Duvidávamos</u> que ela <u>viesse</u> de ônibus.	We <u>doubted</u> that she <u>would come</u> by bus.
<u>Queriam</u> que nós <u>escolhêssemos</u> por eles.	They <u>wanted</u> us <u>to order</u> for them.

2. The imperfect subjunctive is used in <u>dependent adjective clauses</u> (1) when the antecedent is negative, nonexistent, or indefinite, and (2) when the main verb of the sentence is past or conditional. (Compare with Lição 20).

<u>Não conhecíamos ninguém</u> que <u>pudesse</u> informar-nos.	We <u>didn't know anyone</u> who <u>could</u> inform us.
Ela <u>gostaria</u> de morar num apartamento que <u>ficasse</u> perto da faculdade.	She <u>would like</u> to live in an apartment that <u>is</u> near campus.

3. The imperfect subjunctive is used in a <u>conditional "if" clause</u> when the idea is contrary to fact or when uncertainty is implied.

<u>Se tivesse</u> dinheiro, ele <u>iria</u> ao Brasil.	<u>If</u> he <u>had</u> the money, he <u>would go</u> to Brazil.
<u>Se</u> a casa fosse maior, nós a <u>compraríamos.</u>	<u>If</u> the house <u>were</u> larger, we <u>would buy</u> it.

   a. When <u>se</u> means <u>whether</u>, no subjunctive is used in the dependent clause.

Não sabíamos <u>se</u> eles <u>iam</u> viajar juntos.	We didn't know <u>whether</u> they <u>were going</u> to be traveling together.

b. When the result (or independent) clause indicates habitual action in the past, no subjunctive is used in the _if_ clause since no condition is implied. The verb in each clause must be in the _imperfect_ tense. The word _se_ in these sentences can be translated as _whenever_ or _if_.

<u>Se</u> eu não <u>sabia</u> a resposta, <u>perguntava</u> a um colega.

<u>Whenever</u> I didn't <u>know</u> the answer, I <u>would ask</u> an office mate.

<u>Se</u> a gente <u>demorava</u>, Ana <u>se preocupava</u>.

If we <u>were</u> late, Ana <u>would worry</u>.

4. <u>Como se</u> is always followed by the imperfect subjunctive regardless of the tense of the main verb:

Você fala <u>como se soubesse</u> tudo.

You talk <u>as if</u> you <u>knew</u> everything.

Eles gastavam <u>como se fossem</u> milionários.

They used to spend money <u>as if</u> they <u>were</u> millionaires.

VOCABULÁRIO

o	ano letivo - school year	o	formulário - form
a	atividade - activity	os	gastos - expenses
a	bolsa de estudos - scholarship; grant		inteiro, -a - entire, whole
o	costume - custom		louco, -a - crazy
as	despesas - expenses	o	orçamento - budget
	doido, -a - crazy	o	pedido - request
o	empréstimo - loan	a	questão (-ões) - issue
a	finança - finance	o	resultado - result
		a	verba - government funds

VERBOS

aprovar - to approve
arranjar - to arrange for, get
assinar - to sign; subscribe
conceder - to grant, give
limitar - to limit

preencher - to fill out (a form)
reembolsar - reimburse
renovar - to renew
solicitar - request

EXPRESSÕES

à espera de - hoping to, in the hope of, waiting for
a não ser (+ noun or inf.) - besides, except
de qualquer jeito/modo - anyway; at any rate

estar doido, -a para (+ inf.) - to be dying to
ser doido, -a por (+ noun or pronoun) - to be crazy about
Não há outro remédio... - There's no other way...

EXERCÍCIOS

A. Repita as seguintes orações, começando com: <u>Ele esperava que...</u>:

Eu <u>ganhei</u> uma bolsa de estudos.   Ele esperava que eu <u>ganhasse</u> uma bolsa de estudos.

1. Eu fui ao cinema com ele.
2. Não falamos com o advogado por mais de uma hora.
3. Seu pai lhe emprestou o carro.
4. Nós recebemos as verbas.
5. O Roberto conseguiu um empréstimo do banco.
6. As moças trouxeram um presente.

B. Passe o verbo da oração principal para o condicional e faça as outras modificações necessárias:

Eu <u>irei</u> à Espanha se <u>tiver</u> dinheiro.   Eu <u>iria</u> à Espanha se <u>tivesse</u> dinheiro.

1. Eu o convidarei para jantar se ele ainda estiver por aqui. *Eu o convidaria...se ele estivesse por aqui*
2. Nós a veremos se ela vier amanhã. *Nós a veríamos se ela viesse amanhã.*
3. Eles partirão se terminarem a pesquisa. *Eles partiriam se terminassem a pesquisa.*
4. As crianças compreenderão se você pronunciar devagar. *As crianças compreenderiam se pronunciasse*
5. Iremos a Portugal se recebermos uma bolsa de estudos. *Iríamos a Portugal se recebêssemos...*
6. Se ela for ao Brasil, viajará por todo o país. *Se ela fosse ao Brasil, viajaria por todo o país*
7. Se você abrir a porta, receberemos mais ar. *Se você abrisse a porta, receberíamos mais ar.*
8. Se houver tempo, faremos uma viagem à Argentina. *Se houvesse tempo, faríamos uma viagem.*
9. Se o empréstimo sair, acompanharei meu amigo ao México. *Se o empréstimo saísse acompanharia*
10. Se eu puder escolher, escolherei o livro de Jorge Amado. *Se pudesse escolher, escolheria o livro J.A.*
    saio saíram

C. Escreva as seguintes orações com o verbo principal no imperfeito do indicativo, e faça todas as modificações necessárias:

1. Ele quer comprar um romance que seja interessante. *queria, fosse*
2. Não há ninguém na festa que conheçamos. *havia, conhecêssemos.*
3. Não vejo ninguém que me possa ajudar. *via, pudesse*
4. Duvido que <u>haja</u> mais de oitenta pessoas presentes. *duvidava que houvesse.*
5. Quero encontrar alguém que empreste o dinheiro. *queria encontrar emprestasse.*
6. É preciso que você preencha todos os formulários. *Era preciso, preenchesse*
7. Não tenho nenhum amigo que gaste menos de $1,000 por mês. *tinha, gastasse.*
8. Queremos que eles aprovem o orçamento. *queríamos, aprovassem*
9. Tenho medo que não me concedam o empréstimo. *tinha concedessem*
10. Não vejo ninguém que possa subir àquela árvore. *via pudesse.*

D. Escreva orações <u>originais</u> usando a seqüência dos tempos verbais sugerida no modelo:

Se eu não <u>tivesse</u> problemas, eu <u>seria</u> muito feliz.

1. ter tempo / fazer
2. ter dinheiro / não deixar de
3. poder / sair com
4. ser / ter ciúmes
5. estar contente / sorrir
6. ser o presidente / sugerir
7. ser verão / não ir
8. ir ao médico / dar uma receita
9. conhecer um senador / arranjar um emprego
10. querer / sair sem pagar
11. ler / não acreditar
12. saber tudo / deixar de

E. Traduza:

1. Whenever I was really tired, I would sleep late.
2. They didn't know we were so crazy about soccer.
3. They treated him as if he were family.
4. There is nothing in the refrigerator except beer.
5. We were dying to find out who won the lottery.
6. If I were you, I wouldn't do that.

Mulher-rendeira

MAXINE

Lição 23

Edu: Alô? De onde fala?

Camila: 241-9683. Com quem é que você quer falar?

Edu: A Camila está?

Camila: É ela mesma.

Edu: Olha, é o Edu, da turma do Nelson. Tou ligando pra convidar você e sua prima pra sair no sábado. Será que vocês podem?

Camila: Acho que sim, contanto que a gente esteja em casa antes das duas. Pra onde vamos?

Edu: Que tal aquele barzinho novo na Beira-Mar?

Camila: Seria ótimo. Se estiver muito lotado, a gente pode ir pra outro lugar ali perto. A que horas você vem buscar a gente?

Edu: Passo na sua casa lá pelas dez, tá?

Camila: Tá bem. Até lá.

PARA APRENDER

A. The subjunctive in <u>adverbial clauses</u>:

The following adverbial conjunctions are always followed by the <u>present</u> or <u>imperfect</u> subjunctive. When the verb of the independent clause is in a present or future tense of the indicative, or in the imperative mode, the verb of the dependent clause will be in the present subjunctive; and when the verb of the independent clause is in a past or conditional tense of the indicative, the verb of the dependent clause will be in the imperfect subjunctive.

1. Conjunctions of condition

    a menos que/a não ser que - unless
    caso - in case
    contanto que - provided that, as long as

Ele disse que iria <u>contanto que</u> não <u>tivesse</u> que dirigir.	He said that he would go <u>provided that</u> he <u>didn't have</u> to drive.
<u>Caso</u> eu <u>veja</u> a Marta, darei o recado a ela.	<u>In case I see</u> Martha, I will give her the message.

Vamos partir no dia 15 <u>a não ser que surja</u> algum imprevisto.	We'll leave on the 15th <u>unless</u> something unexpected <u>happens</u>.
<u>A menos que fosse</u> totalmente impossível, sempre contribuíamos para as despesas da casa da praia.	<u>Unless it was</u> truly impossible, we'd always help with the expenses of the beach house.

2. Conjunctions of concession

    ainda que -
    embora - although, even though, even if, even
    mesmo que

    apesar de que - in spite of, even though

<u>Ainda que você tenha</u> uma boa desculpa, vai ser muito difícil sair dessa.	<u>Even though you may have</u> a good excuse, it'll very difficult to talk your way out of this.
<u>Embora se esforçasse</u> tanto, ele nunca tinha êxito nos negócios.	<u>Although he tried</u> very hard, he never had any success in business.
Eu não sairia com você <u>mesmo que você me pedisse</u> de joelhos.	I wouldn't go out with you <u>even if you begged me</u>!
<u>Apesar de que o pedido seja</u> razoável, será negado.	<u>Even though</u> the request <u>is</u> reasonable, it will be denied.

B. Use of the <u>future</u> and <u>conditional</u> tenses to express probability or conjecture:

1. The <u>future tense</u> is used to express probability or conjecture in present time. It is often necessary to paraphrase the sentence or question when translating into English, using expressions such as: I wonder...; Do you suppose...; Probably; etc.

Que horas <u>serão</u>?	I wonder what time it is?
Onde <u>estará</u> o Zé?	Where do you suppose Zé is?
Ele diz que vai nos pagar. <u>Será</u>?	He says he's going to pay us back. Can it be?
Luísa já <u>estará</u> em casa a estas horas.	Luísa is probably at home by this time.

Probability or conjecture in a <u>question</u> is often expressed by beginning the sentence with <u>Será que</u>. Note that the verb following the conjecture may be in any indicative tense except the simple future:

<u>Será que</u> o Marcos vai ser reprovado em química? — Do you suppose Marcos will fail chemistry?

<u>Será que</u> o avião já chegou? — I wonder if the plane has landed?

<u>Será que</u> eles sabiam as respostas? — Do you suppose they knew the answers?

2. The <u>conditional tense</u> is used to express probability or conjecture in a <u>past</u> context.

Que horas <u>seriam</u> quando ela chegou? — What time do you suppose it was when she arrived?

Quem <u>seria</u> que me telefonou? — I wonder who could have called me?

VOCABULÁRIO

	apaixonado, -a - in love		entusiasmado, -a - enthusiastic
o	barzinho - bar	a	ficha - token
a	boate - night club		gozado, -a - funny, amusing
a	briga - fight, argument	o	interurbano - long-distance call
o	catálogo telefônico - phone book	a	ligação - telephone call
a	chamada - telephone call	a	lista telefônica - phone book
o	compromisso - commitment; engagement		lotado, -a - crowded
		o	lugar - place
o	detalhe - detail	o	orelhão - outdoor public phone
	engraçado, -a - funny, amusing	o/a	telefonista - operator

VERBOS

apaixonar-se - to fall in love
aproximar-se (de) - to approach, draw near
avisar - to advise, warn
brigar - to fight, argue
comprometer-se (a) - to make a commitment to
dirigir-se (a) - to address, speak to

resolver - to resolve, decide
garantir - to guarantee
reconhecer (reconheço) - to recognize
sair (juntos) - to go out (on a date)
ter culpa - to be to blame
zangar-se - to get angry

EXPRESSÕES

fazer as pazes - to make up

É engano! - Wrong number!
Preste(m) atenção! - Pay attention!
Não vejo nada demais nisso! - I don't see anything wrong with that!

EXERCÍCIOS

A. De acordo com o exemplo, junte os pares de orações abaixo usando a conjunção Caso:

Ninguém está lá. Não vou esperar.
Caso ninguém esteja lá, não vou esperar.

1. Você não pode ir. O Nilton irá comigo.
2. Ele virá amanhã. Iremos juntos a um barzinho.
3. Não há ninguém lá. Tentarei ligar mais tarde.
4. Não me reconhece. Não terei que falar com ela.
5. Eu me esqueço do número. Vou procurar na lista telefônica.
6. Farão as pazes. Podemos convidar os dois.

B. Passe para o passado as suas respostas do exercício acima:

<u>Caso</u> ninguém <u>esteja</u> lá, não <u>vou</u> esperar.
<u>Caso</u> ninguém <u>estivesse</u> lá, não <u>ia</u> esperar.

C. Complete os espaços em branco com a forma correta dos verbos em parênteses:

1. Embora ela _____ (zangar-se) comigo, vou dizer o que penso.
2. Ainda que eu _____ (estar) apaixonada por ele, não perdoaria uma coisa dessas.
3. Faça o que você quiser, contanto que _____ (resolver) logo.
4. A não ser que você _____ (comprometer-se) a ajudar, não vou participar do projeto.
5. Mesmo que ele _____ (dirigir-se) a mim, eu não responderia.
6. Raul disse que estaria lá às 7:30 contanto que o ônibus _____ (chegar) na hora.

D. Escreva uma conjetura para cada afirmativa, seguindo o exemplo:

Luís fará compras em Belém amanhã.
<u>Será que</u> Luís <u>vai</u> fazer compras em Belém amanhã?

1. Todos ficarão zangados conosco.
2. Paulo tem um montão de problemas.
3. Sílvia queria fazer parte do time.
4. Eles já terminaram os trabalhos.
5. Ninguém prestará atenção a este detalhe.

E. Escreva em português:

1. In case Miguel isn't here at 6:30, we will go with Pedro.
2. My cousin said she would call the travel agent unless you decided to do it.
3. I wonder what time it is?
4. Do you suppose that they had a fight?
5. Someone called about 20 minutes ago, but when I answered, they hung up. Could it have been your boyfriend?

Lição 24

Isabel: Agora que já falo português tão bem, pretendo ir a Portugal para que possa conhecer melhor a cultura portuguesa.

Ângela: Que bom! Talvez eu vá com você. Ainda não estou certa mas acho que estarei de férias no próximo verão.

Isabel: Espero que sim! Vamos começar a planejar a viagem antes que seja tarde demais.

Ângela: Graças a Deus você pensa em tudo com antecedência. Eu sempre adio minhas obrigações até que os prazos terminam. Assim nunca tenho tempo para fazer nada.

Isabel: A primeira coisa que devemos fazer é preencher os formulários para tirar os passaportes. Depois vamos escrever para a TAP e a Casa de Portugal* a fim de que eles nos mandem folhetos informativos.

Ângela: Ótimo! Vamos estudar os mapas cuidadosamente de maneira que no dia da partida saibamos bem o nosso itinerário.

Isabel: Talvez seja uma boa idéia reservar as passagens de ida e volta hoje mesmo. O que é que você acha?

Ângela: Por que tanta pressa? Isso fica para a semana que vem!

* Casa de Portugal - Portuguese information agency, with offices in all major cities. TAP - Transportes Aéreos Portugueses - Portuguese Airlines, also known as Air Portugal. It offers both domestic and international flights.

PARA APRENDER

A. The subjunctive in <u>adverbial clauses</u>:

In addition to the conjunctions listed in Lição 23, the following conjunctions are also followed by the <u>present</u> or <u>imperfect</u> subjunctive:

1. Conjunctions of purpose:

   para que/a fim de que - so that, in order that

   sem que   -   without

   Vamos falar baixo <u>para que ela</u> Let's speak softly <u>so that she won't hear us</u>.
    <u>não ouça</u>.

   Nós conseguimos sair <u>sem que</u> We managed to leave <u>without her hearing us</u>.
    <u>ela nos ouvisse</u>.

2. Conjunctions of time:

    a. antes que - before

Vou reservar as passagens antes que seja tarde demais.	I'm going to make flight reservations before it is too late.
Não conseguimos chegar à Seção de Passaportes antes que fechasse.	We weren't able to get to the Passport Office before they closed.

    b. até que - until

When the main verb anticipates the fulfillment of an action, até que is followed by the present or imperfect subjuncitve:

Ficaremos aqui até que os outros cheguem.	We will stay here until the others arrive.
Íamos ficar em Lisboa até que os documentos estivessem prontos.	We were going to stay in Lisbon until our documents were ready.

☞ When the main verb indicates an accomplished or habitual action, até que is followed by the indicative:

Ele sempre dorme até que eu o acordo.	He always sleeps until I wake him up.
Fiquei na festa até que todos foram embora.	I stayed at the party until everyone left.

B.   Subjunctive vs Indicative with talvez:

When a verb is preceded by talvez, it must be conjugated in either the present or imperfect subjunctive.

Talvez ele esteja em casa.	Perhaps he's at home.
Se nós adiássemos a viagem para junho, talvez pudéssemos ficar mais tempo.	If we were to postpone the trip until June, maybe we could stay longer.

However, when the verb precedes talvez , one of the indicative tenses is used:

Este será talvez o problema
mais grave da nação.

This may well be the most serious problem of the nation.

Ela foi talvez o maior amor da
minha vida.

She was, perhaps, the greatest love of my life.

VOCABULÁRIO

o	abraço - embrace, hug	a	passagem de ida e volta - round trip ticket
o	aeroporto - airport		
a	alfândega - customs	o	passaporte - passport
o	bairro - neighborhood	a	Seção de Passaportes - Passport Office
o	beijo - kiss	o	perigo - danger
o	carimbo - rubber stamp		perigoso, -a - dangerous
o	cartão de embarque - boarding pass	o	portão - gate
a	chegada - arrival		portão de embarque - departure gate
o	documento - document		portão de desembarque - arrival gate
a	fila - line, queue		
o	folheto - pamphlet, brochure		
a	informação - information	o	prazo - term, given period of time
o	itinerário - itinerary		prazo final - deadline
a	lembrança - regards, greetings; a souvenir	o/a	seqüestrador, + a - kidnapper, hijacker
a	obrigação - obligation	a	taxa de embarque - airport tax
a	partida - departure	o	visto - visa
o/a	passageiro, - a - passenger	o	vôo - flight

VERBOS

adiar - to postpone
carimbar - to stamp
desembarcar - to disembark
embarcar - to board
enganar-se - to be mistaken

obter (obtenho) - to obtain
poupar - to save
seqüestrar - to kidnap; hijack
tirar (uma) foto - to take a picture
tirar o passaporte - to get a passport
vencer - to expire

EXPRESSÕES

Espero que sim! - I hope so!
Espero que não! - I hope not!

Graças a Deus! - Thank God!
Pelo amor de Deus! - For heaven's sake!

EXERCÍCIOS

A. De acordo com o modelo, junte os pares de orações abaixo, usando <u>para que</u> como elemento de ligação:

Ela tem que gritar. Eu ouço.
Ela tem que gritar <u>para que</u> eu <u>ouça</u>.

1. Eu insisti muito. Joana pediu os folhetos da Casa de Portugal.
2. É preciso esperar na fila. Você tira o passaporte.
3. Precisamos de mais luz. Podemos ler.

4. Demos-lhes o dinheiro. Trouxeram a cerveja.
5. Ela me escreveu uma carta. Eu sabia a verdade.
6. Eu consegui o visto às pressas. Eu pude ir no dia seguinte.

B. Responda às seguintes perguntas usando nas suas repostas as sugestões dadas à direita:

1. Até quando você ficará aqui?   until I see her
2. Quando ela vai comprar as passagens?   before the prices go up
3. Até quando o professor falou?   until the students fell asleep
4. Quando ele embarcou?   before they asked to see his passport
5. Até quando teremos que esperar?   until he clears customs
6. Quando você vai para a França?   before my visa expires

C. Repita as orações seguintes, começando com talvez:

1. A sua sogra não quer ficar.
2. O piloto nos convida para visitar a cabine.
3. Fazemos as reservas hoje de tarde.
4. Ela não ia por estar muito cansada.
5. Marta não queria viajar de trem.

D. Complete os espaços em branco com a forma correta do presente, pretérito ou futuro do subjuntivo:

1. Logo que _____ problemas, vocês se lembrarão de mim. (haver)
2. Nós falaremos com Jorge contanto que nós o _____ . (ver)
3. Era preciso que eles _____ tudo. (ler)
4. É possível que eu _____ $500 antes do começo do verão. (poupar)
5. A moça procurava um namorado que _____ cozinhar. (saber)
6. Se nós _____ os sanduíches, eles nos darão a cerveja. (trazer)
7. Paulo iria à China se seus pais lhe _____ o dinheiro. (dar)
8. Júlio telefonará assim que ele _____ . (querer)
9. Felipe duvida que seus primos _____ amanhã. (chegar)
10. Talvez ela não _____ atender o telefone agora. (poder)
11. Liane falou baixo para que nós não _____ . (ouvir)
12. Os meninos vão fazer barulho quando eles _____ . (sair)
13. Mariana não queria entrar na cozinha caso João _____ lavando os pratos. (estar)
14. Eu prefiro um vôo que _____ depois do meio-dia. (partir)
15. Eliana tinha medo que eu _____ depois do trem ter partido. (vir)

Uma carta pessoal

A seguir você vai ler um exemplo de uma carta pessoal em português:

Fortaleza, 20 de março de 1993

<u>Caro amigo</u> Moacir:

Espero que você e todos os seus estejam bem. Por aqui a única novidade é que breve vamos mudar-nos para uma casa nova. A casa fica num ótimo bairro de Fortaleza, perto da praia e dos clubes.

Como faz mais de um ano que não nos vemos, estou escrevendo especialmente para convidá-lo a passar uns dias conosco na casa nova. Tenho certeza que você vai gostar muito.

Espero que você responda logo.

<u>Receba o abraço do seu amigo de sempre,</u>

João Carlos

Além das formas sublinhadas acima, note estas outras maneiras de abrir e fechar uma carta pessoal:

    Meu car<u>o</u> amig<u>o</u>
    Car<u>a</u> Maria de Fátima
    Querid<u>os</u> Paulo e Iara

    Um abraço do amigo
    Beijos e abraços
    Saudades de
    Mando lembranças a todos e um abraço
        todo especial para você.

Também note como se endereça um envelope no Brasil:

SELO

VIA AEREA
PAR AVION

Moacir dos Santos Alencar
Rua Padre Anchieta 366
38400 Uberlândia - Minas Gerais
Brasil

Remetente João Carlos Ribeiro
Endereço Avenida Presidente Kennedy 2400
| 6 | 0 | 1 | 0 | 0 |-| 2 | 0 | 0 | Fortaleza - Ceará - Brasil

Vocabulário de correio:

o/a	carteiro, -a	- mail carrier
o	correio	- mail, post office
o	endereço	- address
o	envelope	- envelope
o	remetente	- sender
o	selo	- stamp
a	tarifa	- postage
	via aérea	- air mail
o	CEP (Código de Endereçamento Postal)	- Zip Code
a	Caixa Postal	- Post Office Box

colar - to affix
pôr no correio - to mail

Agora escreva uma carta para um/uma amigo/a no Brasil falando sobre seus planos de viagem.

Lição 25

Eduardo: Oi, Glória. O que você está fazendo por aqui?

Glória: Eu acabo de deixar nosso televisor naquela oficina. Se eu tivesse esperado até amanhã para mandar consertar, só teria ficado pronto na semana que vem e preciso dele para o sábado.

Eduardo: Por que tanta pressa?

Glória: Se minha mãe e meu irmão perdessem o último capítulo da novela das oito, teriam um ataque.

Eduardo: Não sei como podem gostar destes programas vagabundos. Eu prefiro mil vezes uma boa peça ou um bom filme.

Glória: Eu também, mas hoje em dia custa muito ir ao teatro ou mesmo ao cinema. Agora só compro lugar na galeria dos teatros e espero até passarem os filmes nos bairros onde as entradas são mais baratas.

Eduardo: Falando em teatro, você já viu a nova montagem de Vestido de noiva?

Glória: Vi, sim. Se eu tivesse sabido que você estava interessado, eu teria ido com você. Que pena!

Eduardo: Não faz mal. Até o fim do mês eu terei visto a peça. Só teria sido mais agradável na sua companhia.

Glória: Que gentileza! Quando outra peça boa entrar em cartaz, a gente combina para ver juntos.

PARA APRENDER

A.   Causative construction with mandar:

1.   The sequence mandar + infinitive is a common way to order another person to do one's bidding:

Vou mandar consertar aquela mesa.   I'm going to have that table fixed.

Ele mandou engraxar os sapatos.   He had his shoes shined.

Mande chamar a polícia!   Have someone call the police!

In each of the above examples it is clear that the subject of mandar is one person and the subject of the infinitive which follows is another who is understood but not mentioned.

2. Placement of agent in mandar constructions:

a. When the agent is a common or proper noun it is placed between mandar and the infinitive that follows:

Ele mandou a empregada buscar o pão.	He had the maid get the bread.
Cristina vai mandar o Celso pintar o quarto.	Cristina is going to have Celso paint the room.

b. When the agent is expressed as a pronoun, the direct object form is used:

Vou mandá-lo consertar aquele fogão.	I'm going to have him fix that stove.
Mande-as chamar a vizinha.	Have them call the neighbor.

☞ As mentioned before, in colloquial Brazilian Portuguese, ele, ela, etc. are often used in place of direct objects:

Vou mandar ele consertar aquele fogão.	I'm going to have him fix that stove.
Mande elas chamarem a vizinha.	Have them call the neighbor.

B. Future and Conditional compound tenses:

1. The future and conditional progressive tenses use estar as the auxiliary verb, and the main verb is in the present participle form:

Ela estará trabalhando até o fim da tarde.	She will be working until late afternoon.
Se eu não tivesse tanto para fazer eu estaria aproveitando este dia maravilhoso.	If I didn't have so much to do I would be enjoying this marvelous day.

2. The future and conditional perfect tenses use ter as the auxiliary verb, and the main verb is in the past participle form:

a. The future perfect tense is used to indicate what will have occurred by a stipulated future time:

Até dezembro eu terei perdido vinte quilos.	By December I will have lost twenty kilos.
No ano que vem, por estas alturas já teremos nos formado.	By this time next year we will have graduated.

b. The conditional perfect tense is used to indicate what might have occurred *if* something else had taken place. Note that in these situations, *if* is followed by the pluperfect subjunctive (tivesse, etc + past participle):

Se você tivesse pedido, eu teria comprado mais vinho.	If you had asked, I would have bought more wine.
Se todos eles tivessem solicitado vistos com antecedência, teriam conseguido a tempo.	If all of them had requested visas well in advance, they would have received them on time.

C. Keep in mind that when compound tenses are in the subjunctive mode, it is the auxiliary verb which must be put into the subjunctive form, and the present and past participles are invariable:

Duvido que ele ainda esteja esperando na fila.	I doubt he is still waiting in line.
Sentíamos muito que o doutor Valle estivesse ficando tão fraco.	We were sorry that Dr. Valle was getting so weak.
Se eles estiverem descansando, por favor não incomode eles.	If they are resting, please don't bother them.
Ela disse que eu podia sair mais cedo contanto que eu já tivesse posto tudo em ordem.	She said I could leave early as long as I had left everything in order.
Se a peça já tiver começado, não poderemos entrar.	If the play has already started, we won't be allowed in.

NELSON RODRIGUES

VESTIDO DE NOIVA

VOCABULÁRIO

	agradável - pleasant	o	lugar marcado - reserved seat
o	ataque - attack, fit	o/a	mocinho, -a - good guy, damsel
o	bandido - villain, bad guy	a	montagem - staging
a	bilheteria - box office	o/a	motorista - driver
o	canal - TV channel	a	oficina - repair shop; garage
o	capítulo - chapter, episode	o	palco - stage
o	comercial - commercial	o	papel - role
a	companhia - company	a	peça - play, drama
o	desenho animado - cartoon	a	platéia - audience, public
o/a	diretor, -a - director	a	poltrona - orchestra seat
a	entrada - ticket	o	programa - program; playbill
a	entrevista - interview	a	sessão - showing
o	episódio - episode	o	teatro - theater
a	estréia - premiere	a	(tele)novela - TV soap opera
a	galeria - balcony	o	televisor - television set
o	ingresso - ticket		vagabundo, -a - third-rate
o	intervalo - intermission		

VERBOS

apressar-se - to hurry
aprontar-se - to get ready
combinar (para) - to plan to
consertar - to fix, repair

engraxar - to shine shoes
fazer o papel - to play the role
fazer sucesso - to be a hit
incomodar - to bother, disturb
passar - to show (a film)

EXPRESSÕES

a tempo - in time
na hora - on time

... está em cartaz! - (name of a play) is now showing.
Só faltava isso! - That does it!

EXERCÍCIOS

A. Complete os espaços em branco com as formas corretas de estar + particípio presente:

Marina _____ (assistir) televisão quando Paulo voltar.
Marina estará assistindo televisão quando Paulo voltar.

1. Quando você voltar, eu ainda _____ (trabalhar) neste mesmo lugar.
2. Eu já _____ (dormir) quando eles chegaram.
3. Se o diretor permitisse, nós _____ (ensaiar) agora mesmo.

4. Não vou poder falar com ele se _____ (aprontar-se) para sair.
5. Eles _____ (viajar) neste momento se tivessem os passaportes.
6. Talvez Júlio César _____ (consertar) o carro.

B. Complete os espaços em branco com as formas corretas dos tempos compostos de ter + particípio passado:

Quando a novela começar, Dalva já _____ (terminar) todo o serviço.
Quando a novela começar, Dalva já <u>terá terminado</u> todo o serviço.

1. Quando nós chegamos, o tio Pedro já _____ (partir).
2. Se você tivesse me avisado eu _____ (comprar) as entradas com antecedência.
3. O ator me olhou como se eu _____ (dito) uma grande bobagem.
4. Embora nós _____ (fazer) um grande esforço, não tivemos êxito.
5. Se ela já _____ (assistir) àquela peça, vamos combinar para ir a outro teatro.

C. Passe as seguintes orações para o passado, fazendo todas as modificações necessárias:

1. Diana fala alto para que eu possa ouvir o que está dizendo.
2. Eu quero assistir uma peça que não seja chata.
3. Não há ninguém lá na bilheteria que possa dar informação.
4. Nelson está dizendo isso para que eu não fique zangado.
5. O motorista vai esperar até que a atriz se apronte.

D. Escreva orações usando mandar + infinitivo. Empregue tempos diferentes nas suas respostas:

Eu / o Miguel / entregar as flores.
Eu vou mandar o Miguel entregar as flores.

1. Vocês / o empregado / lavar o carro?
2. Teresa / a gente / desligar a televisão.
3. Dona Ângela / o motorista de táxi / parar na porta da igreja.
4. Os deputados / o jornalista / sair da Assembléia Legislativa.
5. A diretora / eu / gravar a entrevista.
6. O doutor Anselmo / a enfermeira / telefonar para a farmácia.
7. Eu / o garçom / trazer a conta depressa.
8. Quem / você / mexer nas minhas coisas?

E. Escreva em português:

1. The play began on time.
2. I'm going to have my friend buy tickets for the 10 o'clock show.
3. If I had known that, I wouldn't have said anything.
4. My favorite soap will be over by the end of the year.
5. Let's have Joe mail those letters.

Os Comediantes
APRESENTAM

Vestido de Noiva

tragédia de
NELSON RODRIGUES

Mise-en-scène e direção: Z. Ziembinski
Arquitetura cênica e figurinos: Santa Rosa
Modelo do vestido de noiva: Sra. Inga Vargas

ALAÍDE	*Lina Grey (Evangelina Guinle)*
MME. CLESSI	*Auristela Araújo*
PEDRO, o namorado, homem de capa e limpador	*Carlos Perry*
LÚCIA	*Stela Perry*
PAI DE ALAÍDE	*Otávio Graça Melo*
MÃE DE ALAÍDE	*Maria B. Leite*
MÃE DO NAMORADO	*Luíza B. Leite Sans*
D. LAURA	*Leontina Kneese*
4 REPÓRTERES	*Armando Couto*
	Álvaro Alberto
	Brutus Pedreira
	Carlos Melo
3 MULHERES	*Virgínia de Souza Neto*
	Maria Sarli
	Edelweiss
MULHER INATUAL E MULHER DO TELEFONE	*Stela Graça Melo*
HOMENS INATUAIS	*Isaac Paschoal*
	Armando Couto
	Brutus Pedreira
	Álvaro Alberto
MÉDICOS	*Darcy dos Reis*
	Luiz Paulo
MÉDICO DE SERVIÇO E SPEAKER	*Brutus Pedreira*
RAPAZ DO CAFÉ	*Nelio Braga*
JORNALEIROS	*Meninos da Casa do Pequeno Jornaleiro*

Lição 26

Marília: Você trouxe a sua máquina fotográfica, Jack? Acho que vai dar tempo para tirar umas fotos do desfile das escolas de samba.

Jack: Trouxe, mas esqueci de trocar o filme.

Marília: Pobrezinho! Vamos tentar dar um jeitinho para conseguir um rolo novo. Talvez a turma queira fazer uma vaquinha.

Jack: Você é um amor! Você sempre me dá uma mãozinha quando eu preciso. Um filhinho de papai como eu não merece a sua amizade.

Marília: Deixe de bobagem, Jack!

Jack: Mas é verdade! Você me deu uma carona no dia da Independência, logo depois do desfile militar. No dia de Ano Novo, você tomou conta de mim até que eu me recuperei daquela terrível ressaca. E agora, em pleno carnaval, você vai me conseguir um rolo de filme novinho em folha.

Marília: Puxa, benzinho! Será que você ainda não se deu conta de que eu morreria por você?

PARA APRENDER

A. <u>Diminutives</u>

The diminutive endings are used with great frequency in Brazilian Portuguese. Brazilians tend to load their speech with diminutives, and it is often difficult or impossible to give an adequate English translation of them.

1. Formation of the diminutive:

   a. The ending -<u>inho/a</u> is attached to words ending with unstressed -<u>o</u> or -<u>a</u>. The final vowel is dropped before the ending is attached. The gender and number of a noun or adjective is then transferred to the diminutive ending.

       os carros   >   os carrinhos

   uma criança bonita   >   uma criancinha bonitinha

   Levanta-se cedo.   >   Levantou-se cedinho hoje.

   In some instances it is necessary to make a spelling change before attaching the diminutive ending -<u>inho</u>/<u>a</u>.

       a amiga > a ami<u>gu</u>inha

       pouco > pou<u>qu</u>inho

☞ The diminutive of <u>pequeno</u> is an exception: peque<u>nino</u>. It is common practice in Brazil to add still another diminutive to the above form, so the word becomes: peque<u>nininho</u>.

    b.   All other diminutives are formed by adding <u>-zinho</u> or <u>-zinha</u>:

o pé	>	o pezinho
a mamãe	>	a mamãezinha
o vovô	>	o vovozinho
o amor	>	o amorzinho
igual	>	igualzinho

When forming the diminutive of words ending in <u>-m</u>, the <u>-m</u> is changed to <u>-n</u> before adding the ending:

o jardim	>	o jardinzinho
bom	>	bonzinho

When forming the diminutive of plurals, the final <u>-s</u> is dropped, and <u>-zinhos</u> or <u>-zinhas</u> is added:

pão	>	pães	>	pãezinhos
papel	>	papéis	>	papeizinhos
flor	>	flores	>	florezinhas

☞ Popular speech does not heed this rule in all cases. For example, it is common to hear flo<u>rz</u>inhas, lu<u>z</u>inhas, etc.

2.   Uses of the diminutive:

The diminutive is used to give the idea of:

a. Smallness and quaintness

Compramos uma <u>casinha</u> na praia.	We bought a <u>small house</u> on the beach.
Eles foram para aquele <u>barzinho</u> da esquina.	They went to that <u>friendly</u> corner tavern.

☞ Size differentiation is often expressed by the diminutive in Portuguese when in English it is necessary to use different words:

gato, <u>gatinho</u>	cat, <u>kitten</u>

cachorro, <u>cachorrinho</u>	dog, <u>puppy</u>
pão, <u>pãozinho</u>	bread, <u>roll</u>
café, <u>cafezinho</u>	coffee, <u>Turkish coffee</u>

b. Affection and tenderness

Venha cá, <u>filhinha</u>!	Come here, <u>honey</u>!
<u>Benzinho</u>, telefone para você...	The phone is for you, <u>dear</u> ...
Que <u>bebezinho</u> mais <u>fofinho</u>!	What a <u>darling baby</u>!

c. Emphasis

Vamos começar <u>agorinha</u> mesmo.	Let's begin <u>right now</u>.
O garotinho comeu <u>tudinho</u>.	The little boy ate <u>every last bit</u>.
O apartamento estava <u>limpinho</u>.	The apartment was <u>very clean</u>.

d. Sarcasm

Há algum problema, <u>queridinho</u>?	Is there a problem, <u>dearie</u>?
Ele tem um <u>empreguinho</u> qualquer.	He has <u>some insignificant little job</u>.

e. Change in meaning

O Alan é <u>peixinho</u> da professora.	Alan is the <u>teacher's pet</u>.
O que é que há, <u>gatinha</u>?	What's up, <u>sweet thing</u>?
A Cristina está fazendo <u>cursinho</u> este ano.	Cristina is taking the <u>entrance examination preparatory course</u> this year.

B. Idiomatic expressions with <u>dar</u>:

1. The verb <u>dar</u> is used frequently to incorporate the idea of sufficiency:

Duvido que a sala <u>dê</u> para tantas pessoas.	I doubt the room <u>is large enough</u> for so many people.
<u>Dá tempo</u> para a gente ir ao supermercado?	<u>Is there enough time</u> for us to go to the grocery store?

2. The following are common idiomatic expressions with <u>dar</u>:

   dar carona a - to give (someone) a ride

   dar um jeito/jeitinho - to find a way around a problem, to bend the rules

dar certo/errado - to turn out well/wrong
dar em - to hit, beat
dar para - to face; to have a talent for; to have taken to
dar um passeio - to take a walk, go for a ride
dar-se bem com - to get along with
dar-se conta de - to realize, become aware of
dar uma mãozinha - to lend a hand

O Felipe vai me <u>dar uma carona</u>.	Felipe will give me a ride.
Apesar dos preparativos, <u>deu</u> tudo <u>errado</u>.	In spite of all the planning, everything went wrong.
A mãe <u>deu no</u> filho quando soube o que ele tinha feito.	The mother spanked her son when she found out what he had done.
Dizem que não há mais ingressos para o concerto e eu preciso de um. Será que o senhor pode <u>dar um jeitinho</u>?	They say there are no more tickets for the concert and I need one. Do you suppose you could get one for me somehow.
De repente, eu <u>me dei conta</u> do meu erro.	Suddenly, I became aware of my mistake.
Ricardo não <u>se dá bem com</u> o sogro.	Ricardo does not get along with his father-in-law.
Será que você pode me <u>dar uma mãozinha</u> agora?	Do you suppose you could give me a hand now?
O meu apartamento <u>dá para</u> o lago.	My apartment faces the lake.

VOCABULÁRIO

	alegre - joyful, happy	as	férias - vacation, holidays
a	alegria - joy, happiness	o	fogo - fire
o	amor - love		fogos de artifício - fireworks
a	árvore de Natal - Christmas tree	a	fogueira - bonfire
o	bebê - baby	a	homenagem - homage
o	cara - guy	a	máquina fotográfica - camera
o	cartão de Natal - Christmas card	o	Papai Noel - Santa Claus
o	champanhe - champagne	o	pinheiro - Christmas tree
o	coelhinho da Páscoa - Easter Bunny	a	praça - town square
a	comemoração - celebration, commemoration	a	ressaca - hangover
o	discurso - speech, discourse	o	rolo - roll (of film)
	em pleno/a ... - in the middle of, at the height of	os	votos - wish, desire

VERBOS

brindar - to toast
enfeitar - to decorate, adorn
felicitar - to congratulate
lutar - to fight, struggle

merecer (mereço) - to deserve
prestar homenagem - to honor, pay homage
recuperar-se - to recuperate, get over

EXPRESSÕES

Dá para (+ inf)? - Would it be possible to ...?
Não dá! - It can't be done.
Não deu em nada! - Nothing came of it.
Deu zebra! - Who'd have thought that things would have turned out like this!

filhinho de papai - spoiled rich kid
novinho, -a em folha - brand new
fazer uma vaquinha - to take a collection

EXERCÍCIOS

A. Dê a forma diminutiva das seguintes palavras:

1. a mesa
2. o sapato
3. o hotel
4. a Ana
5. um nariz
6. a fita
7. a Lulu
8. a briga
9. o João
10. o nego
11. meu amor
12. a faca
13. o anel
14. o porco
15. o Zé
16. o tatu
17. o coitado
18. querida
19. meu bem
20. fofo
21. a figa
22. a janela
23. o papel
24. o quadro
25. o beijo
26. a irmã

B. Complete com a forma diminutiva das palavras em parênteses:

1. É preciso dar um _____ nesse problema. (jeito)
2. _____! Ele não tem nenhum amigo. (pobre)
3. Você não quer um _____ de farofa? (pouco)
4. Psiu! Ande _____! (devagar)
5. O Brasil é um país tão _____. (bonito)
6. Vocês podiam dar uma _____? (mão)
7. Você assistiu o filme "_____ Querida"? (mamãe)
8. Volto em um _____, prometo. (minuto)

C. Escreva em português, usando uma expressão com <u>dar</u> para traduzir o que está sublinhado:

1. I wonder if there is going to be enough time?
2. I need my passport tomorrow. Can't you figure something out for me?
3. We gave Aninha a ride to the market.
4. He hit the man who had taken his picture.
5. I am sure that Chico will give me a hand tomorrow.
6. Let's take a ride to see the spring flowers.
7. I wanted to go to Salvador for the weekend, but it didn't work out.
8. It can't be done. It's impossible.
9. Guto realized he had lost his camera when Angela asked to borrow it.
10. They took a walk around the lake.
11. My neighbor has a real knack for foreign languages.
12. What a shame you aren't getting along with your new roommate.

<u>Componente cultural: As festas e os feriados</u>

O calendário brasileiro inclui numerosos feriados e dias santos. Os feriados geralmente comemoram eventos importantes da história nacional, como a Independência ou a Proclamação da República. Os dias santos fazem parte das observações religiosas da Igreja Católica, como o Dia de Todos os Santos ou o Dia de Natal. As festas combinam o motivo religioso e as celebrações folclóricas; as festas juninas, por exemplo, são ao mesmo tempo festejos católicos (em homenagem a Santo Antônio, São João, e São Pedro) e atividades folclóricas relacionadas à colheita do milho. O período mais animado do ano é, sem dúvida, o Carnaval, o qual tem lugar em fevereiro ou março. Comemorado em todo o país, o Carnaval dura quatro dias, desde o Sábado de Carnaval até a Terça-Feira Gorda. A Quarta-Feira de Cinzas marca o início da Quaresma.

o	Carnaval - Carnival	o	Dia de Ano Novo (Ano Bom) - New Year's Day
o	dia santo - religious holiday		
o	feriado - holiday	o	Dia do Trabalho - Labor Day, May Day
o	feriado religioso - religious holiday	o	Dia da Independência - Independence Day
as	férias - vacation		
as	festas - the holidays	o	Dia de Todos os Santos - All Saints' Day
	festas juninas - June holidays	o	Dia de Finados - All Souls' Day
o/a	padroeiro, -a - patron saint	o	Dia de Natal - Christmas Day
a	Páscoa - Easter		
a	Quaresma - Lent		
a	Quarta-Feira de Cinzas - Ash Wednesday		Feliz Páscoa - Happy Easter
a	Terça-Feira Gorda - Mardi Gras, Fat Tuesday		Feliz Natal / Boas Festas - Merry Christmas
			Próspero Ano Novo - Happy New Year
a	véspera - eve		
	véspera de Natal - Christmas Eve		
	véspera de Ano Novo (Ano Bom) - New Year's Eve		

Responda em português:

1. Como você festeja o Ano Novo?
2. Quando se comemora a Independência do Brasil?
3. Quando se comemora o Dia do Trabalho nos Estados Unidos?
4. O que a sua família faz na época do Natal?
5. Qual é o seu feriado favorito? Por que?

RITMISTA

Um passista que executa um instrumento enquanto dança. Quanto mais ágil for no lidar com o instrumento - que rola de um lado para outro, vai para o alto, passa por cima do seu corpo - mais bonita é sua apresentação.

Lição 27

Carla: O que você tem feito ultimamente, Mário? Faz um bocado de tempo que ninguém vê você.

Mário: Eu estou procurando emprego e por isso minha vida social tem sofrido nestas últimas semanas.

Carla: Você já achou algo?

Mário: Bem, eu já fui entrevistado por três agências de viagem e agora estou aguardando suas respostas. Mas mesmo assim, leio os anúncios todos os dias caso apareça algo interessante.

Carla: Que tipo de emprego você está procurando? Ouvi dizer que está ficando cada vez mais difícil arrumar um emprego com salário razoável quando a gente só tem segundo grau.

Mário: É mesmo. Mas, como eu sei que vou entrar na faculdade, vou ter que trabalhar tempo integral, e estudar à noite. Quero usar meus conhecimentos de inglês e alemão e também minha experiência com computadores. Por isso decidi procurar algo relacionado ao turismo.

Carla: Espero que você tenha escolhido o rumo certo. Pelo jeito você já pensou em tudo.

Mário: Se Deus quiser, tudo vai dar certo. Telefono para você assim que eu souber algo.

PARA APRENDER

A. The present perfect tense in Portuguese is formed by using the present tense of the auxiliary verb <u>ter</u> plus the past participle of the main verb. This tense has a special usage in Portuguese and is <u>not</u> the equivalent of the present perfect tense in English and in other languages. Expressions of time such as <u>recentemente, ultimamente, estes dias,</u> etc. often signal the use of this tense.

The idea embodied in the use of the present perfect tense in Portuguese is that of a repeated action begun in the indefinite past, continuing in the present, and likely to occur in the near future.

O César <u>tem estado</u> doente estes dias.	César <u>has been</u> sick these last few days.
<u>Temos lido</u> muito a respeito desse político ultimamente.	We <u>have been reading</u> a lot about that politician lately.
O que é que vocês <u>têm feito</u> desde que voltaram das férias?	What <u>have</u> you <u>been doing</u> since you got back from vacation?

Note that the time reference of the above sentences can be contrasted with the following examples in which the action of the verb was completed in a past time and therefore must use a preterite tense in Portuguese.

Você já viu esse filme? Have you already seen that film?

A Célia já esteve no Brasil várias vezes. Célia has been to Brazil several times.

B. The present perfect subjunctive is used in dependent subjunctive clauses when the verb in the main clause is present but refers to a past action. When the verb in the main clause is present and refers to a present or future action, the simple present subjunctive is used.

The present perfect subjunctive is formed by using the present subjunctive of the auxiliary verb plus the past participle of the main verb:

Espero que você goste de festas. I hope you like parties.
Espero que você tenha gostado da festa ontem à noite. I hope you liked the party last night.

A menos que você pague suas contas em dia, você vai ter dificuldade para conseguir crédito. Unless you pay your bills on time, your credit rating will suffer.

A menos que você já tenha pago a prestação, a loja vai fechar sua conta. Unless you've already sent your monthly payment, the store is going to cancel your account.

Nós duvidamos que ele seja capaz de dizer algo assim. We doubt that he is capable of saying something like that.

Nós duvidamos que ele tenha dito algo assim. We doubt that he said something like that.

C. Cada vez mais and cada vez menos are intensifiers which can be used at the end of a sentence, or before a noun, adjective or adverb.

Você não acha que o Paulo está se isolando cada vez mais? Don't you think that Paulo is isolating himself more and more?

Ultimamente ele tem nos dado cada vez menos problemas. Lately he has given us fewer and fewer problems.

Deixei o curso porque as lições estavam ficando cada vez mais difíceis. I dropped the course because the lessons were getting harder and harder.

As listas telefônicas ficam cada vez maiores. The telephone books get bigger and bigger.

D.   <u>Anúncios</u>

The following are typical examples of classified ads:

PRECISA-SE

Professor particular alemão/inglês, dez horas semanais. Deve ter ótimas referências e bastante experiência. Caixa Postal 121.

VENDE-SE

Fusca 85, ótimas condições, baixa quilometragem, sem batidas, pneus quase novos, rádio. Aceita-se melhor oferta. Telefone: 275-1890.

ALUGA-SE

Apartamento no centro, perto do metrô, dois quartos amplos, living, copa-cozinha, banheiro, dependência de empregada. Tratar no local.

COMISSÃO DE FRENTE

Formada quase sempre por antigos componentes da Escola, a comissão de frente se dispõe em linha e abre o desfile, cumprimentando o público com uniformidade de movimentos. Impecavelmente trajados ou fantasiados, eles representam a direção da Escola.

VOCABULÁRIO

	amplo, -a - ample		mensal - monthly
o	anúncio - classified ad	o	metrô - subway
a	batida - dent; car accident, collision	a	oferta - offer
o	conhecimento - knowledge	o/a	operário, -a - worker, laborer
a	copa - family dining area	o	pneu - tire
a	dependência de empregada - maid's quarters	a	quilometragem - mileage
			razoável - reasonable
	diário, -a - daily	o	rumo - direction, way
a	entrevista - interview	o	segundo grau - high school
o	fusca - VW Beetle		semanal - weekly
o/a	guia - guide		tempo integral - full time
	meio-expediente - part time		ultimamente - lately

VERBOS

agradar - to please
aguardar - to wait for
chefiar - to manage, head
convencer (a + inf.) - to convince
deixar um curso - to drop a course

devolver - to return (something)
mentir (minto) - to lie
retornar - to return (to or from a place)
voltar - to return (to or from a place)
voltar-se - to turn around

EXPRESSÕES

Aluga-se - For Rent
Compra-se - Wanted to Buy
Gratifica-se - Reward
Oferece-se - Situation Wanted
Precisa-se - Help Wanted
Procura-se - Wanted
Vende-se - For Sale

estar à venda - to be for sale
pelo jeito - by the looks of it
tratar no local - inquire at location
um bocado de - a lot of

EXERCÍCIOS

A. Complete os espaços em branco com o presente do subjuntivo ou com o presente composto do subjuntivo:

1. O gerente espera que o candidato ao emprego não _____ atrasado à entrevista amanhã. (chegar)
2. É possível que a diretora já _____ uma decisão. (tomar)
3. Sentimos muito que vocês não _____ ficar mais um pouquinho ontem à noite. (poder)
4. Talvez Otávio _____ no vôo de hoje à tarde. (vir)
5. É triste que você não _____ tentar outra vez na semana que vem. (querer)

6. Pode ser que Paulo e Zé _____ lá em casa enquanto nós estávamos no clube. (passar)
7. Duvido que o filme já _____. (começar)
8. É pena que você ainda não _____ a sua área de especialização. (escolher)
9. Não é verdade que eles sempre _____ problemas. (ter)
10. É preciso que você _____ vinho ou cerveja para a festa da próxima sexta. (trazer)

B. Complete os espaços em branco com o <u>pretérito</u>, <u>presente composto do indicativo</u> ou <u>presente composto do subjuntivo</u>:

1. O advogado _____ o emprego ontem. (perder)
2. Espero que você _____ do curso que fez. (gostar)
3. Ontem Dora _____ de ter tanto trabalho. (queixar-se)
4. Ultimamente nós _____ bastante. (estudar)
5. Não acredito que a Irene _____ assaltada pela quarta vez no fim de semana passado. (ser)
6. É pena que Júlio não _____ a sua parte. (fazer).
7. Você _____ recentemente? (viajar)
8. Pedro _____ o pacote hoje de manhã. (abrir)
9. Estou contente que tudo _____ certo. (dar)
10. O guia não _____ nada a respeito do preço das entradas. (dizer)
11. Vocês _____ muito nele estes dias? (pensar)
12. É triste que a gente não _____ entrar em contato com ele. (conseguir)
13. Eu _____ um anúncio que me chamou a atenção no jornal de anteontem. (ver)
14. Eu espero que meu irmão _____ a conta de luz. (pagar)
15. Zezinho _____ muito doente ultimamente. (estar)

C. Traduza:

1. Brazilian movies are getting better all the time. However, they are getting more expensive to make.
2. We have been working very hard since the new boss arrived.
3. I am not sure I want to apply for a part-time job.
4. Dona Dalva is afraid that her grandchildren had an accident on the way to the beach.
5. Don't you think that he has been very nervous lately?
6. It's too bad we haven't been able to go out these last few weeks.

D. Escreva um anúncio para o emprego que você gostaria de encontrar.

E. Escreva um anúncio oferecendo uma gratificação para quem encontrou o seu gato/cachorro/relógio.

Lição 28

Lúcia: Menina, o que foi que houve? Você foi atropelada?

Gabriela: Não, nada disso. Estava jogando vôlei ontem à noite e levei uma queda feia.

Lúcia: Puxa, como seu joelho está inchado! Dói muito?

Gabriela: Agora não, porque estou tomando os comprimidos que o médico do Pronto Socorro me receitou. Se tomo de quatro em quatro horas, não sinto dor.

Lúcia: Você tem certeza que não quebrou nada?

Gabriela: Eles tiraram radiografia e está tudo bem. Mas o médico pediu para eu voltar daqui a uma semana para dar outra olhada.

Lúcia: Você acha que vai poder jogar no campeonato?

Gabriela: Ah, sim. O médico disse para eu me cuidar e assim dentro de poucos dias já posso jogar de novo.

PARA APRENDER

A. The Personal Infinitive

In Portuguese the infinitive can be inflected to show the person and number of the subject. Because it can be inflected, the personal infinitive frequently is used instead of dependent clauses introduced by que.

The first and third persons singular are indistinguishable in form from the impersonal infinitive. The endings -mos and -em are attached to the impersonal infinitive to form the first and third persons plural of the personal infinitive. There are no irregular forms of the personal infinitive.

falar   dizer   pôr
falar   dizer   pôr
falarmos   dizermos   pormos
falarem   dizerem   porem

1. The personal infinitive is used:

   a. After prepositions to avoid ambiguity of subject:

   Olhei para eles antes de   I looked at them before crossing the street.
   atravessar a rua.

315

Olhei para eles antes de <u>atravessarem</u> a rua.	I looked at them before <u>they</u> crossed the street.

b. With impersonal expressions to designate a subject:

É impossível <u>saber</u> tudo.	It is impossible to know everything.
É impossível <u>sabermos</u> tudo.	It is impossible <u>for us</u> to know everything.

c. As a verbal subject:

<u>Ficarmos</u> aqui não vai adiantar nada.	<u>Our staying</u> here is not going to help at all.
<u>Você pedir</u> outro aumento pode lhe causar problemas.	<u>Your asking</u> for another raise may create problems for you.

d. To simplify complex sentences:

Eu fiquei calado <u>porque</u> não <u>tinha</u> o que dizer.
Eu fiquei calado <u>por</u>   não <u>ter</u>   o que dizer.

O Pedro vai esperar <u>até que</u> vocês <u>terminem</u>.
O Pedro vai esperar <u>até</u>   vocês <u>terminarem</u>.

Saímos da festa <u>sem que</u> ninguém nos <u>visse</u>.
Saímos da festa <u>sem</u>   ninguém nos <u>ver</u>.

☞ When the subject of the dependent and independent clauses is the same, the <u>impersonal infinitive</u> is used in the simplification:

Peg<u>amos</u> um táxi para que pudéss<u>emos</u> chegar na hora.
Peg<u>amos</u> um táxi para   poder   chegar na hora.

2. The construction <u>ao + infinitive</u> (either personal or impersonal) indicates simultaneity and is often used instead of dependent clauses:

<u>Ao embarcar</u>, entregue o cartão ao comissário.	Give the flight attendant your ticket stub <u>on boarding</u> the plane.
Fiquei contentíssima <u>ao saber</u> o resultado do exame.	I was delighted <u>when I found out</u> the test scores.

B. Expressions of time

The following are common time expression which have not yet been introduced:

um dia (mês, etc) sim, outro não dia sim, dia não	every other day
de seis em seis horas cada seis horas	every six hours
daqui a pouco	in a little while
daqui em diante de hoje em diante	from now on from today on
daí a três anos daí em diante	three years from then from then on
dia trás dia	day after day
entra ano, sai ano	year in, year out
ano bissexto	leap year
a toda hora a todo momento a todo instante	constantly
mais dia, menos dia mais cedo ou mais tarde	sooner or later, someday
para a/pra semana	next week

MESTRE-SALA E PORTA-BANDEIRA

Suprema glória de um integrante. Um homem e uma mulher que, seguindo uma coreografia fidalga, conduzem o símbolo e a glória máxima de uma Escola de Samba: a bandeira de suas cores. Anfitriões da organização, desfilam com elegância e garbo.

VOCABULÁRIO

o	comprimido - pill	o	nascimento - birth
a	coceira - itch	o	parto - delivery, childbirth
a	diarréia - diarrhea	o	Pronto Socorro - emergency hospital
o	esparadrapo - adhesive tape	a	queda - fall
o	espirro - sneeze	a	queimadura - burn
o	gesso - orthopedic cast	a	radiografia - X-ray
a	gripe - flu	o	resfriado - cold
a	luxação - sprain	o	sangue - blood
a	morte - death	o	susto - fright
a	mudança - change	a	tosse - cough

VERBOS

afogar-se - to drown
atropelar - to run over
coçar - to itch
concordar (com) - to agree (with)
dar uma olhada - to take a look
desmaiar - to faint
discordar (de) - to disagree
engolir (engulo) - to swallow

espirrar - to sneeze
inchar - to swell
levar um susto - to have a scare
levar pontos - to get stitches
queimar - to burn
receitar - to prescribe
sangrar - to bleed
tossir (tusso) - to cough

EXPRESSÕES

à tardinha - in the late afternoon   de madrugada - in the early morning hours

EXERCÍCIOS

A. Escreva as orações abaixo, usando o infinito pessoal:

É possível que eles venham.   É possível (eles) virem.

1. Ela pediu que telefonássemos.
2. Não foram à festa porque estavam cansados.
3. Dou o dinheiro para que vocês possam viajar.
4. Ele mandou que fizéssemos tudo imediatamente.
5. É bom que eles estejam presentes.
6. Depois que disseram tudo, as moças foram embora.

B. Responda às seguintes perguntas, incluindo nas suas respostas traduções das frases à direita.

Quando é que ele vai chegar?   next month
Ele vai chegar no próximo mês.

1.	Quando é que vamos fazer o teste?	one week from today
2.	Quantas vezes por ano você vai ao médico?	every six months
3.	Quando é que eles se casarão?	five months from now
4.	Quando é que você viu o Rui?	the day before yesterday
5.	Quando é que a Ana começou a faculdade?	three years ago
6.	Quando é que vocês têm aula de português?	every morning
7.	Quando é que você vai deitar-se?	in a little while
8.	Quanto tempo ele passará no Brasil?	all year
9.	Quando é que eles vão consertar a televisão?	tomorrow afternoon
10.	Quando é que você tem que levantar-se cedo?	every other day
11.	Quando ela vai se dar conta do problema?	sooner or later
12.	Quando é que tem Jogos Olímpicos?	in leap years

C. Complete estas orações com a forma correta do <u>presente</u>, <u>imperfeito</u> ou <u>futuro</u> do subjuntivo:

1. Logo que você _____ o dinheiro, podemos sair. (receber)
2. Nós faremos tudo contanto que não _____ problemas. (haver)
3. Era provável que Ana _____ tudo. (saber)
4. Ele procurava um carro que _____ econômico. (ser)
5. Se vocês _____ ajudar, ficarei contente. (poder)
6. O Beto iria se nós _____ . (deixar)
7. Eu vou fazer o pagamento quando o advogado _____ . (pedir)
8. Meu pai duvida que nós _____ trabalhar. (querer)
9. Não havia nenhum som que ela não _____ repetir. (conseguir)
10. Eu fiz isso para que vocês me _____ . (compreender)
11. Há alguém aqui que _____ carona a estranhos? (dar)
12. Tenho medo que eles _____ meu diário. (ler)
13. Ele planeja partir depois que nós _____ . (chegar)
14. Você esperava que eu _____ o trabalho? (fazer)
15. Eu quero que você _____ a verdade. (dizer)
16. Não posso ajudar a não ser que vocês _____ os documentos em ordem. (pôr)
17. Eu disse que estaria lá caso eles _____ precisar de mim. (ir)
18. Se vocês _____ a cerveja, eu farei a comida. (trazer)
19. Meu namorado queria que eu _____ essa peça. (ver)
20. Eu ia ficar com a Elsa até que ela _____ melhor. (sentir-se)

D. Decida se o verbo que completa o sentido das orações abaixo deve ser <u>Indicativo</u>, <u>Subjuntivo</u> ou <u>Infinitivo</u>, e depois escreva a forma correta no espaço em branco:

Ind/Subj/Inf 1. Se Alice _____ conosco, ela vai divertir-se. (ir)
Ind/Subj/Inf 2. Nós jantaremos antes de _____ o projeto. (terminar)
Ind/Subj/Inf 3. Joana disse que Roberto _____ seu melhor aluno. (ser)
Ind/Subj/Inf 4. Nós não conhecíamos ninguém que _____ ajudar. (poder)
Ind/Subj/Inf 5. Logo que ele vier, eu lhe _____ a decisão. (comunicar)
Ind/Subj/Inf 6. Se vocês _____ , ele teria lavado a louça. (pedir)
Ind/Subj/Inf 7. Eles estudam para _____ notas boas. (tirar)
Ind/Subj/Inf 8. Quando nós soubemos do acidente, ela já _____ do hospital. (sair)
Ind/Subj/Inf 9. Eu prefiro um namorado que _____ bom senso de humor. (ter)

Ind/Subj/Inf	10.	Ele disse que ficaria lá até que você _____. (chegar)
Ind/Subj/Inf	11.	Era provável que alguém _____ a verdade. (descobrir)
Ind/Subj/Inf	12.	Meu irmão _____ que eu fizesse o trabalho por ele. (querer)
Ind/Subj/Inf	13.	Elas ficarão aqui até tudo _____ pronto. (estar)
Ind/Subj/Inf	14.	Desde que ele _____ do interior, somente tem nos dado dor de cabeça. (vir)
Ind/Subj/Inf	15.	É verdade que o fazendeiro _____ de cachaça. (gostar)
Ind/Subj/Inf	16.	Eu exijo que meus colegas _____ atenção ao que eu digo. (prestar)
Ind/Subj/Inf	17.	Eles iriam a Campinas mesmo que o tempo _____ ruim. (estar)
Ind/Subj/Inf	18.	Talvez eles _____ com Anita amanhã. (almoçar)
Ind/Subj/Inf	19.	Ele duvida que eu _____ trombone. (tocar)
Ind/Subj/Inf	20.	Se você tivesse me avisado, eu não _____ a conta. (pagar)

E.   Escreva em português usando o <u>infinito pessoal</u>:

1. Here's a good question for you two to answer.
2. It is better that they do the shopping right now.
3. Don't take those pills without eating something first.
4. Your coughing all night really worries me.
5. On entering the emergency room, I saw blood everywhere.

Lição 29

Mônica: Paulo, como é que você pode demorar tanto para se arrumar? Você sabe que eu odeio ficar esperando.

Paulo: Não chateie, meu anjo. Hoje é sábado e não tenho nenhuma vontade de me apressar.

Mônica: Você sempre demora de manhã, meu bem. Eu me visto, me penteio e tomo o café no tempo que você leva para tomar banho.

Paulo: É, mas você tem que lembrar que eu me barbeio no chuveiro. E, afinal de contas, eu nunca chego atrasado no serviço. Então, qual é o problema?

Mônica: Não há problema, meu bem. É só que me irrito quando tenho que esperar. Você tem razão. É sábado e podemos relaxar.

Paulo: Isso! Só falta escovar os dentes e estarei pronto. Então podemos sair.

Mônica: Que dia maravilhoso! Acho que vai dar para a gente se bronzear bastante enquanto jogamos vôlei com a turma na praia.

Paulo: Espero que sim. O tempo sempre voa quando estamos jogando e por isso vamos ter que cuidar para não nos queimar demais.

PARA APRENDER

A. Irregular verb conjugations:

1. Verbs which end in -ear must change the e to ei in the present indicative and present subjunctive tenses before adding the endings. Note that this irregularity does not appear in the first person plural. In all other tenses these verbs are regular.

	Present Indicative	Present Subjunctive
recear	rec<u>ei</u>o	rec<u>ei</u>e
	rec<u>ei</u>a	rec<u>ei</u>e
	rec<u>e</u>amos	rec<u>e</u>emos
	rec<u>ei</u>am	rec<u>ei</u>em

Odiar is conjugated like -ear verbs. Note, however, the spelling of the first person plural:

Present Indicative	Present Subjunctive
od<u>ei</u>o	od<u>ei</u>e
od<u>ei</u>a	od<u>ei</u>e
od<u>i</u>amos	od<u>i</u>emos
od<u>ei</u>am	od<u>ei</u>em

2. Most verbs ending in -<u>uir</u> are irregular only in the <u>third person</u> singular of the present tense:

    ele conclu<u>i</u>   ela diminu<u>i</u>   você influ<u>i</u>

Two of these verbs, <u>construir</u> and <u>destruir</u> are irregular in both third person singular and plural of the <u>present tense</u>:

    ele destr<u>ói</u>   vocês constr<u>oem</u>

In the <u>preterite tense</u>, the <u>first person singular</u> ending of these verbs must have an acute accent:

    eu contribu<u>í</u>   eu constru<u>í</u>

3. Verbs ending in -<u>zir</u> are only irregular in the <u>third person singular</u> of the present tense:

    ela tradu<u>z</u>   você produ<u>z</u>

B. <u>The former, the latter</u>

In English, when using <u>the former</u> and <u>the latter</u> to refer to nouns, we generally mention <u>the former</u> first:

John and Suzanne are lawyers.
<u>The former</u> (i.e. John) handles corporate cases; <u>the latter</u> (i.e. Suzanne), criminal cases.

In Portuguese, the order is reversed when using these expressions. That is, we refer initially to the last name mentioned, i.e. <u>the latter</u>, and then to the first, i.e. <u>the former</u>. The demonstratives <u>este(s)/esta(s)</u> are used to express <u>the latter</u>; <u>aquele(s)/aquela(s)</u> are used to express <u>the former</u>.

    Li o romance e a peça. <u>Esta</u> eu pude compreender mas <u>aquele</u> me deixou totalmente confuso.

    Convidei os meus primos e suas namoradas. <u>Estas</u> aceitaram o convite e <u>aqueles</u> não.

VOCABULÁRIO

o	aparelho de barbear - electric razor	a	lâmina (de barbear) - razor blade
o	chuveiro - shower	a	maquiagem - make-up
a	cômoda - dresser	a	pasta de dente - toothpaste
o	creme rinse - conditioner	o	pente - comb
	descartável - disposable		perfumado, -a - perfumed
a	escova - brush	o	perfume - perfume
	escova de cabelo - hairbrush	o	sabonete - toilet soap
	escova de dente - toothbrush	o	secador de cabelo - hair dryer
a	gaveta - drawer	a	toalha - towel
a	gilete - razor	a	torneira - faucet
		o	xampu - shampoo

VERBOS

abotoar (abotôo) - to button
barbear-se - to shave
bronzear-se - to tan
calçar - to put on (over feet or hands)
cear - to have supper
chatear - to annoy; bore; tease
concluir - to conclude, end
construir - to build, construct
contribuir - to contribute
despir-se (dispo-me) - to undress
destruir - to destroy
ensaboar (ensabôo) - to soap
enxugar - to dry (with towel)
escovar - to brush

espernear - to kick one's legs
influir - to influence
instruir - to instruct
introduzir - to introduce
irritar - to irritate
molhar - to wet
odiar - to hate
pentear - to comb
perdoar (perdôo) - to pardon, forgive
produzir - to produce
recear - to fear
relaxar - to relax
saborear - to savor, taste
voar (vôo) - to fly

EXPRESSÕES

a todo o pano - hurriedly
às pressas - in a hurry
em dois tempos - hastily

afinal de contas - after all
com ____ minutos de atraso - ____ minutes late

EXERCÍCIOS

A. Mude os sujeitos e os verbos do singular para o plural, ou vice-versa, fazendo todas as modificações necessárias:

1. Receio não poder levantar-me cedo.
2. Não nos penteamos com cuidado.

3. Nós não perdoamos a falta de respeito.
4. Nós nos bronzeamos com facilidade.
5. Eu saboreio as goiabas e as mangas.

B. Escreva as seguintes orações no <u>subjuntivo</u>, de acordo com o modelo:

Ele se barbeia toda manhã. (É necessário)
<u>É necessário que</u> ele se barbeie toda manhã.

1. Eles se odeiam uns aos outros. (É pena)
2. Anita não perdoa a traição da amiga. (É lamentável)
3. Nós chateamos meu irmão e seus amigos. (Não é verdade)
4. O avião voa baixo sobre a cidade. (É perigoso)
5. Eu não me bronzeio rápido demais. (É bom)

C. Reescreva as orações do exercício anterior no imperfeito e depois reescreva as suas respostas no passado, de acordo com o modelo:

Ele se barbeia toda manhã.
    Ele <u>se barbeava</u> toda manhã.
    <u>Era necessário que</u> ele <u>se barbeasse</u> toda manhã.

D. Reescreva as orações, colocando o primeiro verbo no imperfeito e fazendo todas as modificações necessárias:

1. Querem que cheguemos antes das 8:00.
2. Duvido que isso influa na minha decisão.
3. Insistimos que eles contribuam para as despesas da casa.
4. É pena que ele não se dê conta das suas obrigações.
5. O que posso fazer para que ela me perdoe?

E. Complete as seguintes sentenças:

1. Ao me levantar, _____.
2. Eu me chateio facilmente quando _____.
3. Nunca vou perdoar que você _____.
4. A coisa que mais me irrita é _____.
5. Quando quero relaxar, _____.

Componente Cultural: O meio-ambiente

Ao longo da década de oitenta, a opinião pública brasileira foi ficando cada vez mais consciente da importância da preservação do meio-ambiente. Numerosos casos alarmantes como, por exemplo, as queimadas da selva amazônica, receberam bastante destaque na imprensa. Como resultado, o público ficou convencido de que os ambientalistas tinham razão de condenar a destruição das nossas riquezas naturais e de enfatizar a relação existente entre um meio-ambiente saudável e o bem-estar geral da população. A geração mais jovem, principalmente, tem tomado uma atitude bastante ativa contra a poluição das nossas cidades e a favor da proteção das riquíssimas flora e fauna do Brasil.

a/o ambientalista - environmentalist
ao longo - along
o bem-estar - well-being
consciente - aware
a década de oitenta - the eighties
o destaque - prominence

a geração - generation
a imprensa - the press
o meio-ambiente - environment
a queimada - burning-over
a riqueza - wealth
riquíssimas - extremely rich or diverse
a selva - rain forest; jungle

Lição 30

Dona Marta: Pedro, meu filho, por favor diminua a marcha. Você sabe muito bem que o limite de velocidade nas estradas é 80 quilômetros por hora. Você está indo a mais de cem!

Pedro: Ora, mamãe, assim a senhora destrói os meus sonhos de ser piloto de corridas.

Dona Marta: Pedro Jorge, eu estou falando sério! Respeite minha vontade!

Pedro: Desculpe, mamãe! Foi sem querer. Que tal esta velocidade agora?

Dona Marta: Muito melhor. Basta você dirigir assim devagar, e chegaremos todos sãos e salvos em Goiânia.

Pedro: É, mas se eu não ultrapassar esses caminhões, é impossível chegarmos lá antes das seis.

Dona Marta: Como? Mas nós temos que estar em Goiânia no mais tardar às quatro!

Pedro: Então, posso acelerar?

Dona Marta: Pode, mas só um pouquinho, ouviu?

PARA APRENDER

A. Interrogatives O que, Que and Qual:

1. O que is an interrogative pronoun, and therefore is not followed by a noun:

   | O que é aquilo? | What is that? |
   | O que foi que ela disse? | What did she say? |

2. Que is an interrogative adjective, and is followed by a noun:

   | Que dia é hoje? | What day is today? |
   | Que sonhos pode ter um menino de rua? | What dreams can a street kid have? |

3. Qual is an interrogative pronoun which implies choice or selection. If the choice is explicitly stated, Qual will be followed by the preposition de. When the choice is implicit, Qual will be followed directly by a verb; when this verb is ser, it is frequently omitted:

Qual é a data de hoje?	What is the date today?
Qual dos dois é mais caro?	Which of the two is more expensive?
Quais as vantagens dessa proposta?	What are the advantages of this proposal?
Quais dos alunos vão fazer a viagem?	Which of the students are going to take the trip?

B. Relatives <u>que</u>, <u>quem</u>, <u>onde</u>, <u>cujo</u>:

1. As a relative, <u>que</u> introduces an adjectival clause or follows a preposition governed by the verb of the dependent clause:

    O relógio <u>que</u> eu perdi foi um presente do meu avô.
    The watch I lost was a gift from my grandfather.

    As respostas <u>que</u> você deu não me convenceram.
    The answers <u>that</u> you gave didn't convince me.

    Os princípios em <u>que</u> você crê não são válidos.
    The principles <u>that</u> you believe in are not valid.

2. When <u>quem</u> is a relative, it is always preceded by a preposition:

    Você sabe com <u>quem</u> está falando?
    Do you have any idea <u>who</u> you're talking to?

    O funcionário para <u>quem</u> você tem que telefonar nunca está na repartição.
    The clerk you have to contact is never at work.

3. <u>Onde</u> is also used as a relative, and it may or may not be preceded by a preposition:

    A fazenda <u>onde</u> ele mora fica longe daqui.
    The farm <u>where</u> he lives is far from here.

    O endereço para <u>onde</u> mandei a encomenda estava errado.
    The address <u>where</u> I sent the package was incorrect.

4. The relative adjective <u>cujo</u> introduces a clause which modifies its antecedent. However, <u>cujo</u> must agree in number and gender with the noun that follows it, not with its antecedent.

    A advogada <u>cujo cliente</u> foi preso não conseguiu falar com ele.
    The lawyer <u>whose</u> client was arrested was not able to meet with him.

    Aquele bairro <u>cujas ruas</u> estão tão esburacadas foi abandonado pela prefeitura.
    That neighborhood that has so many potholes in its streets has been ignored by City Hall.

☞ The construction <u>preposition + relative</u> can be substituted by <u>preposition + definite article + qual/quais</u>. The definite article must agree with the antecedent.

Estas são as placas <u>a que</u> vocês devem prestar muita atenção.

Estas são as placas <u>às quais</u> vocês devem prestar muita atenção.

These are the signs you should pay a lot of attention to.

Placas de Regulamentação

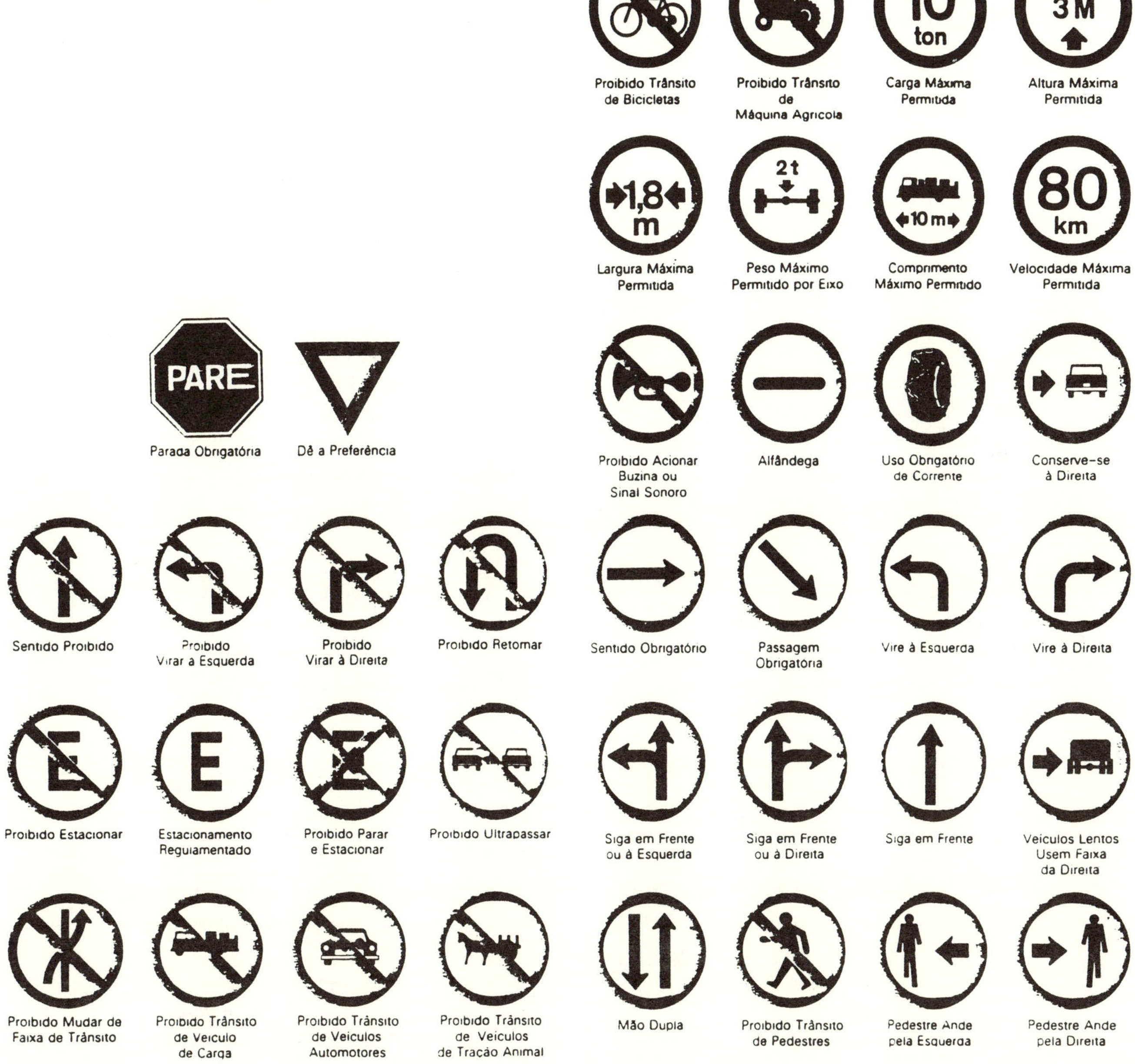

🚲⊘	Proibido Trânsito de Bicicletas
🚜⊘	Proibido Trânsito de Máquina Agrícola
10 ton	Carga Máxima Permitida
3M	Altura Máxima Permitida
1,8 m	Largura Máxima Permitida
2t	Peso Máximo Permitido por Eixo
10m	Comprimento Máximo Permitido
80 km	Velocidade Máxima Permitida
PARE	Parada Obrigatória
▽	Dê a Preferência
📯⊘	Proibido Acionar Buzina ou Sinal Sonoro
⊖	Alfândega
	Uso Obrigatório de Corrente
→🚗	Conserve-se à Direita
↑⊘	Sentido Proibido
↰⊘	Proibido Virar à Esquerda
↱⊘	Proibido Virar à Direita
↩⊘	Proibido Retornar
→	Sentido Obrigatório
↘	Passagem Obrigatória
↰	Vire à Esquerda
↱	Vire à Direita
E⊘	Proibido Estacionar
E	Estacionamento Regulamentado
🚗E⊘	Proibido Parar e Estacionar
🚗⊘	Proibido Ultrapassar
↰↑	Siga em Frente ou à Esquerda
↑↱	Siga em Frente ou à Direita
↑	Siga em Frente
→🚛	Veículos Lentos Usem Faixa da Direita
	Proibido Mudar de Faixa de Trânsito
	Proibido Trânsito de Veículo de Carga
	Proibido Trânsito de Veículos Automotores
	Proibido Trânsito de Veículos de Tração Animal
↑↓	Mão Dupla
	Proibido Trânsito de Pedestres
	Pedestre Ande pela Esquerda
	Pedestre Ande pela Direita

VOCABULÁRIO

o	acelerador - accelerator	o	motor - motor
a	bagagem - luggage	o/a	motorista - driver
o	caminho - road; path, way	o	pára-brisa - windshield
o	caminhão (-ões) - truck		limpador de pára-brisa - windshield wiper
o	capô - hood		
a	carteira - card; billfold; student desk	o	pedágio - toll
	carteira de identidade - ID card	o/a	piloto, -a - pilot
	carteira de motorista - driver's license		piloto de corridas - race car driver
o	farol - headlight	o	pisca-pisca - blinker
o	freio - brake	o	pneu - tire
a	lanterna - flashlight	o	porta-malas - trunk
o	macaco - jack	o	quilômetro - kilometer
a	mão - way, flow of traffic	o	retrovisor - rear view mirror
	contra-mão - wrong way	o	seguro - insurance
	mão única - one way	a	velocidade - velocity, speed
a	marcha - gear		excesso de velocidade - speeding
	marcha a ré - reverse		limite de velocidade - speed limit
		o	velocímetro - speedometer

VERBOS

acelerar - to accelerate
caber (caibo) - to fit
cobrar - to charge
diminuir - to diminish, reduce
frear - to brake
furar - to puncture

guiar - to drive
obedecer (obedeço) - to obey
pisar - to step, step on
rebocar - to tow
respeitar - to respect
ultrapassar - to pass (on highway)

EXPRESSÕES

Como? - What did you say?
Ouviu? - Did you hear what I said?
É capaz de + inf - It's likely to ...
É proibido + inf - Do not ...

Diminua a marcha! - Slow down!
no mais tardar - at the latest
são e salvo - safe and sound
só um pouquinho - just a little bit

EXERCÍCIOS

A. Complete os espaços em branco com a forma correta dos verbos em parênteses:

1. Tenho medo que o Alfredo não _____ (dirigir) tão bem quanto o irmão.
2. Iremos todos juntos contanto que _____ (caber) no carro dele.
3. É preciso _____ (diminuir) a marcha.
4. Ele não quer que você _____ (perder) as chaves do carro dele.
5. Antes de vocês _____ (sair) de viagem, dêem uma olhada nos pneus.
6. Se o Marcelo _____ (frear) não teria batido no carro da frente.

B. Junte as duas sentenças usando os relativos aprendidos.

> O apartamento não é confortável. Vamos morar no apartamento.
> O apartamento onde vamos morar não é confortável.

1. Os documentos são importantes. Encontramos os documentos.
2. O carro é do meu vizinho. Os pneus do carro estão furados.
3. A garage estava fechada. O Pedro tinha deixado o jipe na garage.
4. Os tios são chatos. Ela mora com os tios.
5. Aquela é a mãe-de-santo. O terreiro da mãe-de-santo foi fechado pela polícia.
6. A loja recebe muitos pedidos. Os pedidos vêm do exterior.

C. Responda em português:

1. O que você faz quando seu carro tem um pneu furado?
2. Por que você recebeu uma multa tão alta?
3. Por que um bom motorista deve preocupar-se com a condição da estrada?
4. Por que é necessário pagar pedágio?
5. Para que serve o porta-malas? E o velocímetro?
6. Quando é que se deve diminuir a marcha?

D. Traduza:

1. What is the capital of Brazil?
2. Which language is the most difficult of all?
3. What is the tallest building in the world?
4. What's that? I didn't hear you.
5. Whose luggage is that?
6. What radio station do you listen to on the way to work?

Rodovia Nacional

Rodovia Panamericana

114 5:00pm - 6:00pm

O homem nu

Fernando Sabino

Ao acordar, disse para a mulher:

-Escuta, minha filha:[1] hoje é dia de pagar a prestação da televisão; vem aí o sujeito com a conta, na certa. Mas acontece que ontem não trouxe dinheiro da cidade, estou a nenhum.

-Explique isso ao homem - ponderou a mulher.

-Não gosto dessas coisas. Dá um ar de vigarice[2]; gosto de cumprir rigorosamente as minhas obrigações. Escuta: quando ele vier a gente fica quieto aqui dentro, não faz barulho, para ele pensar que não tem ninguém. Deixa ele bater até cansar - amanhã eu pago.

Pouco depois, tendo despido o pijama, dirigiu-se ao banheiro para tomar um banho, mas a mulher já se trancara[3] lá dentro. Enquanto esperava, resolveu fazer um café. Pôs a água a ferver e abriu a porta de serviço para apanhar o pão. Como estivesse[4] completamente nu, olhou com cautela para um lado e para outro antes de arriscar-se a dar dois passos até o embrulhinho deixado pelo padeiro sobre o mármore do parapeito. Ainda era muito cedo, não poderia aparecer ninguém. Mal seus dedos, porém, tocavam o pão, a porta atrás de si fechou-se com estrondo, impulsionada pelo vento.

Aterrorizado, precipitou-se até a campainha e depois de tocá-la ficou à espera, olhando ansiosamente ao redor. Ouviu lá dentro o ruído da água do chuveiro interromper-se de súbito mas ninguém veio abrir. Na certa a mulher pensava que já era o sujeito da televisão. Bateu com o nó dos dedos.

-Maria! Abre aí, Maria. Sou eu - chamou, em voz baixa.

Quanto mais batia, mais silêncio fazia lá dentro.

Enquanto isso, ouvia lá em baixo a porta do elevador fechar-se, viu o ponteiro subir lentamente os andares . . . Desta vez <u>era</u> o homem da televisão!

Não era. Refugiado no lance de escada entre os andares, esperou que o elevador passasse, e voltou para a porta de seu apartamento, sempre a segurar nas mãos nervosas o embrulho de pão:

-Maria, por favor! Sou eu!

Desta vez não teve tempo de insistir: ouviu passos na escada, lentos, regulares, vindos lá de baixo . . . Tomado de pânico, olhou ao redor, fazendo uma pirueta, e assim despido, embrulho na mão, parecia executar um "ballet" grotesco e mal ensaiado. Os passos na escada se aproximavam, e ele sem onde se esconder. Correu para o elevador, apertou o botão. Foi o tempo de abrir a porta e

---

[1] minha filha - my dear
[2] dá um ar de vigarice - it will look as though we're trying to put one over.
[3] já se trancara - had already locked herself
[4] Como estivesse - Since he was

entrar, e a empregada passava, vagarosa, encetando a subida de mais um lance de escada. Ele respirou aliviado, enxugando o suor da testa com o embrulho do pão. Mas eis que a porta interna do elevador se fechou e ele começou a descer.

-Ah, isso é que não![5] - fez o homem nu, sobressaltado.

E agora? Alguém lá em baixo abriria a porta do elevador e daria com ele ali, em pêlo; podia mesmo ser algum vizinho conhecido . . . Percebeu, desorientado, que estava sendo levado cada vez para mais longe[6] de seu apartamento; começava a viver um verdadeiro pesadelo de Kafka; instaurava-se naquele momento o mais autêntico e desvairado Regime de Terror!

-Isso é que não - repetiu, furioso.

Agarrou-se à porta do elevador e abriu-a com força entre os andares, obrigando-o a parar. Respirou fundo, fechando os olhos para ter a momentânea ilusão de que sonhava. Depois experimentou apertar o botão do seu andar. Lá em baixo continuavam a chamar o elevador. Antes de mais nada: "Emergência: parar." Muito bem. E agora? Iria subir ou descer? Com cautela desligou a parada de emergência, largou a porta, enquanto insistia em fazer o elevador subir. O elevador subiu.

-Maria? Abre esta porta! - gritava, desta vez esmurrando a porta já sem nenhuma cautela. Ouviu que outra porta se abria atrás de si. Voltou-se, acuado, apoiando o traseiro no batente e tentando inutilmente cobrir-se com o embrulho de pão. Era a velha do apartamento vizinho:

-Bom dia, minha senhora! - disse ele, confuso. - Imagine que eu . . .

A velha, estarrecida, atirou os braços para cima, soltou um grito: "Valha-me Deus! O padeiro está nu!" E correu ao telefone para chamar a rádio-patrulha: Tem um homem pelado aqui na porta!

Outros vizinhos, ouvindo a gritaria, vieram ver o que se passava:

-É um tarado!

-Olha, que horror!

-Não olha, não! Já para dentro,[7] minha filha!

Maria, a esposa do infeliz, finalmente abriu a porta para ver o que era. Ele entrou como um rojão[8] e vestiu-se precipitadamente, sem nem se lembrar do banho. Poucos minutos depois, restabelecida a calma lá fora[9], bateram na porta.

-Deve ser a polícia - disse ele, ainda ofegante, indo abrir.

Não era: era o cobrador da televisão.

---

[5] Ah, isso é que não! - Oh, no, not that!

[6] cada vez para mais longe - farther and farther

[7] Já para dentro - Get inside

[8] entrou . . . rojão - he rushed in

[9] restabelecida a calma lá fora - things having calmed down out there

VOCABULÁRIO

acuado, -a - trapped,
agarrar-se a - to seize, grasp
aliviado, -a - relieved
apanhar - to get; pick up
apertar - to tighten; press
apoiar - to support, sustain
apoiar-se em - to lean on
aproximar-se (de) - to come close, draw near
o ar - appearance; air
arriscar-se - to risk, take a chance
aterrorizado, -a - terrified
atirar - to throw; shoot
    atirar os braços para cima - to throw one's arms up
atrás de - behind, in back of
o barulho - noise
o batente - doorpost, jamb
bater - to knock; beat
o botão - button
cansar-se - to become tired, grow tired
o cobrador - bill collector
com cautela - carefully
confuso, -a - confused
cumprir - to fulfill, complete
dar com - to come upon, see
despir (dispo) - to undress
desvairado, -a - crazy, wild
dirigir-se a - to go to
em pêlo - stark naked
o embrulho - package
encetar - to start, begin
enxugar - to dry, wipe
esconder-se - to hide
esmurrar - to beat, pound
estarrecido, -a - appalled, shocked
o estrondo - slam, bang
ferver - to boil
fundo, -a - deep
a gritaria - shouting
o grito - shout

impulsionado, -a - driven, blown
instaurar-se - to be established
interromper - to interrupt
inutilmente - uselessly, in vain
o lance de escada - flight of stairs
largar - to release, let go
lento, -a - slow
mal - scarcely
o mármore - marble
na certa - surely, certainly
o nó do dedo - knuckle
nu, nua - naked, nude
ofegante - panting, out of breath
o padeiro - baker; bakery delivery person
o parapeito - window sill
o passo - step
    dar dois passos - to take a couple of steps
pelado, -a - bare, naked
o pesadelo - nightmare
a pirueta - pirouette
o ponteiro - pointer, hand (of a dial)
a prestação - installment, payment
Que horror! - How horrible!
o ruído - noise
segurar - to hold
o serviço - service
    porta de serviço - service entrance
sobressaltado, -a - startled
soltar - to utter; release, let loose
a subida - ascent
súbito, -a - sudden, unexpected
    de súbito - suddenly
o suor - swear, perspiration
o tarado - degenerate, pervert
trancar-se - to lock oneself in
o traseiro - rear end
vagaroso, -a - slow
Valha-me Deus! - Good Heavens!
verdadeiro, -a - true, real

EXERCÍCIOS

A. Para responder em português:

1. Por que o marido não queria atender a porta?
2. O que o marido começou a preparar uma vez que não pôde entrar no banheiro?
3. Por que o marido despiu o pijama?
4. Como é que ele ficou fora do apartamento e completamente nu?
5. O que o marido ouviu quando ele bateu na porta para chamar sua mulher?
6. O que aconteceu quando ele se escondeu dentro do elevador?
7. Como é que ele fez parar o elevador?
8. Descreva o que aconteceu quando ele bateu de novo na porta do apartamento.
9. O que ele fez logo depois de entrar no apartamento?
10. Afinal quem veio bater na porta?

B. Para ler em voz alta, substituindo o presente pela forma correta do passado dos verbos (imperfeito ou pretérito).

1. Despe o pijama e dirige-se ao banheiro.
2. Põe a água a ferver e vai apanhar o pão lá fora.
3. Ele está completamente despido e olha de um lado para outro antes de sair.
4. Mal seus dedos tocam no pão, fecha-se a porta atrás de si.
5. Chama à porta mas ninguém vem abrir.
6. Quanto mais bate, mais silêncio se faz lá dentro.
7. Mas ele não tem tempo de insistir; é só o tempo de entrar no elevador para se esconder.
8. Sai do elevador, aproxima-se do seu apartamento novamente, e começa a bater na porta e a gritar.
9. A velha do apartamento vizinho olha para ele e vai chamar a polícia.
10. Quando sua mulher abre a porta ele entra precipitadamente e se veste.

C. Para ler em voz alta, empregando a forma correta do verbo:

1. Enquanto a água _____ (ferver), ele resolveu buscar o pão.
2. Depois de _____ (tocar) a campainha, ele ficou à espera.
3. Maria! chamou ele, mas a mulher _____ (julgar) que era o sujeito da televisão.
4. Deixa ele _____ (bater) até cansar.
5. Quando o viu, a velha _____ (soltar) um grito.
6. A mulher pensava que _____ (ser) o sujeito da televisão.
7. Uma vez restabelecida a calma, ele _____ (vestir-se) precipitadamente.
8. A mulher finalmente _____ (abrir) a porta e ele entrou como um rojão.

Glossaries

Abbreviations

adj.	- adjective		L.	- Latin
adv.	- adverb		masc.	- masculine
art.	- article		n.	- noun
colloq.	- colloquial		neg.	- negative
def.	- definite		obj.	- object
def. art.	- definite article		pers.	- person
dem.	- demonstrative		poss.	- possessive
dir.	- direct		prep.	- preposition
F.	- French		pret.	- preterite
fem.	- feminine		pron.	- pronoun
fut.	- future		rel.	- relative
indef.	- indefinite		rel. pron.	- relative pronoun
indir.	- indirect		sing.	- singular
inf.	- infinitive		sub.	- subject
interrog.	- interrogative		subj.	- subjunctive

Portuguese-English

All words from the vocabulary following the grammar sections will be found in this vocabulary.

New words from the vocabulary following the <u>leituras</u>, <u>componentes culturais</u> and <u>contos</u> are not included here unless they are used subsequently.

Idioms are listed under the most important word in the phrase and in most cases cross listings are given.

A

    a (prep.) - to, at
    a, as (fem. def. art.) - the
o abacate - avocado
o abacaxi - pineapple
    abaixo - below, under
    abandonar - to abandon
a abóbora - pumpkin, squash
    aborrecer - to bore, tire
    aborrecer-se - to become annoyed
    abotoar - to button
    abraçar - to hug
o abraço - embrace, hug
    abril - April
    abrir - to open
    absolutamente - absolutely
    acabar - to finish, end, terminate
        acabar de - to have just
a ação - action
o acaso - chance
        por acaso - by chance
    aceitar - to accept
o acelerador - accelerator
    acelerar - to accelerate
    acender - to light, turn on
    acerca de - about, concerning
    achar - to find, think, believe
        acho bom - I think it's a good idea
        acho que não - I don't think so
        acho que sim - I think so
o acidente - accident
    acima - above
    acompanhar - to accompany
    aconselhar a - to advise, warn
    acontecer - to happen, occur
    acordar - to wake up
o acordo - agreement

    acostumar-se - to get used to
        estar acostumado, -a - to be used to
os Açores - The Azores
    acreditar - to believe
o açúcar - sugar
    adeus - goodbye
    adiar - to postpone
    adivinhar - to guess
a administração (de empresas) - business administration
a admiração - admiration
    adoecer - to become ill
    adorar - to like very much
    adormecer - to fall asleep
a advocacia - law, legal profession
o/a advogado, -a - lawyer
o aeroporto - airport
    afinal - after all, at last, finally
        afinal de contas - after all
    afim de que - so that, in order that
    afirmar - to affirm
    aflito, -a - upset, agitated
    afogar-se - to drown
a África - Africa
a agência - agency
a agência de viagens - travel agency
o/a agente de viagens - travel agent
    agora - now
        agora mesmo - right now
        de agora em diante - from now on
    agosto - August
    agradar - to please
    agradável - pleasant, agreeable
a agricultura - agriculture
o/a agrônomo, -a - agronomist
a água - water
    aguardar - to wait for

aguentar - to bear, tolerate
Ai! Ai! - Ouch!
ainda - still, yet; even
    ainda melhor - better yet
    ainda não - not yet
    ainda que (+ subj.) - although
a ajuda - help, assistance
ajudar - to help, assist
a aldeia - village
a alface - lettuce
a alfândega - customs
alegre - happy, joyous
a alegria - happiness, joy
além de - besides; beyond
além disso - besides
a Alemanha - Germany
alemão, alemã - German
o alfaiate - tailor
algo - something
o algodão - cotton
alguém - someone, anyone
algum, -a - some
o alho - garlic
ali - there
almoçar - to eat lunch, have lunch
o almoço - lunch
alto, -a - tall, high
alto (adv.) - loud, loudly
a altura - height
    nessa(s) altura(s) - by then
alugar - to rent
    Aluga-se - For Rent
o aluguel - rent
o/a aluno, -a - student
amanhã - tomorrow
    amanhã de manhã - tomorrow morning
    amanhã de tarde (à tarde) tomorrow afternoon
    amanhã de (à) noite - tomorrow night
amar - to love
amarelo, -a - yellow
o Amazonas - State of Amazonas in northern Brazil; Amazon River
amanzonense - native of the state of Amazonas
amazônico, -a - Amazon, from the Amazon
a ambição - ambition
o ambiente - atmosphere
ambos, -as - both

ameno, -a - pleasant
a América - America
    América do Sul - South America
americano, -a - American
o/a amigo, -a - friend
o amor - love
    É um amor! - How sweet!
amplo, -a - ample
analisar - analyze
andar - to walk, ride, go; be
o andar - floor, story (of a building)
    andar superior - upper floor
    andar térreo - ground (first) floor
o anel - ring
o animal - animal
o aniversário - birthday
o ano - year
    ano bissexto - leap year
    Ano Bom ou Ano Novo - New Year
    ano letivo - school year
    ano passado - last year
    ano que passou - last year
    ano que vem - next year
    Daqui a quantos anos? - How many years from now?
    fazer anos - to have a birthday
    Feliz Ano Novo - Happy New Year
    Quantos anos você tem? - How old are you?
    ter...anos - to be ...years old
    uns...anos - about...years old
a ânsia - anxiety
a ansiedade - anxiousness
ansiosamente - anxiously
ansioso, -a - anxious
a antecedência - antecedence
    com antecedência - in advance, ahead of time
anteontem - the day before yesterday
    anteontem à noite - the night before last
anterior - previous
antes - before, formerly
    antes de + inf. - before _____ing
    antes que (+ subj.) - before
    o quanto antes - as soon as possible
antigo, -a - old, ancient; former
anual - annual
anunciar - to announce
o anúncio - advertisement, announcement

aonde (a + onde) - to where, where
apagar - to turn off, erase
apaixonado, -a - in love
apaixonar-se - to fall in love
aparecer - to appear
o aparelho - apparatus, set
    aparelho de barbear - electric razor
o apartamento - apartment
o apelido - nickname
apenas - only
apesar de - in spite of
apoiar - to support
o apoio - support
apontar - to come through, appear; point
    apontar para - to point at, point out
a aposta - bet
apostar - to bet
apreciar - to appreciate
aprender (a + inf.) - to learn(to)
apresentar a - to present, introduce
apressar-se - to hurry
aprontar-se - to get ready
aprovar - to approve
aproveitar - to benefit, take advantage
aproveitar-se (de) - to take advantage of, exploit
aproximar-se (de) - to come near,
aquele/s/a/as - that
aqui - here
    aqui mesmo - right here
aquilo (pron.) - that (far from speaker and one addressed)
o ar - air
    ar condicionado - air conditioning
a arara - macaw
o arbusto - bush
a areia - sand
o armário - wardrobe
    armário embutido - closet
o/a arquiteto, -a - architect
a arquitetura - achitecture
o arquivo - file
arrancar - to yank, pull out
o arranha-céu - skyscraper
arranjar - to arrange for, get
os arredores - vicinity
o arroz - rice
arrumar - to arrange, fix, straighten up
a arte - art
artificial - artificial

articular - to articulate, form
o artigo - article
a árvore - tree
    árvore de Natal - Christmas tree
a Ásia - Asia
assado, -a - baked, roasted
assaltar - to rob, mug
o/a assaltante - robber, mugger
o assalto - robbery, mugging
a assembléia - assembly, meeting
assim - thus, in that way, so
    assim como - as well as
    assim mesmo - even so
    assim que - as soon as
    assim que possível - as soon as possible
assinar - to sign
assistir a - to attend, watch
o assoalho - floor
a assunto - subject, matter
o ataque - attack, fit
até - until; even
    até a - as far as, to, until
    até agora - so far, up to now
    até amanhã - see you tomorrow
    até logo - so long
    até que - until
    Até que horas? - Until what time?
a atenção - attention
    prestar atenção - to pay attention
atender - to wait on; to answer (door, telephone)
atirar - to throw, hurl; to shoot
a atividade - activity
o/a atleta - athlete
o ator - actor
a atração - attraction
atrás (de) - behind
atrasado, -a - late, behind, delayed; backward
o atraso - delay
    com _ minutos de atraso - _ minutes late
através de - along, through
atravessar - to cross
atribuir - to attribute
a atriz - actress
atropelar - to run over
a aula - class
o aumento - increase

	ausente - absent
o	automóvel - car
	de automóvel - by car
a	ave - bird
a	avenida - avenue
o	avião - airplane
	viajar de avião - to travel by airplane
	ávido, -a - avid
	avisar - to advise, notify; inform; warn
o	aviso - announcement, warning
a	avó - grandmother
o	avô - grandfather
o	azar - bad luck
	ter/estar com azar - to be unlucky
	azedo, -a - sour
a	azeitona - olive
	azul - blue

B

o	bacalhau - codfish
a	bacalhoada - codfish dinner
a	bagagem - baggage
o	baile - dance
o	bairro - neighborhood
	baixo, -a - low, short
o	baixo - lower part
	embaixo de - under
	lá em baixo - down there, downstairs
	mais em baixo - farther down
	mais para baixo - farther down
a	balança - scales
o	balão (-ões) - balloon
a	banana - banana
o	banco - bank
a	banda - band
a	bandeira - banner, flag
o	bandido - "bad guy"
o	banheiro - bathroom
o	banho - bath
	banho de chuveiro - shower
	tomar banho - to go swimming; to take a bath
	tomar banho de mar - to swim in the ocean
o	bar - bar
o	baralho - deck of cards
	barato, -a - cheap

a	barba - beard
	fazer a barba - to shave
	barbear-se - to shave
a	barraca - stand, shack, shed
a	barriga - belly
o	barulho - noise
o	barzinho - bar
a	base - base, basis
	baseado, -a - based
o	basquete - basketball
	bastante - enough; quite
	bastar - to be enough
	Basta! - Enough!
	bastar que (+ subj.) - to be enough that; all one has to do is
a	batalha - battle
a	batata - potato
	batatinhas fritas - potato chips or french fries
	bater - to hit, knock
	bater à máquina - to type
a	batida - blow; collision; alcoholic fruit drink
a	baunilha - vanilla
o	bebê - baby
	beber - to drink
	bege - beige
	beijar - to kiss
o	beijo - kiss
a	beira - edge, shore
	à beira de - at the edge of
	bem - well, very, quite
	bem passado - well-done (meat)
	meu bem - my dear
	Ora bem - Well now
a	biblioteca - library
o	bicho - creature, animal
a	bicicleta - bicycle
o	bife - beefsteak
o	bigode - moustache
a	bilheteria - box office
a	blusa - blouse
a	boate - night club
a	bobagem - nonsense
	Deixe de bobagem! - Don't be silly!
o/a	bobo, -a - fool
a	boca - mouth
o	bocado - bit, small piece
	um bocado - a little; quite, somewhat
	um bocado de - a lot of

a	bola - ball	o	caderno - notebook
o	bolo - cake	o	café - coffee
a	bolsa - purse		café da manhã - breakfast
	bolsa de estudos - scholarship		cair - to fall
	bom, boa - good		deixar cair - to drop
	bom dia - good morning	a	caixa - box
	boa tarde - good afternoon		Caixa Postal - Post Office Box
	boa noite - good evening/night	o	caju - cashew
	Que bom! - Great!		a(s)calça(s) - pants, trousers
a	bondade - kindness	a	calçada - sidewalk
	ter a bondade de - please	o	calcanhar - heel
o/a	boneco, -a - doll,	o	calção - swimming trunks
	bonito, -a - good-looking, handsome, pretty; nice		calçar - to put on (over feet or hands)
			a(s)calcinha(s) - women's underwear
a	borracha - rubber	o	caldo - bouillon, broth, soup
	botar - to put, place		caldo verde - potato and kale soup
as	botas - boots		calmo, -a - calm
o	braço - arm	o	calor - heat
	branco, -a - white		fazer calor - to be hot (weather)
o	Brasil - Brazil		ter/estar com calor - to be hot (person)
	brasileiro, -a - Brazilian	a	cama - bed
a	briga - fight, argument		ir para a cama - to go to bed
	brigar - to fight, argue		voltar para a cama - to go back to bed
a	brincadeira - practical joke	a	camada - layer; level; stratum
	brincar - to play; joke, tease	o	camarão - shrimp
o	brinco - earring	o	caminhão (-ões) - truck
	brindar - to toast		caminhar - to walk
o	brinde - toast	o	caminho - road; way
o	brinquedo - toy	a	camisa - shirt
a	brochura - brochure	a	camiseta - T-shirt
	bronzear-se - to tan	a	camisola - nightgown
	buscar - to call for, pick up, get; to seek, search for	a	campainha - doorbell, eletric bell
		o	campo - countryside, field
	ir buscar - to go (and) get	o	Canadá - Canada
			canadense - Canadian
C		o	canal - channel
	CEP (Código de Endereçamento Postal) - Zip Code	a	canção - song
		a	caneta - pen
a	cabeça - head	a	canja - chicken soup with rice
a	cabeceira - head (of a bed, table)		cansado, -a - tired
	mesinha de cabeceira - night table		cantar - to sing
o	cabelo - hair		cantar parabéns - to sing "Happy Birthday"
	caber - to fit, have room for		
o	cabide - clothes hanger	o	canto - corner
a	cachaça - cane liquor	o/a	cantor, +a - singer
o	cachorro - dog	a	capa de chuva - raincoat
o/a	caçula - youngest child in family		capaz - able, capable
	cada - each, every		É capaz de (+ inf.) - It's likely that
	Cadê...? - Where is/are ...?	a	capela - chapel
a	cadeira - chair		capital - capital

347

a	capital - capital city	o	centavo - cent
o	capítulo - chapter; episode		cento e um, etc. - one hundred and one, etc.
o	capô - hood (car)		central - central
a	cara - face	o	centro - downtown
o	cardápio - menu	a	cerâmica - ceramics
	carimbar - to stamp		cerca de - about, approximately
o	carimbo - rubber stamp	a	certeza - certainty, assurance
o	carinho - affection, tenderness		com certeza - for sure, certainly
	carioca - native of Rio de Janeiro		ter/estar com certeza - to be sure
o	carnaval - carnival		certo, -a - certain, sure
a	carne - meat, flesh		de certo - certainly, surely, of course
	caro, -a - dear; expensive		Está certo - OK; That's right
o/a	carpinteiro, -a - carpenter		estar certo, -a - to be right
o	carro - car	a	cerveja - beer
	de carro - by car		cessar - to stop, cease
a	carta - letter; playing card	o	cesto - basket (also: a cesta)
o	cartão (-ões) - card; greeting card		cesto de papéis - wastebasket
	cartão de embarque - boarding pass	o	céu - sky; Heaven
	cartão de Natal - Christmas card	o	chá - tea
	cartão postal - postcard	a	chamada - roll call
o	cartaz - poster, billboard		fazer a chamada - to call the roll
	... está em cartaz - (Name of play) is now showing		chamar - to call; ring
			chamar-se - to be called, to be named
a	carteira - card; billfold; student desk	o	champanha - champagne
	carteira de identidade - ID card	o	chão - floor, ground
	carteira de motorista - driver's license	o	chapéu - hat
o/a	carteiro, -a - mail carrier		chatear - to annoy, bore; tease
a	casa - house		chato, -a - boring; unpleasant
	em casa - at home		Que chato! - How boring; How unpleasant
	voltar para casa - to return home		
o	casaco - coat	a	chave - key
o	casal - couple, married couple, pair	o/a	chefe - boss
o	casamento - wedding		chefiar - to lead, direct
	casar-se com - to get married to	a	chegada - arrival
o	caso - case		chegar - to arrive
	caso (+ subj.) - in case		Chega! - That's enough!
	castanho, -a - brown (hair and eyes)		chegar a (em) casa - to arrive home
o	castelo - castle		chegar a ser - to get to be, become
o	castigo - punishment		cheio, -a - full
o	catálogo telefônico - phone book		cheirar - to smell
a	causa - cause	o	cheiro - smell
	por causa de - because of	o	cheque - check
o	cavalo - horse	o/a	chinês, chinesa - Chinese
	cear - to eat supper	o	chocolate - chocolate
a	cebola - onion	o	chope - tap beer
	cedo - early		chorar - to cry
a	ceia - supper		chover - to rain
	celebrar - to celebrate	o	chuchu - chayote squash
	cem - one hundred	o	churrasco - barbecue
a	cenoura - carrot		

a	chuva - rain		com - with
o/a	cicerone - guide		combinar - to agree on plans; match
a	cidade - city		começar (a + inf.) - to begin
	cidadezinha - small town	o	começo - beginning
os	cílios - eyelashes	a	comemoração - celebration, commemoration
a	cima - top; apex		comemorar - to celebrate, commemorate
	a parte de cima - the top part		comer - to eat
	em cima de - on, on top of	o	comercial - commercial
	mais em cima - further up	o/a	comerciante - businessman, businesswoman
	por cima de - across, over	o	comércio - commerce, business
	cinco - five	a	comida - food, meal; dish
o	cinema - movie theater		comigo - with me
	cinqüenta - fifty		como - how, as
o	cinto - belt		Como? - What did you say?
(a)	cinza - ash; gray		bem como/assim como - as well as
o	cinzeiro - ashtray		E como! - And how!
	cismar - to meditate, ponder, think	a	cômoda - dresser
o	ciúme - jealousy		cômodo, -a - comfortable
	ter/estar com ciúme - to be jealous	o/a	companheiro, -a - friend, companion
	civil - civil		companheiro, -a de quarto - roommate
	claro, -a - clear	a	companhia - company, firm, business
	Claro (está)! - Of course		companhia aérea - airline
	Claro que não! - Of course not		comparar - to compare
	Claro que pode! - Sure you can!		completar - to complete
	Claro que sim! - Of course, Sure		completo, -a - complete
	clássico, -a - classical, classic		complicado, -a - complicated
o/a	cliente - client, patient	a	composição - composition
o	clima - climate	a	compra - purchase
o	clube - club		fazer compras - to go shopping
a	cobra - snake		comprar - to buy
	cobrar - to charge		Compra-se - Wanted to Buy
	cobrir - to cover		compreender - to understand; include, encompass
	coçar - to itch		comprido, -a - long
a	coceira - itch	o	comprimento - length
o	coelho - rabbit	o	comprimido - pill
	coelho da Páscoa - Easter Bunny		comprometer-se - to make a commitment
a	coisa - thing	o	compromisso - appointment, engagement; obligation, pledge
	para tal coisa - for that	o	computador - computer
o/a	coitado, -a - poor thing		comum - common
	colar - to affix, glue		comunicar - to communicate
o	colchão (-ões) - mattress		conceder - to concede, grant
a	coleção - collection	o	concerto - concert
o/a	colega - classmate, colleague		concluir - to conclude
o	colégio - high school		concordar - to agree
a	colher - spoon	a	condição (-ões) - condition
o	colo - lap		conduzir - to conduct
a	colocação - placement, location		
	colocar - to put, place		
	colorido, -a - colored		
a	coluna - column		

349

a	conferência - lecture, conference	o/a	convidado, -a - guest
	confessar - to confess, admit		convidar para/a - to invite
	confortável - comfortable	o	convite - invitation
	confuso, -a - confused	a	copa - family dining area
	congregar-se - to get together, congregate	o	copo - water glass
	conhecer - to know, meet, be acquainted with		copo de papel - paper cup
o	conhecimento - knowledge	a	cor - color
	conosco - with us		De que cor é...? - What color is . . .
	conseguir - to get, manage	o	coração - heart
o	conselho - advice	o	corpo - body
	conseqüentemente - consequently	o	corredor - hall, corridor
	consertar - to fix, repair	o	correio - mail, post office
	considerar - to consider		correr - to run
	consigo - with himself, herself, yourself, themselves, yourselves		correto, -a - correct
			corrigir - to correct
	levar consigo - to take along		cortar - to cut
	consistir em - to consist of	a	coruja - owl
	constar - to contain, be made up of	as	costas - back
	constituir - to constitute		costumar - to be in the habit of
a	construção - construction, building under construction	o	costume - custom
		a	costura - sewing
	construir - to build	a	costureira - seamstress
a	consulta - consultation; doctor's appointment	o	cotovelo - elbow
		a	couve - kale
	consultar - to consult	o	covarde - coward
o	consultório - doctor's office	a	coxa - thigh
a	conta - bill		cozido, -a - cooked, boiled
	dar-se conta de - to be aware of, realize	a	cozinha - kitchen
			cozinhar - to cook
	fazer de conta que - to pretend, make believe that	o	creme rinse - conditioner
			crer - to believe
	contanto que (+ subj.) - provided that		crescer - to grow
	contar - to tell, relate; count	a	criança - child
o	contato - contact		criar - to raise (children or animals)
	contente - glad, happy, pleased	a	criatura - creature; person
	conter - to contain, have	o/a	cronista - chronicler
	continental - continental	o	cruzamento - intersection
o	continente - continent	o	cruzeiro - Brazilian monetary unit
	continuar - to continue	a	cueca - men's underwear
o	conto - short story, story	o	cuidado - care
	contra - against		com cuidado - carefully
	a contra mão - wrong way		Tenha cuidado! - Be careful!
o	contrário - contrary		ter cuidado - to be careful
	ao contrário - on the contrary		cuidadosamente - carefully
	contribuir - to contribute		cuidadoso, -a - careful
	contudo - however		cuidar de - to take care of, care
	convencer - to convince		cujo, -a - whose
a	conversa - conversation	a	culpa - blame
	conversar - to talk, converse		ter culpa - to be to blame
		a	cultura - culture

    cumprimentar - to greet
o/a cunhado, -a - brother-in-law, sister-in-law
    curar - to cure
o curativo - treatment
a curiosidade - curiosity
    curioso, -a - curious
o curso - course
        curso secundário - high school education
        fazer/tomar um curso - to take a course
    curto, -a - short
    custar - to cost
    custear - to fund

D

a dança - dance
    dançar - to dance
    daqui - (de + aqui) - from here
        daqui a pouco - in a little while
        daqui a + (time) - _____ from now
        daqui em diante - from now on
    dar - to give; be enough
        Dá licença - Excuse me
        Dá para (+ inf.) - Would it be possible to …?
        Deu zebra! - Who would have thought that things would have turned out like this!
        Não dá! - It can't be done!
        Não dá tempo - There's not enough time
        Não deu em nada - Nothing came of it
        dar carona - to give a ride
        dar certo - to turn out well
        dar com - to come upon, see
        dar em - to hit, strike
        dar errado - to turn out wrong
        dar para - to face; have a talent for; have taken to
        dar um jeito - to find a way; bend the rules
        dar um passeio - to go for a walk/stroll/ride
        dar uma mãozinha - to lend a hand
        dar uma olhada - to take a look
        dar-se bem com - to get along with
        dar-se conta de - to realize, be aware of

a data - date
o/a datilógrafo, -a - typist
    datilografar - to type
    de - of, from
    debaixo de - under
    décimo, -a - tenth
a decisão - decision
    declarar - to declare
    decorar - to memorize
o dedo - finger
o dedo do pé - toe
    definido, -a - definite
    deitado, -a - lying down
    deitar-se - to lie down, to go to bed
    deixar - to leave, abandon; let, allow
        Deixe de bobagem! - Don't be silly!
        Deixe ver - Let's see
        Não deixe de… - Don't fail to…
        deixar cair - to drop
        deixar de - to stop, cease
        deixar um curso - to drop a course
a delícia - delight
        Que delícia! - How wonderful!
    demais - too (adv.); too much, too many
    demorar - to take a long time
o dente - tooth
        dente de siso - wisdom tooth
        dor de dente - toothache
o/a dentista - dentist
    dentro (de) - in, into, inside, within
a dependência de empregada - maid's quarters
    depois - then, afterwards
        depois de/que - after
        depois de + inf. - after _____ing
        depois de amanhã - the day after tomorrow
        logo depois - right afterwards
        pouco depois - shortly afterwards
    depositar - to deposit
o depósito - deposit; depository, bin
    depressa - fast, quickly
o/a deputado, -a - assemblyperson
    derrotar - to defeat
    desapontar - to disappoint
o desastre - disaster
    descansar - to rest
    descartável - disposable
    descer - to descend, go down
    descobrir - to discover

descrever - to describe
desculpar-se - to excuse oneself
    Desculpe! - Oops!, Sorry!
desde - since
desejar - to want, desire
o desejo - wish, desire
desembarcar - disembark, deplane
desenhar - to draw
o desenho - sketch, drawing
    desenho animado - cartoon
desenvolver-se - to develop
o desenvolvimento - development
o desfile - parade
desistir - to desist, give up
desligar - to disconnect, hang up
desmaiar - to faint
desnecessário, -a - unnecessary
despedir-se (de) - to say goodbye to
o despertador - alarm clock
a despesa - expense
despir-se - to undress
destruir - to destroy
o detalhe - detail
o/a deus, deusa - god, goddess
    Deus - God
        Pelo amor de Deus! - For heaven's sake!
        Graças a Deus! - Thank God!
devagar - slow, slowly
dever - must, ought; owe
o(s)dever(es) - homework
devido, -a - proper
    devido a - due to
devolver - to return (something)
dez - ten
dezembro - December
dezenove - nineteen
dezesseis - sixteen
dezessete - seventeen
dezoito - eighteen
o dia - day
    Dia de Ação de Graças - Thanksgiving Day
    Dia da Independência - Independence Day
    Dia do Trabalho - Labor Day
    de dia - by day, in the daytime
    dia sim, dia não - every other day
    mais dia, menos dia - sooner or later
    todos os dias - every day

o dialeto - dialect
diante (de) - in front (of), before
    daí em diante - from then on
a diária - daily rate
diário, -a - daily
o diário - diary
a diarréia - diarrhea
a diferença - difference
diferente - different
difícil - difficult
a dificuldade - difficulty
diligente - diligent, hard-working
diminuir - to reduce, diminish
diminutivo, -a - diminutive
o dinheiro - money
a diplomacia - diplomacy
o/a diplomata - diplomat
a direita - right
o direito - law (area of studies)
direto (adv.) - directly
direto, -a - direct
o/a diretor, -a - director
a diretoria - board of directors
dirigir - to drive
dirigir-se a - to go toward; address
discar - to dial
o disco - record
o disco-laser - compact disc
discordar - disagree
o discurso - speech, discourse
discutir - to discuss; argue
dispor - to have available
disposto, -a - inclined, ready
distribuir - to distribute
o ditado - dictation, saying
diverso, -a - diverse, various
divertir-se (divirto-me) - to have a good time, enjoy oneself
dividir - to divide
divino, -a - divine
a divisão (-ões) - room, division
dizer (digo) - to say, tell
    Eu lhe/te disse! - I told you so!
    diga-me - tell me
    Quem diria! - I never would have thought that!
dobrar - to fold; double; turn
doce - sweet
o doce de leite - soft caramel paste
o documento - document

doente - sick
doer - to hurt, ache
doido, -a - crazy, mad
    estar/ser doido por - to be wild about
    estar doido para - to be dying to
dois, duas - two
o dólar - dollar
o domingo - Sunday
donde = de + onde - from where
o/a dono, -a - owner
a dor - pain, ache; grief
    dor de cabeça - headache
    dor de dente - toothache
    dor de garganta - sore throat
dormir - to sleep
o/a doutor, +a - doctor
doze - twelve
durante - during, for
durar - to last
duro, -a - hard
    estar duro, -a - to be broke
a dúvida - doubt
    sem dúvida - doubtlessly, without a doubt
duvidar - to doubt
duzentos, -as - two hundred

E

e - and
a economia - economy
econômico, -a - economic
o/a economista - economist
a edição - edition
o edifício - building
eis - here is, are
ela/s - she, they; her, them (obj. of prep.)
ele/s - he, they; him, them (obj. of prep.)
o elefante - elephant
elegante - elegant, fine
eleger - to elect
a eleição - election
elétrico, -a - electric
a eletrola - record player
em - in, on
embaixo (de) - down, under
embarcar - to embark
embora (+ subj.) - although
o embrulho - package, bundle
o/a empregado, -a - employee, maid
empregar - to employe, use
o emprego - job
emprestar - to lend
    pedir emprestado - to borrow
o empréstimo - loan
empurrar - to push
encantador, +a - enchanting, charming, delightful
a enchente - flood
a enciclopédia - encyclopedia
encontrar - to meet, find, get
    encontrar-se com - to meet
o endereço - address
enfeitar - to decorate
o/a enfermeiro, -a - nurse
enfim - in short
enganar-se - to be mistaken
o engano - error, mistake
    É engano! - Wrong number!
o engarrafamento - traffic jam
a engenharia - engineering
o/a engenheiro, -a - engineer
engolir - to swallow
engraçado, -a - funny, amusing
engraxar - to shine
enorme - very large, enormous
enquanto - while
    por enquanto - meanwhile
    enquanto isso - meanwhile, in the meantime
ensaboar - to soap
ensaiar - to rehearse
ensinar (a + inf.) - to teach
o ensino - teaching
então - then, afterwards, next
entender (de) - to understand (about)
a entrada - ticket; entrance
entrar (em) - to go in, come in, enter
entre - between; among
entregar - to hand in, give
a entrevista - interview
entusiasmado, -a - enthusiastic
o envelope - envelope
enxergar - to see
enxugar - to dry
o episódio - episode
a época - period, time
o erro - error, mistake
a ervilha - pea

as	escadas - stairs	o	estacionamento - parking lot
	escapar - to escape		estacionar - to park
a	escola - school	a	estadia - stay
	escola de samba - samba school	o	estádio - stadium
	escolar - school, scholastic	o	estado - state
a	escolha - choice	os	Estados Unidos - United States
	escolher - to choose		estadual - state
	esconder - to hide	o	estaleiro - shipyard
a	escova - brush		estar - to be
	escova de cabelo - hairbrush		Está bem - OK; Fine
	escova de dentes - toothbrush		Está certo - OK; Fine
	escovar - to brush		estar de pé - to be standing
	escrever - to write		está na hora - time's up; it's time
	escrever a lápis - to write in pencil		estar para - to be about to
	escrever à máquina - to type		estar sentado, -a - to be sitting, seated
o/a	escritor, +a - writer		este/s/a/as - this
o	escritório - office		estimar - to esteem; rejoice in
a	escuridão - darkness	o	estômago - stomach
	escutar - to listen	a	estrada - highway, road
	esforçar-se - to make an effort, try		estragar - to harm, hurt, ruin, spoil
o	espaço - space		estrangeiro, -a - foreign
a	Espanha - Spain	o/a	estrangeiro, -a - foreigner
	espanhol, +a - Spanish		estranho, -a - strange, odd
o/a	espanhol, +a - Spaniard	a	estréia - premiere
o	esparadrapo - adhesive tape	a	estrela - star
a	especialização - major; specialization	o/a	estudante - student
	especialmente - especially		estudar - to study
	especializar-se em - to major, specialize in	os	estudos - studies
a	espécie - kind, type, species		eterno, -a - eternal
o	espelho - mirror		eu - I
a	espera - waiting, delay, expectation	a	Europa - Europe
	à sua espera - waiting for you		europeu, européia - European
	à espera de - hoping for; waiting for		evitar - to avoid
	esperar - to wait for, hope, expect	o	exame - exam
	Espero que não! - I hope not!		examinar - to examine
	Espero que sim! - I hope so!		exatamente - exactly
	espernear - to kick one's legs		exausto, -a - exhausted
o	espetáculo - show, spectacle	o	exaustor - exhaust fan
o	espinafre - spinach		excelente - excellent
	espirrar - to sneeze		exclamar - to exclaim
o	espirro - sneeze		exemplo - example
	esplêndido, -a - splendid, wonderful		por exemplo - for example
o	esporte - sport	o	exercício - exercise
a	esposa - wife	o	exército - army
	esquecer-se de - to forget		exigir - to demand
a	esquerda - left		existir - to exist
	esquerdo, -a - left	o	êxito - success
a	esquina - corner		ter êxito - to be successful
	esse/s/a/as - that		exótico, -a - exotic
a	estação - season; station		experimentar - to try, experiment

explicar - to explain
a expressão - expression
extenso, -a - exensive
extremamente - extremely

F
a fábrica - factory
fabricado, -a - made, manufactured
a faca - knife
fácil - easy
a faculdade - school, department of a university
a fala - speech, talk
falar - to speak
    falar de - to speak about, give an opinion of
    falar em - to speak or tell about, give news about
a falta - lack
    por falta de - for lack of
faltar - to be lacking, missing
    Só faltava isso! - That's the last straw!
a família - family
    a família toda - the whole family
famoso, -a - famous
fantástico, -a - fantastic
a farmácia - pharmacy
a farofa - manioc flour toasted in butter or olive oil
o farol - headlight
a farra - wild party, binge
a fatia - slice
o fato - fact
    de fato - in fact
o favor - favor
favorito, -a - favorite
a fazenda - farm
fazer - to make, do
    Faça o favor de (+ inf.) - Please
    Faz favor de (+ inf.) - Please
    Não faz mal - It doesn't matter
    Tanto faz - Either is fine
    fazer anos - to have a birthday
    fazer ... anos - to be ... years old
    fazer uma aposta - to place a bet
    fazer a barba - to shave
    fazer bom tempo - to be good weather
    fazer calor/frio - to be hot/cold

    fazer caso de - to pay attention to, show regard for
    fazer a chamada - to call roll
    fazer compras - to go shopping
    fazer <u>comunicações</u> (etc.) - to major in . . .
    fazer um curso - to take a course
    fazer de conta que - make believe, pretend
    fazer dieta/regime - to diet
    fazer as malas - to pack one's bags
    fazer as pazes - to make up
    fazer perguntas - to ask questions
    fazer um pique-nique - to have a picnic
    fazer pouco de - to belittle, make fun of
    fazer reservas - to make reservations
    fazer sucesso - to be a hit
    fazer troça de - to make fun of
    fazer uma vaquinha - to take a collection
    fazer uma viagem - to take a trip
a febre - fever
    ter/estar com febre - to have a fever
fechar - to close
o feijão - black bean
a feijoada - black bean stew
feio, -a - ugly
a felicidade - happiness, joy
felicitar - to congratulate
feliz - happy, content
o feriado - holiday
as férias - vacation
feroz - fierce, ferocious
o ferro - iron
    passar a ferro - to iron, press
ferver - to boil
a festa - party
    Boas Festas - Merry Christmas
    festas juninas - June holidays
festejar - to celebrate
a festividade - festival, festivity
fevereiro - February
ficar - to stay, remain; be
    Fica para <u>depois</u> - Let it go until <u>later</u>
    Fica por isso mesmo! - Let it go at that!
    Não fica bem - This is not proper
    Não ficou nada - nothing was left; there wasn't anything left

	ficar com - to take	a	frente - front part
	ficar por conta - to get very angry		em frente (de) - in front (of)
a	ficha - token	a	freqüência - frequency
a	figa - charm, talisman		com freqüência - frequently
a	fila - line, queue		freqüente - frequently
a	filha - daughter		freqüentemente - frequently
o	filho - son		fresco, -a - cool
	filhinho de papai - spoiled rich kid	o	frio - cold
	os filhos - children		fazer frio - to be cold (weather)
o	filme - movie, film		ter/estar com frio - to be cold (people)
o	fim - end		frio, -a - cold
	ao fim de - after, at the end of		frito, -a - fried
	em fins de - around the end of	a	fronteira - frontier
	fim de semana - weekend		frustrado, -a - frustrated
	por fim - finally	a	fruta - fruit
	final - final		fumar - to smoke
	finalmente - finally		funcionar - to work, function
a	finança - finance	o/a	funcionário, -a - employee, civil servant
	fingir - to pretend	a	fundação - founding, foundation
	fino, -a - delicate, fine		furar - to puncture
a	fita - tape	a	furia - fury
a	flor - flower		furioso, -a - furious
	fofo, -a - soft; cute	o	fusca - VW Beetle
o	fogão (-ões) - kitchen stove	o	futebol - soccer
o	fogo - fire	o	futuro - future
	fogos de artifício - fireworks		
a	fogueira - bonfire		
	folclórico, -a - folklore	G	
o	folheto - pamphlet	o	gabinete - study, office
a	fome - hunger	a	galeria - balcony (theater)
	ficar com fome - to become hungry	a	galinha - chicken
	ter/estar com fome - to be hungry		ganhar - to get, win, earn, receive
	fora (de) - out, outside		garantir - to guarantee
a	forma - form	o	garçom - waiter
	desta forma - thus	a	garçonete - waitress
	formar - to form, make	o	garfo - fork
	formar-se - to graduate	a	garrafa - bottle
o	formulário - form	a	gasolina - gasoline
o	forno - oven		gastar - to spend; use; wear out
	forte - strong; heavy	os	gastos - expenses
a	foto - photo	o	gato - cat
	tirar fotos - to take pictures	a	gaveta - drawer
	fraco, -a - weak	a	geladeira - refrigerator
a	França - France		gemer - to moan, groan
	francamente - frankly	o	genro - son-in-law
o/a	francês, francesa - French	a	gente - people; one, we
a	frase - sentence	a	gentileza - kindness
	frear - to brake	a	geografia - geography
o/a	freguês, freguesa - client, customer		geral - general
o	freio - brake		

geralmente - generally
o/a gerente - manager
o gesso - cast (orthopedic)
a gilete - razor
a ginástica - exercise
o giz - chalk
a goiaba - guava
a goiabada - guava jelly
gordo, -a - fat
a gorjeta - tip, gratuity
gostar de (+ inf.) - to like, enjoy
o gosto - taste
    Não é do meu gosto - It isn't to my liking
gostoso, -a - tasty, delicious
o governo - government
gozado, -a - amusing, funny
a graça - grace, charm, wit; elegance
    achar graça - to find amusing
    graças a - thanks to; due to
a grama - grass
a gramática - grammar
a grana - money (colloq.)
    sem grana - broke
grande - large, great, big
gratificar - to reward
    Gratifica-se - Reward
grátis - free
o grau - degree
o gravador - tape recorder
gravar - to record; engrave
a gravata - necktie
grave - serious
a gravidade - seriousness
a grinalda - wreath
gripado, -a - sick with the flu
a gripe - flu
gritar - to scream, shout, yell
o grito - scream, shout, yell
o grupo - group
o guarda - police officer; security guard
o guardanapo - napkin
a guerra - war
o/a guia - guide
guiar - to drive; guide
o guichê - box office, window

H

o habitante - inhabitant
habitualmente - habitually
haver - to exist, there to be
    O que é que há com você? - What's the matter with you?
herdar - to inherit
a história - history, story
o/a historiador, -a - historian
histórico, -a - historical
hoje - today
    hoje de/pela manhã - this morning
    hoje à/de tarde - this afternoon
    hoje à/de noite - tonight
    hoje em dia - nowadays
    hoje mesmo - just today, only today
o homem - man
a homenagem - homage
a hora - hour
    a hora marcada - appointment
    a que horas? - at what time?, what time?
    a toda hora - constantly
    está na hora - it's time
    horas a fio - hours on end
    já está na hora - time's up
    na hora - on time
    Que horas são? - What time is it?
o horário - schedule
    horário de atendimento - office hours
horrível - horrible
o horror - horror
    Que horror! - How horrible!
hospedar - to lodge, house
o hospital - hospital
o hotel - hotel
humano, -a - human

I

ibérico, -a - Iberian
a ida - departure
    de ida e volta - round-trip
a idade - age
a idéia - idea
o idioma - language
a igreja - church
igual - equal, identical, same
a ilha - island

imaginar - to imagine
    Imagine só! - Just imagine!
imediatamente - immediately
imenso, -a - immense; very much
imitar - to imitate
impaciente - impatient
a importância - importance
importante - important
importar - to matter
    Não importa - Never mind; It doesn't matter
impossível - impossible
o imposto - tax
    imposto de renda - income tax
impressionar - to impress
a impressora - printer
o imprevisto - unexpected
imprimir - to print (mech.)
inchar - to swell
incluir - to include
incomodar - to inconvenience, disturb
incrível - incredible
a independência - independence
independente - independent
a Índia - India
indicar - to indicate, point out, label
indireto, -a - indirect
a indústria - industry
industrializado, -a - industrialized
inevitável - inevitable
infeliz - unhappy
infelizmente - unfortunately
inferior - inferior; lower
a infinidade - infinite number
influir - to influence
a informação - information
informar - to inform
a Inglaterra - England
o/a inglês, inglesa - English
o ingresso - ticket
iniciar - to begin, initiate
o início - beginning, start
insistir (em) - to insist on
o instante - instant
    a todo instante - constantly
o instituto - institute
instruir - to instruct
o instrumento - instrument
integral - integral
    tempo integral - full-time

inteiro, -a - whole
inteligente - intelligent
interessado, -a - interested
interessante - interesting
interessar - to interest
interessar-se (em) - to be interested in
o interesse - interest
    ter interesse em - to be interested in
o interior - inside, interior
interromper - to interrupt
o interurbano - long-distance call
o intervalo - break; intermission
o intestino - intestine
introduzir - to introduce
inúmero, -a - innumerable
inusitado, -a - unaccustomed, unusual
o/a invasor, -a - invader
a inveja - envy
    ter/estar com inveja - to envy
o inverno - winter
ir - to go
    ir buscar - to go and get
    ir-se embora - to go away
    Vamos! - Let's go; Let's …
a irmã - sister
o irmão - brother
    irmãos - brother(s) and sister(s)
isso (pron.) - that (near the person being addressed)
    Isso é!; Isso mesmo! - It certainly is!
    É isso aí! - That's right!
isto (pron.) - this (near the speaker)
o/a italiano, -a - Italian
o itinerário - itinerary, route

J

já - now, already
    já não - no longer
    já que - since
    Já sei! - I know!
    para já - right now
jamais - never
janeiro - January
a janela - window
o jantar - dinner, supper
    jantar - to have dinner, supper
o Japão - Japan
o/a japonês, japonesa - Japanese

o jardim - garden, park
    jardim zoológico - zoo
o jato - jet
o jeito - way, manner, knack
    de qualquer jeito - anyway, at any rate
    dar um jeito - to find a way; bend the rules
    pelo jeito - by the looks of it
a jibóia - boa constrictor
o joelho - knee
  jogar - to play; throw, toss
    jogar fora - to throw away
o jogo - game
o jornal - newspaper
o jornalismo - journalism
o/a jornalista - journalist
  jovem - young
o/a jovem - youth
  julho - July
  junho - June
  juntar - to join, gather, assemble
  junto (adv.)- together, along
  juntos, -as - together

L
  lá - there
    lá em baixo - down there, downstairs
    lá em cima - up there, upstairs
o lábio - lip
o lado - side
    de um lado para outro - from one side to the other
o/a ladrão, ladra - thief
o lago - lake
a lâmina - blade
    lâmina de barbear - razor blade
a lâmpada - lamp, light bulb
  lançar - to release (album etc.)
o lanche - snack
a lanterna - flashlight
o lápis (os lápis) - pencil
a laranja - orange
a lavanderia - laundry; laundromat
  lavar - to wash
  legível - legible
o legume - vegetable
o leite - milk
a leitura - reading

a lembrança - regards, greetings; souvenir
  lembrar-se de - to remember
o lenço - handkerchief
  ler - to read
  letivo, -a - academic, school
a letra - handwriting, words (of a song)
  levantar - to raise, lift
  levantar-se - to rise, get up
  levar - to take, take along, carry, transport; to last
    levar consigo - to take along
    levar para fora - to take outside
    levar pontos - to get stitches
    levar um susto - to have a scare
    Quanto tempo leva? - How long does it take?
  lhe/s (indir. obj. pron.) - to him, her, you, it, you (pl.), them.
a lição - lesson
a licença - permission; approval; leave
    Com licença - Excuse me
    Dá licença - Excuse me
    pedir licença - to excuse onself
a ligação - telephone call
  ligar - to connect, turn on
  limitar - to limit
  limpar - to clean
    limpador de pára-brisa - windshield wiper
  limpo, -a - clean
  lindo, -a - pretty, beautiful, handsome
    lindíssimo - very beautiful
a língua - language, tongue
o liquidificador - blender
  Lisboa - Lisbon
  liso, -a - smooth; broke
a lista - list
    lista telefônica - telephone book
  livre - free, open
o livro - book
o lixo - garbage, trash
  logo - immediately, at once; right away, then; next
    logo antes (de) - right before
    logo depois (de) - right after
    logo depois de (+ inf.) - right after ____ing
    logo que - as soon as
a loja - store, shop

	longe (de) - far (from)
	ao longe - in the distance
	lotado, -a - crowded
a	loteria- - lottery
	louco, -a - crazy, mad
a	loucura - madness
a	louça - china(ware)
	louro, -a - blond
o	lugar - place
	lugar marcado - reserved seat
a	luta - fight, struggle
	lutar - to struggle, fight
as	luvas - gloves
a	luxação - sprain
a	luz - light

M

a	maçã - apple
o	macaco - monkey; jack (auto)
o	macarrão - spaghetti
	machucar - to hurt, injure
a	madeira - wood
a	madrugada - dawn, early morning
	de madrugada - in the early morning hours
	maduro, -a - ripe
a	mãe - mother
	mamãe - mom, mommy
	maio - May
o	maiô - bathing suit
	maior - larger
a	maioria - majority
	mais - more; anymore; any longer
	mais cedo ou mais tarde - sooner or later
	mais ou menos - about; more or less; approximately
	mais um/uma ... - one more ...
	por mais que (+ subj.) - no matter how much
	magro, -a - thin
	mal - ailing, ill; badly; hardly, scarcely
	mal passado - rare (meat)
a	mala - suitcase
	fazer as malas - to pack
	maldoso, -a - malicious

o	mamão - papaya
	mandar - to send, order
a	maneira - manner, way
a	manga - mango
a	manhã - morning
	de manhã - in the morning
	pela manhã - in the morning
	manso, -a - tame
a	manteiga - butter
	manter - to keep, maintain
a	mão (-ãos) - hand
	contra mão - wrong way
	de primeira mão - first hand
	mão única - one way
o	mapa - map
a	maquiagem - make-up
a	máquina - machine
	escrever/bater à máquina - to typewrite
	máquina de escrever - typewriter
	máquina fotográfica - camera
o	mar - ocean
a	maracujá - passion fruit
a	maravilha - marvel
	Que maravilha! - How wonderful!
	maravilhoso, -a - marvelous
a	marca - make, brand
	marcar - to mark, indicate, set
	hora marcada - appointment
	marcar uma hora - to make an appointment
a	marcha - gear; march
	diminuir a marcha - to slow down
	marcha a ré - reverse
	março - March
o	marido - husband
	marrom - brown
	mas - but
a	matemática - math
a	matéria - material; subject, course
	matricular-se em - to register, enroll in
	mau, má - bad
	me (dir. and indir. obj. pron.) - me, to me
os	meados - middle
	em meados de - in the middle of
a	medicina - medicine (study of)
o/a	médico, -a - doctor
o	medo - fear
	ter/estar com medo - to be afraid
as	meias - socks; stockings

meio, -a - half
    a meia-hora - half hour
    a meia-noite - midnight
    o meio-dia - noon
    meio-expediente - part-time
o meio - middle, center; means
a melancia - watermelon
o melão - melon
melhor - better
    melhor ainda - better yet, even better
a melhora - improvement, betterment
melhorar - to improve, better
o membro - member, limb
mencionar - to mention
o/a menino, -a - small boy, girl
menor - smaller
menos - less, except, minus
    ao menos - at least
    pelo menos - at least
    por menos que (+ subj.) - no matter how little
o/a mensageiro, -a - messenger
mensal - monthly
mentir - to lie
a mentira - lie
o menu - menu
o mercado - market
merecer - to deserve
o mês - month
a mesa - table
    pôr a mesa - to set the table
    tirar a mesa - to clear the table
mesmo, -a - same, even
mesmo (adv.) - really; even
    agora mesmo - just now, right now
    É mesmo - that's right, that is so
    Isso mesmo!- Exactly!; That's right!
    mesmo assim - even so, even then
    mesmo que (+ subj.) - even if
o mestre - teacher
a metade - half
meter - to put
o metrô - subway, metro
a metrópole - metropolis
    a Metrópole - Continental Portugal
meu/s - my
mexer - to mix, stir; touch
mexido, -a - scrambled
o México - Mexico
mil - thousand

a milha - mile
o milhão (-ões) - million
milhares - thousands
o milho - corn
o/a milionário, -a - millionaire
militar - military
mim (used after prep.) - me
minha/s - my
o minuto - minute
a mobília - furniture
mobiliado, -a - furnished
o/a mocinho, -a - "good guy", damsel
o/a moço, -a - young man, young girl
o modelo - model, style
moderno, -a - modern
modificar - to modify
o modo - way, manner
    de qualquer modo - anyway, at any rate
a moeda - coin
o molar - molar
molhar - to wet
o momento - moment
    a todo momento - constantly
    no momento - at the moment
o monstro - monster
a montagem - staging
o montão(-ões) - pile, heap
    um montão de - a number of
o monumento - monument
o morango - strawberry
morar - to live, reside
morder - to bite
moreno, -a - dark-complexioned, brunette
morrer - to die
a morte - death
a mosca - fly
mostrar - to show, indicate, point out
o motor - motor
o/a motorista - driver
os móveis - furniture
movimentado, -a - active, full of life
a mudança - change
mudar(de) - to change, move
mudar-se para/de - to move (residence) to/from
muito/a/os/as - much, many
muito (adv.) - very
    por muito que (+ subj.) - no matter how much

a mulher - woman; wife
a multa - fine
multi-cor - multicolored
o mundo - world
    todo mundo - everyone
municipal - municipal, city
o museu - museum
a música - music

N
a nação - nation
nacional - national
nada - nothing, anything
nadar - to swim
o/a namorado, -a - boyfriend, girlfriend
não - no, not
o nariz - nose
a narração - narrative, account
nascer - to be born
o nascimento - birth
o Natal - Christmas
    Feliz Natal - Marry Christmas
a natureza - nature
    por natureza - by nature
o navio - ship
necessário, -a - necessary
negar - to deny
o negócio - matter, business, affair
nem - nor, or
    nem... nem - neither... nor
nenhum, -a - no, none, any
nervoso, -a - nervous
o/a neto, -a - grandson/daughter
ninguém - no one
a noite - night
    à noite - at night
    a noite passada - last night
    de noite - at night
    hoje à noite - tonight
    ontem à noite - last night
    toda a noite - all night
o/a noivo, -a - fiancé, fiancée
o nome - name
nono, -a - ninth
a nora - daughter-in-law
o nordeste - northeast
norte - north
a Noruega - Norway

nós - we; us (obj. of prep.)
nos - us; ourselves
nosso/s/a/as - our
    Nossa! - Good heavens!
a nota - grade, note
notar - to note, notice
as notícias - news
novamente - again, once more
nove - nine
novecentos, -as - nine hundred
novembro - November
noventa - ninety
as novidades - news
novo, -a - new, young
    de novo - again
    novinho, -a em folha - brand new
    O que há de novo? - What's new!
nu, +a - naked
o número - number
nunca - never
a nuvem - cloud

O
o/os (masc. def. art.) - the
obedecer - to obey
o objetivo, -a - objective
o objeto - object
a obra - work
    obra de arte -work of art
a obrigação - obligation
obrigado, -a - thank you; obliged
observar - to observe, watch, notice
o obstáculo - obstacle
obter - to obtain, get
a obturação - filling
obturar - to fill a tooth
a ocasião (-ões) - chance, occasion
    ter ocasião de - to have a chance,
    opportunity to
ocidental - western
ocupado, -a - busy
odiar - to hate
ofender - to offend
oferecer (ofereço) - to offer
    Oferece-se - Situation Wanted
a oferta - offer
oficial - official
a oficina - repair shop, garage

oitavo, -a - eighth
oitenta - eighty
oito - eight
oitocentos, -as - eight hundred
o olhar - look, glance
olhar para - to look, look at
o olho - eye
o ombro - shoulder
a onça - wildcat, puma
onde - where
o ônibus (os ônibus) - bus
ontem - yesterday
ontem de/pela manhã - yesterday morning
ontem à/de tarde - yesterday afternoon
ontem à/de noite - last night
onze - eleven
a ópera - opera
o/a operário, -a - worker, laborer
a opinião - opinion
a oportunidade - opportunity
ora - now
Ora bem - Well, now
Ora essa! - Why!; What do you mean!
o orçamento - budget
a orelha - (outer) ear
o orelhão - outdoor public telephone
organizar - to organize
a ortografia - spelling
ótimo, -a - excellent, wonderful, fine
Que ótimo! - Great!, Wonderful!
ou - or
ou... ou - either... or
ou seja - or; or rather
o ouropel - tinsel
o outono - fall, autumn
outro, -a - other, another
outubro - October
o ouvido - (inner) ear
ouvir - to hear, listen
Ouviu? - did you hear what I said?
ouvir dizer/falar - to hear about
o ovo - egg

P
a paciência - patience
o pacote - package
a padaria - bakery

pagar - to pay
a página - page
o pai - father
pais - parents
papai - daddy
o país - country
a paisagem - landscape
a paixão (-ões) - passion
ter uma paixão por - to be crazy about
a palavra - word
o palco - stage
o paletó - sport jacket
o palmito - heart of palm
as pálpebras - eyelids
o pano - cloth
a todo o pano - hurriedly
o pão (pães) - bread
o papagaio - parrot
o Papai Noel - Santa Claus
o papel - paper; role
fazer o papel - to play the part of
o par - pair
para - to, in order to, for
para que (+ subj.) - in order that, so that
os parabéns - congratulations
Parabéns a você - Happy Birthday to you
a parada - stop
parada de ônibus - bus stop
parada de táxi - taxi stand
o parágrafo - paragraph
parar - to stop
parecer - to seem, appear
a parede - wall
o parente - relative
os parênteses - parentheses
o parque - park
a parte - part
a parte de baixo - the bottom part
a parte de cima - the top part
por toda a parte - everywhere
particular - private
a partida - departure
partir - to leave
o parto - delivery, birthing
a Páscoa - Easter
o coelhinho da Páscoa - Easter Bunny
Feliz Páscoa - Happy Easter
passado, -a - past

o/a	passageiro, -a - passenger		a	pera - pear
a	passagem - passage, fare, ticket			percorrer - to travel through, visit
	passagem de ida e volta - roundtrip ticket			perder - to lose; miss (a train, etc.)
o	passaporte - passport			perdoar - to pardon, forgive
	passar - to spend; pass; show (a movie)			perfeitamente - perfectly
	passar a - to begin to			perfeito, -a - perfect
	passar a ferro - to iron		o	perfume - perfume
	passar em - to pass (a course)			perfumado, -a - perfumed
	passar para - to be raised to		a	pergunta - question
o	pássaro - bird			fazer uma pergunta - to ask a question
	passear - to take a walk, go on an excursion			perguntar a - to ask
	passear de carro - to go for a ride		o	perigo - danger
o	passeio - walk, stroll, excursion			perigoso, -a - dangerous
	dar um passeio - to go for a walk			permitir - to permit, allow
o	passo - step		a	perna - leg
a	pasta - paste; briefcase			perseguir - to pursue, hunt
	pasta de dentes - toothpaste			perto (de) - near, close to
	patriótico, -a - patriotic			pertinho (de) - very close to
	patrocinar - sponsor		o	peru - turkey
a	paz - peace		o	pesadelo - nightmare
o	pé - foot			pesar - to weigh
	a pé - on foot		a	pesca - fishing
	de pé - standing		o	pescoço - neck
a	peça - play, drama; part; piece		a	pesquisa - research
o	pedaço - piece			pesquisar - to research
	um pedaço de - a piece of			péssimo, -a - horrible, awful
o	pedágio - toll		a	pessoa - person
o/a	pediatra - pediatrician			pessoal - personal
o	pedido - order, request			pessoalmente - personally
	pedir - to ask for, request		as	pestanas - eyelashes
	pedir desculpas - to apologize		a	piada - joke
	pedir emprestado - to borrow		o	piano - piano
	pedir licença - to excuse oneself			tocar piano - to play piano
	pegar - to pick up; get; catch			picante - hot, spicy
o	peito - chest		o	picles - pickle
o	peixe - fish		o	pijama - pyjamas
a	pena - sorrow, trouble, pity; feather		o/a	piloto, -a - pilot
	Que pena! - What a pity!			piloto de corridas - race car driver
	ter/estar com pena - to pity, feel sorry for		a	pílula - pill
	valer a pena - to be worthwhile		a	pimenta - pepper
a	Península Ibérica - Iberian Peninsula		o	pinheiro - pine tree; Christmas tree
	pensar - to think			pintar - to paint, polish
	pensar em - to think about		a	pintura - painting
o	pente - comb			pior - worse
	pentear - to comb		o	pique-nique - picnic
o	pepino - cucumber			fazer um pique-nique - to have a picnic
	pequeno, -a - small, little		o	pires (os pires) - saucer
				pisar - to step on
			o	pisca-pisca - blinker
			a	piscina - swimming pool

	planejar - to plan
	plantar - to plant
a	platéia - audience
	pleno, -a - full
	em pleno <u>verão</u> - at the height of <u>summer</u>
o	pneu - tire
	pobre - poor
	poder - to be able, can
	Pode ser que (+ subj.) - It may be that, perhaps
o	poema - poem
o/a	poeta - poet
	pois - well; since
	Pois é - That's right
	Pois não - Of course; Certainly
	político, -a - political
o	político - politician
a	poltrona - easy chair; orchestra seat
a	poluição - pollution
o	ponto - point, dot, period; site; stitch
	no ponto - medium (meat)
	ponto de ônibus/táxi - bus stop; taxi stand
	levar pontos - to get stitches
a	população - population
	popular - popular
	por - by, for, through
	por aqui - around here
	por acaso - by chance
	por favor - please
	por fim - finally
	por enquanto - for now
	por exemplo - for example
	por isso - that's why, for that reason, therefore
	por mais/muito que (+ subj.) - no matter how much
	por menos/pouco que (+ subj.) - no matter how little
	pôr - to put, place
	pôr a mesa - to set the table
	pôr no correio - to mail
	o pôr-do-sol - sunset
o	porão (-ões) - basement
a	porção - portion
	uma porção de - a number of
o	porco - pig
	porém - however
	por que - why

	porque - because
a	porta - door
o	porta-malas - trunk (of a car)
o	portão - gate
	portão de embarque - departure gate
	portão de desembarque - arrival gate
	portátil - portable
	Portugal - Portugal
o	português - Portuguese
o/a	português, portuguesa - Portuguese
a	pós-graduação - graduate studies
a	possessão - possession
a	possibilidade - possibility
	possível - possible
o	posto de gasolina - gas station
	pouco (adv.) - little
	daí a pouco - a short while later
	por pouco que (+ subj.) - no matter how little
	pouco antes (de) - a little before
	pouco depois (de) - a little after
	pouco a pouco - little by little
	só um pouquinho - just a litttle bit
	um pouco de (+ noun) - a little
	pouco, -a - little
	poupar - to save
o	povo - people
a	praça - town square
a	praia - beach
	praticar - to practice
o	prato - plate, dish
o	prazer - pleasure, delight
	Muito prazer - Pleased to meet you
o	prazo - term, given period of time
	prazo final - deadline
	precisar (de + n.) - to need
	Precisa-se - Help Wanted
	preciso, -a - necessary
o	preço - price
	preencher - to fill out, fill in
	preferir - to prefer
a	preguiça - laziness; sloth
	ter/estar com preguiça - to be/feel lazy
	preguiçoso, -a - lazy
o	prêmio - prize
	prender - to arrest
	preocupar-se com - to worry about
a	preparação - preparation
	preparar - to prepare
a	presença - presence

	presente - present; Here!
o	presente - present, gift
o	presépio - manger; manger scene
o/a	presidente - president
a	pressa - hurry
	às pressas - in a hurry
	ter/estar com pressa - to be in a hurry
	prestar - to render, give
	prestar atenção - to pay attention
	prestar homenagem - to honor, pay homage
	Isso não presta! - That's not good!
o	presunto - ham
	pretender - to intend
	preto, -a - black
	primário, -a - primary
a	primavera - spring
	primeiro, -a - first
	primeiro (adv.) - first
o/a	primo, -a - cousin
	principal - principal, main
o	princípio - beginning
	em princípios de - around the beginning of
o	problema - problem
	procurar - to look for
	Procura-se - Wanted
o	produto - product
	produzir - to produce
o/a	professor, -a - teacher
a	profissão (-ões) - profession
o	programa - program
	proibir - forbid
	É proibido ... - Do not ...
a	promessa - promise
	prometer - to promise
	pronto, -a - ready
	Pronto Socorro - emergency hospital
a	pronúncia - pronunciation
	pronunciar - to pronounce
	próprio, -a - own
	próspero, -a - prosperous
	Próspero Ano Novo - Happy New Year
a	prova - test, exam
	provar - to prove; try, taste; try on
	provável - probable
	provavelmente - probably
a	província - province
a	provinha - quiz, test

	próximo, -a - next
o/a	psicólogo, -a - psychologist
	público, -a - public
o	pudim - custard
o	pulmão (-ões) - lung
	pular - to jump, leap
o	pulo - jump, leap
o	pulso - wrist
	puxar - to pull
	Puxa! - Well! What do you know?
	Puxa vida! - Good grief! My gosh!

Q

a	quadra - block
o	quadro - picture; blackboard
	qual/quais - which, what
	Qual o quê! - No way!
	Quais são as novidades? - What's new?
o	qual - which, that
	qualquer, quaisquer - any whatsoever
	quando - when
	de vez em quando - once in a while
a	quantia - quantity, amount (of money)
	quanto/s/a/as - how much, how many
	quanto a - as for
	quanto mais... mais - the more... the more
	Quanto custa? - How much does it cost?
	Quanto tempo faz? - How long ago?
	quarenta - forty
a	quarta-feira - Wednesday
o	quarto - bedroom; quarter; fourth
	quase - almost
	quatorze - fourteen
	quatro - four
	quatrocentos, -as - four hundred
	que - what, that, which, who
	O que? - What?
	o que - that which
	quebrado, -a - broken; out of order
	quebrar - to break
a	queda - fall
o	queijo - cheese
a	queimadura - burn
	queimar - to burn
	queixar-se de - to complain about
o	queixo - chin

quem - who, whom
    Quem sabe?! - Who knows?!
    Quem diria! - I never would have thought that!
quente - hot
querer - to want, wish
    quer dizer - that is, that means
querido, -a - dear, darling
a questão (-ões) - question
quieto, -a - quiet
o quilograma - kilogram
a quilometragem - mileage
o quilômetro - kilometer (5/8 mile)
a química - chemistry
quinhentos, -as - five hundred
a quinta-feira - Thursday
quinto, -a - fifth
quinze - fifteen

R
o rádio - radio
a radiografia - x-ray
a raiva - anger
    ter/estar com raiva - to be angry
o rapaz - boy
rapidamente - rapidly, quickly
rápido, -a - fast, rapid, quick
a razão (-ões) - reason
    ter/estar com razão - to be right
razoável - reasonable
razoavelmente - reasonably
a reação - reaction
real - royal; real
realmente - really
rebocar - to tow
o recado - message
recear - to fear, be afraid
receber - to receive
o receio - fear
a receita - prescription; recipe
receitar - prescribe
recente - recent
recentemente - recently
rechear - to stuff (a turkey)
o recheio - stuffing
recomendar - to recommend
reconhecer - to recognize
recuperar - to recover, recuperate

a redação - composition
redondo, -a - round
o redor - contour
    ao redor de - about, around
    os arredores - outskirts, surrounding areas
reembolsar - reimburse
a refeição - meal
a referência - reference
refrescar - to refresh
o refrigerador - refrigerator
o refrigerante - soft drink
o regime - schedule; diet; régime
relacionar - to relate
relativamente - relatively
relaxar - to relax
religioso, -a - religious
o relógio - watch, clock
o remédio - medicine, remedy
    Não há outro remédio! - There's no other way!
    Não tem remédio! - It's hopeless!
o/a remetente - sender
renovar - to renew
o repente - burst
    de repente - suddenly
repetir - to repeat
a reserva - reservation
reservar - reserve
o resfriado - cold (illness)
a residência - dormitory, residence
resolver - to decide, resolve
respeitar - to respect
o respeito - respect
    a respeito de - concerning, about
respirar - to breathe
responder - to answer, respond
a resposta - answer
a ressaca - hangover
o restaurante - restaurant
o resto - rest, remainder
    os restos - remains
o resultado - result, outcome
retornar - to return (to a place)
o retrovisor - rear-view mirror
a reunião (-ões) - meeting, reunion
reunir-se - to get together
rever - to see again
a revisão (-ões) - review
a revista - magazine, review

	rico, -a - rich
	ridículo, -a - ridiculous
a	rim - kidney
o	rio - river
a	riqueza - wealth
a	roda - circle; wheel
o	rolo - roll (of film)
o	romance - novel
o/a	romancista - novelist
	rosa - pink
a	rosa - rose
o	rosto - face
o	roteiro - itinerary, route
	roubar - to rob
a	roupa - clothing
	roxo, -a - purple
a	rua - street
o	ruído - noise
	ruim - bad
	ruivo, -a - red-headed
o	rumo - route, path, direction
a	Rússia - Russia
o/a	russo, -a - Russian

S

o	sábado - Saturday
	saber - to know, know how
	Já sei! - I know!
	Quem sabe?! - Who knows!
	Sabe ... - You know ...
	Sei lá! - How should I know!
	sabido, -a - smart, knowledgeable
o	sabonete - toilet soap
o	sabor - taste
	saborear - to savor, taste
a	saia - skirt
	sair (de + n.) - to leave, go out of
	sair com/sair juntos - to go out, date
o	sal - salt
a	sala - room
	sala de aula - classroom
	sala de espera - waiting room
	sala de estar - living room
	sala de jantar - dining room
a	salada - salad
o	salário - salary, wage
	salgado, -a - salty
	saltar - to jump, leap
o	salto - jump, leap
	salvo, -a - safe
o	samba - Brazilian dance of African origin
	sambar - to do the samba
o/a	sambista - samba composer, dancer or singer
as	sandálias - sandals
o	sanduíche - sandwich
	sangrar - to bleed
o	sangue - blood
	santo, -a - holy
o/a	santo, -a - saint
	são, sã - healthy
	são e salvo - safe and sound
o	sapateiro - shoemaker
os	sapatos - shoe
	satisfazer - to satisfy
	satisfeito, -a - satisfied
a	saudade - homesickness, longing
	ter/estar com saudade - to miss
	ter/estar com saudade de casa - to be homesick
a	saúde - health
	se - if, whether; oneself (pron.)
a	seca - drought
a	seção - section; office
	Seção de Passaportes - Passport Office
	secar - to dry
o	secador de cabelo - hair dryer
	seco, -a - dry
a	secretaria - bureau (govt.)
o/a	secretário, -a - secretary
o	século - century
	secundário, -a - secondary
a	sede - thirst
	ter/estar com sede - to be thirsty
	seguido, -a - followed
	em seguida - then, next
	seguinte - next, following
	seguir - to follow; go on
	Siga em frente! - Go straight ahead!
a	segunda-feira - Monday
	segundo - according to
	segundo, -a - second
	segundo grau - high school
	segurar - to hold
	seguro, -a - sure, certain; safe
o	seguro - insurance
	seis - six
	seiscentos, -as - six hundred

o	selo - stamp			simples - simple; mere
a	selva - jungle		o	sinal - traffic signal
	sem - without			sinal aberto - green light
a	semana - week			sinal fechado - red light
	o fim de semana - weekend		a	sinfonia - symphony
	semanal - weekly		a	situação - situation
o	semestre - semester			só - only; alone
	sempre - always			só um pouquinho - just a little bit
	para sempre - forever			não só ... como - not only ... but
	sempre que (+ subj.) - provided that			sob - under
o	senhor - you (formal); gentleman		as	sobrancelhas - eyebrows
a	senhora - you (formal); lady			sobrar - to be left over
o	senso de humor - sense of humor			sobre - on, over, about
	sentado, -a - sitting, seated		a	sobremesa - dessert
	estar sentado, -a to be sitting, seated		o	sobrenome - last name
	sentar-se - to sit down		o	sobretudo - overcoat
a	sentença - sentence		o/a	sobrinho, -a - nephew, niece
o	sentido - sense, meaning			social - social
o	sentimento - feeling		o	socorro - help, aid
	sentir - to be sorry; feel, sense			Socorro! - Help!
	sentir a falta de - to miss			Pronto Socorro - emergency hospital
	Sinto muito! - I'm very sorry!		o	sofá - sofa
	sentir-se - to feel			sofrer - to suffer
o/a	seqüestrador, +a - kidnapper; hijacker		o/a	sogro, -a - father-in-law, mother-in-law
	seqüestrar - to kidnap; hijack		o	sol - sun
	ser - to be		o	soldado - soldier
	Ah, é - Oh really, Oh, did you?			solicitar - to request, apply for
	a não ser que - unless		o	som - sound; stereo system
	ou seja - or; or rather			somente - only
	seja como for - be that as it may			sonhar com - to dream about
	ser reprovado, -a - to fail (a course)		o	sono - sleep
o	serviço - service, work			ter/estar com sono - to be sleepy
	servir - to serve		a	sopa - soup
	servir para - to serve for, be used for			soprar - to blow
a	sessão - showing			sorrir - to smile
	sessenta - seventy		a	sorte - good luck
	sete - seven			ter/estar com sorte - to be lucky
	setecentos, -as - seven hundred			Que sorte! - How lucky!
	setembro - September		o	sorvete - ice cream
	setenta - seventy			sossegar - to calm down
	sétimo, -a - seventh		o	sotaque - accent (in speaking)
	seu/s - his, her, your, its, their			sozinho, -a - alone
a	sexta-feira - Friday			sua/s - his, her, your, its, their
	sexto, -a - sixth			suave - light, gentle
o	show - rock concert; show			subir(a) - to climb up, go up, ascend
	significar - to mean, signify		o	suco - juice
a	sílaba - syllable			suficiente - sufficient, enough
o	silêncio - silence			sugerir - to suggest
	sim - yes		a	sugestão (-ões) - suggestion
	simpático, -a - nice, pleasant		o	sujeito - fellow, guy

    sujo, -a - dirty
o sul - south
o suor - sweat
    superior - upper, superior
o supermercado - supermarket
a superstição - superstition
    superticioso, -a - supersticious
    supor - to suppose
    surpreender - to surprise
    surpreender-se - to be surprised
a surpresa - surprise
o susto - fright
        levar um susto - to have a scare

T

    tal - such, such a
        Que tal...? - What about...?
os talheres - silverware
    talvez - maybe, perhaps
o tamanho - size
    também - too, also; either
        também não - neither
    tanto (adv.) - so much
        Tanto faz - It makes no difference
        tanto quanto - as much as
    tanto/s/a/as - so much, so many
        tanto/a/os/as ... quanto/como - as much/many ... as
    tão - so, as
        tão ... quanto/como - as ... as
o tapete - rug
    tardar - to delay
        no mais tardar - at the latest
    tarde (adv.) - late
a tarde - afternoon
        à/de tarde - in the afternoon
        à tardinha - in the late afternoon/early evening
a tarifa - rate, charge; postage
o tatu - armadillo
a taxa - fee; rate
        taxa de embarque - airport tax
o teatro - theater
a tecla - key (typewriter, piano)
    telefonar - to telephone
o telefone - telephone
o telefonema - telephone call
o/a telefonista - operator

a (tele)novela - TV soap opera, serial
a televisão (-ões) - television
        assistir televisão - to watch television
o televisor - TV set
    temer - to fear
    temperar - to season
a temperatura - temperature
o tempo - weather; time
        fazer um tempo lindo - to be beautiful weather
        Quanto tempo faz? - How long ago?
        Que tempo faz? - What's the weather like?
        a tempo - in time
        em dois tempos - hastily
        mais tempo - longer
a tenacidade - tenacity
    tentar - to try
    ter - to have
        O que é que você tem? - What's the matter with you?
        tem (Brazilian) - there is, there are
        ter...anos - to be...years old
        ter que, ter de(+ inf.) - to have to
        ter azar - to be unlucky
        ter calor - to be hot
        ter certeza - to be sure
        ter ciume(s) - to be jealous
        ter culpa - to be to blame
        ter dor de - to have a ____ache
        ter febre - to have a fever
        ter fome - to be hungry
        ter frio - to be cold
        ter inveja - to be envious
        ter medo - to be afraid
        ter ocasião - to have the chance
        ter pena - to feel sorry for
        ter preguiça - to be/feel lazy
        ter pressa - to be in a hurry
        ter raiva - to be angry
        ter razão - to be right
        ter saudades - to miss
        ter sede - to be thirsty
        ter sono - to be sleepy
        ter sorte - to be lucky
        ter vergonha - to be embarrssed
        ter vontade - to feel like
a terça-feira - Tuesday
    terceiro, -a - third
    terminar - to end, finish, complete

o	termo - term	a	transformação - transformation, change
o	terno - suit		transformar-se - to change (appearance)
a	terra - land; Earth	o	trânsito - transit
o	terraço - terrace		tratar de - to deal with, be about
a	testa - forehead		Trata-se de ... - the subject is
o	teste - quiz		Tratar no local - Inquire at location
	têxtil - textile	a	travessa - platter
a	tia - aunt		trazer - to bring, carry
	tinto, -a - dyed	o	trecho - selection
	vinho tinto - red wine		treinar - to train
o	tio - uncle	o	trem - train
os	tios - aunt(s) and uncle(s)		três - three
	típico, -a - typical		treze - thirteen
o	tipo - type, kind, sort		trezentos, -as - three hundred
	tirar - to remove, take away/off/out		trigésimo, -a - thirtieth
	tirar férias - to take a vacation		trinta - thirty
	tirar uma foto - to take a picture		triste - sad
	tirar a mesa - to clear the table		trocar - to change; to exchange
	tirar o passaporte - to get a passport	o	troco - change
a	toalha - towel; tablecloth	o	trombone - trombone
o	toca-discos - record player		tropical - tropical
o	toca-fitas - tape player		tudo (pron.) - everything, all
	tocar - to play (music; an instrument or		Tudo bem! - Fine!
	record/CD/tape); ring; touch		Tudo legal! - Fine!
	todo,-a,-os,-as - all, every		Tudo velho! - Nothing much!
	por toda a parte - everywhere	o	turismo - tourism
	a família toda - the whole family	o/a	turista - tourist
	todo mundo - everyone		turístico, -a - tourist
	tomar - to take; drink; eat	a	turma - group, class, gang
	tomar banho - to take a bath; swim		
	tomar conta de - to take care of		
	tomar um curso - to take a course		
o	tomate - tomato		**U**
	tornar - to make, render, turn		último, -a - last, latest
	tornar a + inf. - to do...again		ultramarino, -a -overseas
a	torneira - faucet		ultrapassar - to pass (highway)
o	tornozelo - ankle		um, uma (indef. art.) - a, an
a	torradeira - toaster		único, -a - only
a	torta - pie		uns, umas - some
a	tosse - cough	a	unha - fingernail, toenail
	tossir - to cough	a	universidade - university
	totalmente - totally	o/a	universitário, -a - university student
	trabalhar - to work		universitário, - a -university
o	trabalho - homework; paper; written work		urbano, -a - urban
	Dia do Trabalho - Labor Day		urgente - urgent
a	tradição - tradition		usar - to use; wear
	tradicional - traditional	o	uso - use, usage
	traduzir - to translate		útil - useful
o	tráfego - traffic	a	uva - grape
a	traição - betrayal, treason		

V

    vagabundo, -a - third-rate
    valer - to be worth
        valer a pena - to be worthwhile
a variedade - variety
    vários, -as - several, various
a vela - candle; sail
    velho, -a - old
a velinha - birthday candle
a velocidade - velocity
        excesso de velocidade - speeding
        limite de velocidade - speed limit
o velocímetro - speedometer
    vencer - to expire
a venda - sale
        à venda - for sale, on sale
        estar à venda - to be for sale
o/a vendedor, -a - salesperson
    vender - to sell
        Vende-se - For Sale
o ventilador - electric fan
    ver - to see
        Não vejo nada demais nisso - I don't
            see anything wrong with that
        Vamos ver - Let's see
        Veja só! - Look!
o verão (-ões) - summer
a verba - government funds
a verdade - truth
        de verdade - really, in fact
        É verdade! - That's right!
        na verdade - really
    verde - green
a verdura - green vegetable
a vergonha - shame, embarrassment
        ter/estar com vergonha - to be
            embarrassed
    vermelho, -a - red
a véspera - eve, day before
        Véspera do Ano Novo (Ano Bom) -
            New Year's Eve
        Véspera de Natal - Christmas Eve
o vestibular - college entrance exam
o vestido - dress
    vestir - to wear
    vestir-se - to get dressed
a vez - time, turn
        às vezes - sometimes
        cada vez mais - more and more
        cada vez menos - less and less

        de vez em quando - once in a while
        duas vezes - twice
        em vez de - instead of
        mais uma vez - once more, again
        muitas vezes - often, frequently
        outra vez - again, once more
        uma vez - once
    via aérea - air mail
a viagem - trip
        fazer uma viagem - to take a trip
    viajar - to travel
a vida - life
    vigésimo, -a - twentieth
a vila - small town, village
o vinho - wine
        vinho tinto - red wine
    vinte - twenty
o violão (-ões) - guitar
o violino - violin
    vir - to come
a visita - visit; visitor, guest
o/a visitante - visitor
    visitar - to visit
a vista - view; sight
o visto - visa
a vitória - victory
    viver - to live, exist
    vivo, -a - alive
a vizinhança - neighborhood
o/a vizinho, -a - neighbor
    voar - to fly
o vocabulário - vocabulary
    você(s) - you
o vôlei - volleyball
a volta - return; turn
    voltar - to return, come back, go back
        voltar a + inf. - to do...again
        voltar-se para - to turn toward
        voltar para a cama - to go back to bed
        voltar para casa - to return home
o volume - volume
a vontade - will, wish
        Esteja à vontade - Make yourself
            comfortable
        ter/estar com vontade (de) - to feel like
o vôo - flight
    votar - to vote
o voto - vote
a voz - voice
        em voz alta - aloud

X
o xadrez - chess
o xampu - shampoo
a xícara - cup

Z
zangado, -a - angry, mad
zangar-se - to become angry
zero - zero
a zona - zone, region, area
zoológico, -a - zoological

English-Portuguese

A

a, an - um, uma
abandon - abandonar
able - capaz
    to be able - poder; ser capaz
about - a respeito de, sobre; de; cerca de
    to be about - tratar de
    to be about to - estar para
absent - ausente
absolutely - absolutamente
academic - letivo, -a
accelerate - acelerar a
accelerator - acelerador
accept - aceitar
accident - o acidente
accompany - acompanhar
according to - segundo
ache - doer; a dor
action - a ação
active - ativo, -a
activity - a atividade
actor - o ator
actress - a atriz
address - dirigir-se (a); endereçar; o endereço
admit - confessar
advantage - a vantagem
    to take advantage, enjoy - aproveitar
    to take advantage of, exploit - aproveitar-se de
advertisement - o anúncio; o aviso
advice - o conselho
advise - aconselhar(a), avisar
affection - o carinho
affirm - afirmar
affix - colar
afraid - medroso, -a
to be afraid - ter/estar com medo; temer, recear
Africa - a África
after - depois(de)
    right after - logo depois(de)
    after all - afinal de contas
afternoon - a tarde
    in the afternoon - a/de tarde
    in the late afternoon - à tardinha
    this afternoon - hoje à tarde

afterwards - então; depois
    right afterwards - logo depois
again - de novo, outra vez, novamente
against - contra
age - a idade
ago - há/faz + time; atrás
agree - concordar
agreeable - agradável
agreement - o acordo
agriculture - a agricultura
agronomist - o/a agrônomo
air - o ar
    air conditioning - ar condicionado
airline - a companhia aérea
air mail - via aérea
airplane - o avião
    travel by airplane - viajar de avião
airport - o aeroporto
    airport tax - a taxa de embarque
alarm clock - o despertador
all - todo/s/a/s
almost - quase
alone - sozinho, -a
along - ao longo de; através de
    to take along - levar consigo
already - já
also - também
although - embora, ainda que, mesmo que
always - sempre
Amazon (adj.) - amazônico, -a
ambition - a ambição
American - o/a americano, -a
amount - a quantia
ample - amplo, -a
and - e
anger - a raiva
angry - zangado, -a
    to be angry - ter/estar com raiva
    to get angry - zangar-se
    to get very angry - ficar por conta
animal - o animal, o bicho
ankle - o tornozelo
announce - anunciar, avisar
announcement - o anúncio, o aviso
annoy - chatear
annoyed - aborrecideo, -a
    to become annoyed - aborrecer-se

annual - anual
another - outro, -a
answer - atender (door, telephone etc.); responder; a resposta
antecedence - a antecedência
anxiety - a ansiedade
anxiously - ansiosamente
any - nenhum, -a; qualquer
    any longer - não . . .mais; já não
anyone - ninguém; qualquer um/a
anything - nada; qualquer coisa
    anything else - outra coisa, mais nada (neg.)
anyway - de qualquer jeito/modo
anywhere - em qualquer lugar
apparatus - o aparelho
appear - aparecer
apple - a maçã
apply for - solicitar
appointment - a hora marcada
    to make an appointment - marcar uma hora
    doctor's appointment - uma consulta
appreciate - apreciar
approach - aproximar-se (de)
approve - aprovar
approximately - cerca de
April - abril
architect - o/a arquiteto, -a
architecture - a arquitetura
area - a área
argue - discutir
arm - o braço
armadillo - o tatu
armchair - a poltrona
army - o exército
around - ao redor de; em torno de; em volta de; lá por + time
    around here - por aqui
    around the beginning of - em princípios de
    around the end of - em fins de
arrange - arrumar, arranjar
arrest - prender
arrival - a chegada
arrive - chegar
art - a arte
article - o artigo
articulate - articular
artificial - artificial

as - como
    as . . . as - tão . . . quanto
    as for - quanto a
    as much/many . . . as - tanto/a . . . quanto
    as much as - tanto quanto
ash - a cinza
ashtray - o cinzeiro
Asia - a Ásia
ask - (favor) pedir para; (question) perguntar (a)
    to ask a question - fazer uma pergunta
asleep - adormecido, -a
    to fall asleep - adormecer
assembly - a assembléia
assemblyperson - o/a deputado, -a
at - em, a
    at home - em casa
athlete - o/a atleta
attack - o ataque
attend - assistir(a)
attention - a atenção
    to pay attention - fazer caso de, prestar atenção
attraction - a atração
attribute - atribuir
audience - a platéia
August - agosto
aunt - a tia
autumn - o outono
avenue - a avenida
avid - ávido, -a
awful - chato, -a
    How awful! - Que chato!

B
baby - o bebê
back - as costas (n.)
bad - mau/má; ruim
    bad guy - o bandido
badly - mal
baggage - a bagagem
bake - assar
bakery - a padaria
balcony - a galeria (theater)
ball - a bola
balloon - o balão (-ões)
banana - a banana
band - a banda

bank - o banco
banner - a bandeira
bar - o bar; o barzinho
barbecue - o churrasco
base - a base
basement - o porão
basket - o cesto, a cesta
basketball -o basquete
bath - o banho
    to take a bath - tomar banho
bathing suit - o maiô (women); o calção
bathroom - o banheiro
battle - a batalha
be - estar; ser; ficar; andar
    to be...years old - ter...anos
beach - a praia
bean - o feijão
    black bean stew - a feijoada
bear - aguentar
beard - a barba
beautiful - lindo, -a
because - porque
    because of - por causa de
bed - a cama
    to go to bed - deitar-se
bedroom - o quarto (de dormir)
beer - a cerveja
    tap beer - o chope
before - antes(de); diante(de)
    before ____ing - antes de + inf.
begin - começar (a + inf.), iniciar; passar a
beginning - o começo, o início, o princípio
behind - atrás de
beige - bege
believe - achar; acreditar, crer
bell - a campainha; o sino
belly - a barriga
belt - o cinto
benefit - o benefício
besides - além de
best - melhor
bet - apostar; a aposta
    to place a bet - fazer uma aposta
betrayal - a traição
better - melhor
between - entre
bicycle - a bicicleta
big - grande
bill - a conta; a nota (currency)
billboard - o cartaz

billfold - a carteira
bird - o pássaro; a ave
birth - o nascimento
    childbirth - o parto
birthday - o aniversário
    Happy Birthday! - Feliz Aniversário!
    "Happy Birthday to you" - "Parabéns a você"
    to have a birthday - fazer anos
bit - o bocado
bite - morder
black - preto, -a
blackboard - o quadro
blame - a culpa
    to be to blame - ter culpa
bleed - sangrar
blender - o liquidificador
blinker - o pisca-pisca
block - a quadra
blond - louro, -a
blood - o sangue
blouse - a blusa
blow - soprar; a batida
blue - azul
boa constrictor - a jibóia
board - embarcar; a diretoria
    boarding pass - o cartão de embarque
body - o corpo
boil - ferver
bonfire - a fogueira
book - o livro
boots - as botas
bore - aborrecer, chatear
boring - chato, -a
    How boring! - Que chato!
born - nascer
borrow - pedir emprestado
boss - o/a chefe
both - ambos, -as
bottle - a garrafa
bottom - o fundo
    bottom part - a parte de baixo
bouillon - o caldo
box - a caixa
    post office box - a Caixa Postal
box office - a bilheteria; o guichê
boy - o rapaz, menino, moço
boyfriend - o namorado
bracelet - a pulseira
brake - frear; o freio

brand - a marca
Brazil - o Brasil
Brazilian - o/a brasileiro, -a
bread - o pão
break - quebrar
breakfast - o café da manhã
    to have breakfast - tomar o café da manhã
breathe - respirar
bring - trazer
brochure - o folheto
broke - duro, -a, liso, -a, sem grana
broken - quebrado, -a
brother - o irmão
    brother-in-law - o cunhado
brown - marrom; castanho (hair, eyes)
brush - escovar; a escova
budget - o orçamento
building - o edifício, prédio
bureau (govt.) - a secretaria
burn - queimar; a queimadura
bus - o ônibus
bus stop - a parada/o ponto de ônibus
business - o comércio
    business administration - administração de empresas
businessman/woman - o/a comerciante
busy - ocupado, -a
    to be busy - estar ocupado, -a
but - mas
button - abotoar
buy - comprar
    Wanted to Buy - Compra-se
by - por

C
cake - o bolo
call - chamar, telefonar; a chamada, a ligação, o telefonema
    to be called - chamar-se
    to call roll - fazer a chamada
    long-distance call - o interurbano
calm - calmo, -a
    to calm down - sossegar
camera - a máquina fotográfica
can (to be able to) - poder
Canada - o Canadá
Canadian - o/a canadense

candle - a vela
    little candle - a velinha
cane liquor - a cachaça
capable - capaz
capital - o capital
capital city - a capital
car - o carro
    by car - de carro
card - a carta (playing); o cartão
    birthday card - o cartão de aniversário
    Christmas card - o cartão de Natal
    ID card - a carteira de identidade
    deck of cards - o baralho
care - cuidar; o cuidado
    Be careful! - Tenha cuidado!
    to be careful - ter cuidado
carefully - com cuidado, cuidadosamente
carnival - o carnaval
carpenter - o/a carpinteiro, -a
carry - levar
cartoon - o desenho animado
case - o caso
    in case - caso (+ subj.)
cast (orthopedic) - o gesso
castle - o castelo
cause - a causa
celebrate - festejar, celebrar, comemorar
celebration - a celebração, a comemoração
cent - o centavo
century - o século
certain - a certeza; certo, -a, seguro, -a
    to be certain - ter/estar com certeza
certainly - certamente
    It certainly is! - Isso é!; Isso mesmo!
chair - a cadeira
chalk - o giz
champagne - o champanha
chance - a oportunidade, a ocasião
    by chance - por acaso
change - mudar, trocar; a mudança; o troco
channel - o canal
chapter - o capítulo
charge - cobrar
cheap - barato, -a; vagabundo, -a
check - o cheque
cheese - o queijo
chemistry - a química
chess - o xadrez
chest - o peito
chicken - a galinha

child - a criança; o/a filho, -a
childbirth - o parto
chin - o queixo
china(ware) - a louça
Chinese - o/a chinês, chinesa
choice - a escolha
choose - escolher
Christmas - o Natal
    Christmas card - o cartão de Natal
    Christmas tree - a árvore de Natal
    Merry Christmas - Boas Festas, Feliz Natal
church - a igreja
circle - o círculo; a roda
city - a cidade
civil - civil
class - a aula
    in class - na aula
classical - clássico, -a
classified ad - o anúncio
classmate - o/a colega
classroom - a sala de aula
clean - limpar; limpo, -a
clear - claro, -a
    to clear the table - tirar a mesa
climate - o clima
climb - subir
clock - o relógio
    alarm clock - o despertador
close - fechar
    close to - perto de
closet - o armário
clothes - a roupa
clothes hanger - o cabide
cloud - a nuvem
club - o clube
    night club - a boate
coat - o casaco
code - o código
    Zip code - CEP (Código de Endereçamento Postal)
coffee - o café
    to have/drink coffee - tomar café
coin - a moeda
cold - o frio; o resfriado (illness); frio, -a
    to be cold - fazer frio (weather)
    to be cold - ter/estar com frio (person)
collection - a coleção
    to take a collection - fazer uma vaquinha

color - a cor
    What color is...? - De que cor é...?
colored - colorido, -a
column - a coluna
comb - pentear; o pente
come - vir
    to come back - voltar (para)
    to come in - entrar (em)
comfortable - confortável (adv.); cômodo, -a
commemorate - comemorar
commercial - o comercial
commitment - o compromisso
    to make a commitment to - comprometer-se (a)
common - comum
communicate - comunicar
compact disc - o disco-laser
companion - o/a companheiro, -a
company - a companhia
compare - comparar
complain - queixar-se (de)
complete - completar; completo, -a
complicated - complicado, -a
composition - a composição, a redação
comprehend - compreender, entender
computer - o computador
concerning - a respeito de
concert - o concerto
    rock concert - o show
conclude - concluir
condition - a condição
conditioner - o creme rinse
conduct - conduzir
confess - confessar
confused - confuso, -a
congratulate - felicitar
    Congratulations! - Parabéns!
connect - ligar
consequently - conseqüentemente
consist of - consistir(em)
constantly - a toda hora, a todo instante/momento
construct - construir
construction - a construção
consult - consultar
consultation - a consulta
contact - contatar; o contato
contain - conter
continent - o continente
continue - continuar

contrary - o contrário
    on the contrary - ao contrário
contribute - contribuir
conversation - a conversa
converse - conversar
convince - convencer
cooked - cozido, -a
cool - fresco, -a
copy - copiar; imitar
corn - o milho
corner - a esquina
correct - corrigir; correto, -a
correctly - corretamente
cost - o custo
cotton - o algodão
cough - tossir; a tosse
count - contar
country - o país; o campo
countryside - o campo
course - o curso
    to take a course - fazer/tomar um curso
    to drop a course - deixar um curso
    Of course! - Claro!, Claro que sim!, Pois não!
cousin - o/a primo, -a
cover - cobrir
coward - o covarde
craziness - a loucura
crazy - doido, -a, louco, -a
    to be crazy about - estar/ser doido por
creature - o bicho; a criatura
cross - atravessar
crowded - lotado, -a
culture - a cultura
cup - xícara
    paper cup - copo de papel
cure - curar; a cura
curiosity - a curiosidade
curious - curioso, -a
custom - o costume
customer - o freguês, a freguesa
customs - a alfândega
cut - cortar; o corte

D
daily - diário, -a; diariamente
    daily rate - a diária
damsel - a mocinha

dance - dançar; o baile; a dança
danger - o perigo
dangerous - perigoso, -a
dark - escuro, -a
    dark-complexioned - moreno, -a
date - sair(com)/juntos; a data
daughter - a filha
    daughter-in-law - a nora
day - o dia
    all day - todo o dia
    day before yesterday - anteontem
    every day - todos os dias
    every other day - dia sim, dia não
deadline - o prazo final
dear - caro, -a; querido, -a
death - a morte
December - dezembro
decide - resolver, decidir
decision - a decisão
decorate - enfeitar
defeat - derrotar
definite - definido, -a
delay - demorar; o atraso
delicate - delicado, -a
delivery - a entrega; o parto (med.)
demand - exigir
dentist - o/a dentista
depart - partir
department (of a university) - a faculdade
departure - a partida
deny - negar
descend, go down - descer
describe - descrever
deserve - merecer
desire - desejar; o desejo
desist - desistir
desk - a mesa, a escrivaninha; a carteira
destroy - destruir
detail - o detalhe
develop - desenvolver
development - o desenvolvimento
dial - discar
diarrhea - a diarréia
dictation - o ditado
die - morrer
diet - a dieta, o regime; fazer dieta/regime
difference - a diferença
    It doesn't make any difference - Não importa; Tanto faz
different - diferente

difficult - difícil
difficulty - a dificuldade
diligent - diligente
diminish - diminuir
dine - jantar
dining area - a copa
dinner - o jantar
    to have dinner - jantar
diplomacy - a diplomacia
diplomat - o/a diplomata
direct - direto, -a
directly - diretamente
director - o/a diretor, -a
dirty - sujo, -a
disagree - discordar
disappoint - desapontar
disaster - o desastre
disconnect - desligar
discover - descobrir
discuss - discutir
disembark - desembarcar
dish - o prato; a comida
disposable - descartável
distribute - distribuir
disturb - perturbar
divide - dividir
divine - divino, -a
do - fazer
    Do not ... - É proibido (+ inf.)
    It can't be done! - Não dá!
doctor - o/a doutor, +a, médico, -a
document - o documento
dog - o cachorro/a cadela
dollar - o dólar
doll - a boneca
door - a porta
doorbell - a campainha
dormitory - a residência
doubt - duvidar; a dúvida
down - embaixo(de)
downtown - o centro
draw - desenhar
drawer - a gaveta
dream - sonhar; o sonho
dress - vestir-se; o vestido
    to get dressed - vestir-se
dresser - a cômoda
drink - beber, tomar; a bebida
    soft drink - o refrigerante
drive - dirigir; guiar

driver - o/a motorista
drop - deixar cair
    to drop a course - deixar um curso
drought - a seca
drown - afogar-se
dry - enxugar; secar; seco, -a
    hair dryer - o secador de cabelo
due to - devido a; graças a
during - durante

E
each - cada
ear (inner) - o ouvido;
    (outer) - a orelha
early - cedo
earn - ganhar
earring - o brinco
Easter - a Páscoa
    Easter Bunny - o coelhinho da Páscoa
    Happy Easter - Feliz Páscoa
easy - fácil
eat - comer
    to eat breakfast - tomar o café da manhã
    to eat dinner - jantar
    to eat lunch - almoçar
economic - econômico, -a
economist - o/a economista
economy - a economia
edge - a beira
    at the edge of - à beira de
edition - a edição
effort - o esforço
egg - o ovo
eight - oito
eighteen - dezoito
eighth - oitavo, -a
eighty - oitenta
eight hundred - oitocentos, -as
either...or - ou...ou
elbow - o cotovelo
elect - eleger
election - a eleição
electric - elétrico, -a
    electric fan - o ventilador
    electric razor - o aparelho de barbear
elegant - elegante
embark - embarcar
embrace - abraçar; o abraço

employee - o/a empregado, -a
enchanting - encantador, +a
encyclopedia - a enciclopédia
end - acabar, terminar; o fim
    hours on end - horas a fio
engineer - o/a engenheiro, -a
engineering - a engenharia
England - a Inglaterra
English - o/a inglês, inglesa
engrave - gravar
enjoy - divertir-se
enormous - enorme
enough - bastante, suficiente
    to be enough - bastar
    Enough! - Basta!; Chega!
enter - entrar (em)
enthusiasm - o entusiasmo
enthusiastic - entusiasmado, -a
entire - inteiro, -a; todo/a
envelope - o envelope
envy - a inveja; ter/estar com inveja
episode - o capítulo, episódio
equal - igual
escape - escapar
especially - especialmente
establish - estabelecer
esteem - estimar
eternal - eterno, -a
a Europe - a Europa
European - europeu, européia
eve - a vespera
    New Year's Eve - Véspera do Ano Novo
        (Ano Bom)
    Christmas Eve - Véspera de Natal
even - mesmo; até
    even so - assim mesmo, mesmo assim
ever - já
every - cada
everything - tudo
everywhere - por toda a parte
exactly - exatamente
exam - o exame
    college entrance exam - o vestibular
examine - examinar
example - o exemplo
    for example - por exemplo
excellent - excelente
exchange - trocar
exclaim - exclamar

excuse - desculpar-se(de); pedir licença; a desculpa
    Excuse me - Desculpe!; Com licença, Dá licença
exercise - o exercício, a ginástica
exhausted - exausto, -a
exist - existir
expect - esperar
expense - a despesa, o gasto
experience - a experiência
expire - vencer
explain - explicar
exploit - aproveitar-se de, explorar
expression - a expressão
eye - o olho
eyelashes - as pestanas, os cílios
eyelids - as pálpebras

F
face - o rosto, a cara; dar para
fact - o fato
    in fact - de fato, de verdade
factory - a fábrica
fail - ser reprovado, -a
faint - desmaiar
fall - cair; a queda; o outono
    to fall asleep - adormecer
family - a família
famous - famoso, -a
fantastic - fantástico, -a
far - longe
    far from - longe de
farm - a fazenda
fast - depressa; rápido, -a
fat - gordo, -a
father - o pai
    father-in-law - o sogro
faucet - a torneira
favor - o favor
fear - ter/estar com medo; recear, temer; o medo
February - fevereiro
federal - federal
feel - sentir-se
feeling - o sentimento
fellow - o sujeito
ferocious - feroz

fever - a febre
    to have a fever - ter/estar com febre
few - menos; poucos, -as
fiancé, fiancée - o/a noivo, -a
fifteen - quinze
fifth - quinto, -a
fifty - cinqüenta
fight - brigar, lutar; discutir; a briga, a luta; a discussão
file - o arquivo
fill - encher; (a tooth) obturar
filling - a obturação
fill out (a form) - preencher
final - final
finally - finalmente, por fim
finance - a finança
find - achar, encontrar
fine - a multa; bem
finger - o dedo
fingernail - a unha
finish - terminar, acabar
fire - o fogo
    fireworks - fogos de artifício
first - primeiro, -a
fish - o peixe
fishing - a pesca
fit - caber; o ataque
five - cinco
five hundred - quinhentos, -as
fix - consertar
flashlight - a lanterna
flight - o vôo
flood - a enchente
floor - o chão; o assoalho; o andar
flower - a flor
flu - a gripe
fly - voar; a mosca
fold - dobrar
folklore - o folclore; folclórico, -a
followed (by) - seguido, -a (de)
following - seguinte
food - a comida
fool - o/a bobo, -a
foot - o pé
    on foot - a pé
    standing - de pé
for - para; por; durante
forbid - proibir
forehead - a testa
foreign - estrangeiro, -a

foreigner - o/a estrangeiro, -a
forever - para sempre
forget - esquecer-se(de)
forgive - perdoar; desculpar
form - formar; a forma; o formulário
foundation - a fundação
four - quatro
fourteen - quatorze
fourth - quarto, -a
four hundred - quatrocentos, -as
forty - quarenta
France - a França
frankly - francamente
free - livre; grátis
French - o/a francês, francesa
frequent - freqüente
frequently - freqüentemente
french fries - as batatinhas fritas
Friday - a sexta-feira
fried - frito, -a
friend - o/a amigo, -a
fright - o susto
from - de
front - a frente
    in front of - diante (de); em/na frente (de)
frontier - a fronteira
fruit - a fruta
frustrated - frustrado, -a
fun - a diversão, o divertimento
    to have fun - divertir-se
    to make fun of - fazer troça de
function - funcionar; a função
fund - custear
funds (gov't.) - a verba
funny - engraçado, -a; gozado, -a
furious - furioso, -a
furnished - mobiliado, -a
furniture - os móveis; a mobília
fury - a fúria
future - o futuro

G

game - o jogo
garage - a garagem; a oficina
garbage - o lixo
garden - o jardim
gas - a gasolina
    gas station - o posto de gasolina

gate - o portão
    arrival gate - portão de desembarque
    departure gate - portão de embarque
gather - reunir-se
gear - a marcha
    reverse - a marcha a ré
general - o general; geral
generally - geralmente
gentleman - o senhor
geography - a geografia
German - o/a alemão, alemã
Germany - a Alemanha
get - conseguir, obter; buscar; receber; (become) ficar
    to get along with - dar-se bem com
    to get out - sair(de)
    to get a passport - tirar o passaporte
    to get together - reunir-se
    to get up - levantar-se
gift - o presente
girl - a moça, a menina
girlfriend - a namorada
give - dar
glass (tumbler) - o copo
gloves - as luvas
glue - colar; a cola
go - ir
    to go and get - ir buscar
    to go away - sair, partir, ir embora
    to go back home - voltar para casa
    to go down - descer
    to go out - sair (de)
    to go up - subir (a)
    to go with - sair com
god - o deus
    God - Deus
goddess - a deusa
good - bom, boa
    good morning - bom dia
    good afternoon - boa tarde
    good night - boa noite
    goodbye - adeus; tchau
        to say goodbye - despedir-se(de)
    good guy - o mocinho
grade - a nota
graduate - formar-se; o/a formado, -a; de pós-graduação
grammar - a gramática
granddaughter - a neta
grandfather - o avô

grandmother - a avó
grandson - o neto
grant - conceder; a bolsa (noun)
grape - a uva
grass - a grama
gratuity - a gorjeta
gray - cinza
great - grande
    Great! - Que bom/ótimo!
green - verde
greet - cumprimentar
greeting - o cumprimento
greeting card - o cartão
group - o grupo; a turma
grow - crescer
guarantee - garantir
guava - a goiaba
guava jelly - a goiabada
guess - adivinhar
guest - o/a convidado, -a
guitar - o violão
guide - o/a guia, cicerone
guy - o sujeito, o cara

H
habit - o hábito
habitually - habitualmente
hair - o cabelo
    hairbrush - a escova de cabelo
half - meio, -a; a metade
    half hour - a meia hora
hall - o corredor
ham - o presunto
hand - a mão
    to hand in - entregar, dar
    to lend a hand - dar uma mãozinha
handkerchief - o lenço
handwriting - a letra
hangover - a ressaca
happen - acontecer
happiness - a alegria, a felicidade
happy - alegre, contente, feliz
    Happy New Year! - Feliz Ano Novo! (Ano Bom)
    Happy Birthday! - Feliz Aniversário
hard - duro, -a; difícil
harm - estragar

hastily - em dois tempos, às pressas, rapidamente
hat - o chapéu
hate - odiar; o ódio
have - ter, haver
    to have to - ter de/que
    to have a good time - divertir-se
he - ele
head - a cabeça
headlight - o farol
health - a saúde
healthy - são, sã
hear - ouvir
    Did you hear what I said? - Ouviu?
    to hear about - ouvir falar de
heart - o coração
heat - o calor
heaven - o céu
    For heaven's sake! - Pelo amor de Deus!
    Good heavens! - Nossa!
heel - o calcanhar
height - a altura
help - ajudar; a ajuda
    Help! - Socorro!
    Help Wanted - Precisa-se
her - (dir.obj.) - a
    (indir.obj.) - lhe, a ela;
    (poss.adj.) - seu/s, sua/s; dela
here - aqui
    here is, here are - eis
    right here - aqui mesmo
hide - esconder
high school - o colégio; o segundo grau; o curso secundário
highway - a estrada
hijack - seqüestrar
hijacker - o/a seqüestrador, +a
him - (dir.obj.) - o
    (indir.obj.) - lhe, a ele
his - (poss.adj.) - seu/s, sua/s; dele
historian - o/a historiador, -a
historical - histórico, -a
history - a história
hit - bater, dar em; o sucesso
    to be a hit - fazer sucesso
hold - segurar
holiday(s) - o feriado; as festas
    June holidays - as festas juninas

holy - santo, -a
homage - a homenagem
    pay homage to - prestar homenagem
hood - o capô (car)
home - a casa
    at home - em casa
    to return home - voltar para casa
homesickness - a(s) saudade(s) de casa
    to be homesick - ter/estar com saudade(s) de casa
homework - os deveres; o trabalho
hope - esperar
    I hope not! - Espero que não!
    I hope so! - Espero que sim!
hopeless - sem esperança/jeito
    It's hopeless! - Não tem jeito/remédio!
horrible - horrível, péssimo, -a
    How horrible! - Que horror!
horse - o cavalo
hospital - o hospital
    emergency hospital - o Pronto Socorro
hot - quente
    to be hot - ter/estar com calor (person); fazer calor (weather)
hotel - o hotel
hour - a hora
    hours on end - horas a fio
    office hours - o horário de atendimento
house - a casa
how - como
    how many - quantos, -as
    how much - quanto, -a
    How wonderful! - Que maravilha!
however - porém, contudo
hug - abraçar; o abraço
human - humano, -a
hundred - cem
hunger - a fome
    to be hungry - ter/estar com fome
hurl - atirar
hurry - apressar-se; a pressa
    hurriedly - a todo o pano
    in a hurry - às pressas
    to be in a hurry - ter/estar com pressa
hurt - doer; machucar
husband - o marido

I

I - eu
Iberian - ibérico, -a
ice cream - o sorvete
idea - a idéia
identical - igual
if - se
imagine - imaginar
    Just imagine! - Imagine só!
imitate - imitar
immediately - imediatamente, logo
immense - imenso, -a
important - importante
impossible - impossível
impress - impressionar
improve - melhorar
improvement - a melhora
in - em, dentro(de)
inaugurated - inaugurado, -a
inclined - disposto, -a
include - incluir
income - a renda
    income tax - o imposto de renda
inconvenience - incomodar
increase - aumentar; o aumento
incredible - incrível
independence - a independência
    Independence Day - Dia da Independência
independent - independente
India - a Índia
indicate - indicar
industrialized - industrializado, -a
industry - a indústria
inevitable - inevitável
inferior - inferior
infinity - a infinidade
influence - influir; a influência
inform - informar
information - a informação
informative - informativo, -a
inhabitant - o habitante
inherit - herdar
inquire - perguntar, informar-se
    Inquire at location - Tratar no local
inside - dentro(de)
insist - insistir (em); fazer questão (de)
instead of - em vez de
institute - instituir; o instituto
instruct - instruir
instrument - o instrumento

insurance - o seguro
integral - integral
intelligent - inteligente
intend - pretender
interest - o interesse
interested - interessado, -a
    to be interested in - interessar-se (em); ter interesse (em)
interesting - interessante
interior - o interior; interior
intermission - o intervalo
interrupt - interromper
intersection - o cruzamento
interview - a entrevista
intestine - o intestino
into - em; dentro (de)
introduce - apresentar; introduzir
invader - o/a invasor, -a
invitation - o convite
invite - convidar
iron - passar a ferro; o ferro
irritate - irritar
island - a ilha
issue - a questão
it (dir.obj.) - o, a
Italian - o/a italiano, -a
itch - a coceira; coçar(-se) (verbo)
itinerary - o itinerário; o roteiro

J

January - janeiro
jack - o macaco (car)
Japan - o Japão
Japanese - o/a japonês, japonesa
jealousy - o ciúme
job - o emprego, o trabalho
joke - a piada
    practical joke - a brincadeira
journalism - o jornalismo
journalist - o/a jornalista
joy - a alegria
juice - o suco
July - julho
jump - pular, saltar
June - junho
jungle - a selva
just - só; apenas; justo, -a

K

key - a chave; a tecla (typewriter or piano)
kick - espernear; chutar
kidnap - seqüestrar
kidnapper - o/a seqüestrador, +a
kidney - o rim
kilometer - o quilômetro
kind - simpático, -a; bondoso, -a
kindness - a bondade
kiss - beijar; o beijo
kitchen - a cozinha
knee - o joelho
knife - a faca
knock - bater
know - conhecer; saber
    to know how - saber
    to get to know - chegar a conhecer
    How should I know?! - Sei lá!
    I know! - Já sei!
    You know ... - Sabe ...
    Who knows! - Quem sabe!
knowledge - o conhecimento
knowledgeable - sabido, -a

L

label - indicar; a etiqueta
labor - o trabalho; o parto
Labor Day - o Dia do Trabalho
laborer - o/a operário, -a
lack - faltar; a falta
lady - a senhora
lake - o lago
lamp - a lâmpada
land - aterrar; a terra
landscape - a paisagem
language - a língua, o idioma
lap - o colo
large - grande; imenso, -a
larger - maior
largest - o maior
last - último, -a; passado, -a
late - atrasado, -a
lately - recentemente, ultimamente
laundromat - a lavanderia
laundry - a lavanderia (room or business)
law - o direito; a advocacia
    Law School - a Faculdade de Direito
lawyer - o/a advogado, -a

layer - a camada
laziness - a preguiça
lazy - preguiçoso, -a
    to be/feel lazy - ter/estar com preguiça
lead - chefiar
learn - aprender(a + inf.)
least - menos
    at least - ao/pelo menos
leave - sair(de), partir; deixar
lecture - a conferência
left - a esquerda; esquerdo, -a
leg - a perna
legible - legível
lend - emprestar
less - menos
    less and less - cada vez menos
lesson - a lição
let - deixar; permitir
    Let it go at that! - Fica por isso mesmo!
    Let it go until later - Fica para depois
letter - a carta
level - a camada
library - a biblioteca
license - a licença
    driver's license - a carteira da motorista
lie - mentir; a mentira
life - a vida
lift - levantar
light - acender; a luz; leve (adj.) claro, -a
    (adj.)
like - gostar (de); adorar
like (adv.) - como
likely - provável
    It's likely to ... - É capaz de + inf.
limit - limitar; o limite
line - a fila
lip - o lábio
Lisbon - Lisboa
list - a lista
listen - ouvir, escutar
little - pequeno, -a; pouco, -a
    a little ... - um pouco de ...
    in a little while - daqui a pouco
    just a little bit - só um pouquinho
    no matter how little - por menos/pouco
        que (+ subj.)
live - viver; morar; vivo, -a
liver - o fígado
loan - o empréstimo

long - comprido, -a; longo, -a
   long-distance - interurbano, -a
   to take a long time - demorar
longer - mais tempo
   no longer - já não; não...mais
look - olhar; o olhar
   to look at - olhar para
   to look around - olhar ao redor
   to look for - procurar
      Wanted - Procura-se
   to take a look - dar uma olhada
looks - a aparência, o aspecto, o jeito
   by the looks of it - pelo jeito
lose - perder
lot -
   a lot - muito, -a; um bocado de; um montão de
lottery - a loteria
loud - alto, -a
love - amar; o amor
   in love - apaixonado, -a
   to fall in love - apaixonar-se
low - baixo, -a
luck - a sorte
   bad luck - o azar
   to be lucky - ter/estar com sorte
   to be unlucky - ter/estar com azar
luggage - a bagagem
lunch - o almoço
   to eat lunch - almoçar
lung - o pulmão
lying down - deitado, -a

M

macaw - a arara
machine - a máquina
mad - louco, -a
madness - a loucura
magazine - a revista
maid - a empregada
   maid's quarters - a dependência da empregada
mail - o correio; a correspondência; pôr no correio
   mail carrier - o/a carteiro, -a
main - principal
maintain - manter

major - especializar-se (em), fazer ...; a especialização
majority - a maioria
make - fazer
   make up - fazer as pazes
make-up - a maquiagem
malicious - maldoso, -a
man - o homem
manage - conseguir; chefiar
manager - o/a gerente
mango - a manga
manner - o jeito, a maneira, o modo
manufactured - fabricado, -a
many - muitos, -as
map - o mapa
March - março
mark - marcar; a marca
market - o mercado
marvel - a maravilha
marriage - o casamento
marry - casar-se (com)
marvelous - maravilhoso, -a
material - a matéria (scholastic); supplies
math - a matemática
matter - importar; o assunto
   It doesn't matter - Não importa; Tanto faz
   What's the matter? - O que é que há?, O que tem?
mattress - o colchão
May - maio
may - poder
maybe - talvez
me - me, a mim
meal - a refeição
mean - significar; querer dizer
meaning - o significado
medicine - a medicina; o remédio
meditate - cismar
medium - médio, -a; no ponto (meat)
meet - conhecer; encontrar; reunir-se
meeting - a reunião
member - o membro; o/a associado, -a
memorize - decorar
mention - mencionar
menu - o cardápio, menu
mere - simples
message - a mensagem
messenger - o/a mensageiro, -a
metropolis - a metrópole
Mexico - o México

midnight - a meia-noite
military - militar
milk - o leite
million - o milhão
millionaire - o/a milionário, -a
mine - meu/s, minha/s
minute - o minuto
mirror - o espelho
    rear-view mirror - o retrovisor
miss - perder; sentir falta de, ter saudades de
mistake - o erro
    to be mistaken - enganar-se
mix - mexer
moan - gemer
model - o modelo
modern - moderno, -a
moment - o momento
    at the moment - no momento
Monday - a segunda-feira
money - o dinheiro
monkey - o macaco
month - o mês
monthly - mensal; mensalmente
monument - o monumento
more - mais
    one more - mais um/uma ...
    the more...the more - quanto mais... mais
morning - a manhã
    Good morning - Bom dia
    in the early morning hours - de madrugada
    this morning - hoje de manhã
    tomorrow morning - amanhã de manhã
    yesterday morning - ontem de manhã
mother - a mãe
    mother-in-law - a sogra
motor - o motor
moustache - o bigode
mouth - a boca
move - mudar; mudar-se de/para; a mudança
movie - o filme
movie theater - o cinema
much - muito, -a
    how much - quanto, -a
    No matter how much - Por mais/muito que (+ subj.)
    too much - demais
    very much - muito
mug - a caneca; assaltar
mugger - o/a assaltante
mugging - o assalto

municipal - municipal
museum - o museu
music - a música
must - dever
my - meu/s, minha/s

N
naked - nu, +a
name - o nome
    last name - o sobrenome
    nickname - o apelido
napkin - o guardanapo
nation - a nação
national - nacional
natural - natural
nature - a natureza
    by nature - por natureza
near - perto (de)
necessary - necessário, -a
    it's necessary - é necessário, é preciso
neck - o pescoço
necktie - a gravata
need - precisar (de)
neighbor - o/a vizinho, -a
neighborhood - a vizinhança; o bairro
neither...nor - nem...nem
nephew - o sobrinho
nervous - nervoso, -a
never - nunca
new - novo, -a
    brand new - novinho/a em folha
    What's new? - O que há de novo?, Quais são as novidades?
news - as notícias, as novidades
newspaper - o jornal
next - próximo, -a
    next to - junto a; ao lado de
nice - simpático, -a
niece - a sobrinha
night - a noite
    at night - à/de noite
    last night - ontem à noite
    night before last - anteontem à noite
    tonight - hoje à noite
nightgown - a camisola
nightmare - o pesadelo
nine - nove
nineteen - dezenove

ninety - noventa
nine hundred - novecentos, -as
ninth - nono, -a
no - não; nenhum, +a
noise - o barulho, ruído
no one - ninguém
noon - o meio-dia
none - nenhum, +a
nor - nem
north - o norte
northeast - o nordeste
Norway - a Noruega
nose - o nariz
not - não
note - notar
notebook - o caderno
nothing - nada
    Nothing came of it! - Não deu em nada!
    Nothing much! - Tudo velho!
notice - notar, reparar
novel - o romance
novelist - o/a romancista
November - novembro
now - agora
    for now - por enquanto
    from now on - daqui em diante; de agora em diante
    nowadays - hoje em dia
    right now - agora mesmo; para já
number - o número
    a number of - uma porção de; um montão de
    Wrong number! - É engano!
nurse - o/a enfermeiro, -a

O
obey - obedecer
object - o objeto
objective - objetivo, -a
obligation - a obrigação
observe - observar
obtain - obter
occasion - a ocasião
ocean - o mar
October - outubro
of - de
offend - ofender
offer - oferecer; a oferta

office - o escritório; o consultório (doctor's office)
old - velho, -a, antigo, -a
    How old (are you)? - Quantos anos (tem)?
    (I'm) ... years old. - (Tenho) ... anos.
olive - a azeitona
on - em, em cime de; sobre
once - uma vez
    at once - logo
    once more - mais uma vez
one - um, uma
only - só, somente, apenas; único, -a
    not only ... but also - não só ... como
Oops! - Desculpe!
open - abrir
opera - a ópera
operator - o/a telefonista
opinion - a opinião
opportunity - a oportunidade
or - ou
orange - a laranja; laranja
orchestra seat - a poltrona
order - mandar; pedir; a ordem; o pedido
    in order to - para (que + subj.)
    out of order - quebrado, -a
organize - organizar
other - outro, -a
Ouch! - Ai ai!
our - nosso/s/a/s
outside - fora(de)
oven - o forno
over - sobre; em cima de; terminado, -a
overcoat - o sobretudo
owl - a coruja
owner - o/a dono, -a

P
pack - fazer a mala
package - o pacote, o embrulho
page - a página
pain - a dor
paint - pintar
painting - o quadro
pajamas - o pijama
pamphlet - o folheto
pants - a(s) calça(s)
paper - o papel; o trabalho
parade - o desfile

pardon - perdoar; desculpar
parents - os pais
park - estacionar; o parque
parking lot - o estacionamento
parrot - o papagaio
part - a parte; a peça
party - a festa; a farra
pass - passar; passar em (curso); ultrapassar
passenger - o/a passageiro, -a
passion fruit - o maracujá
passport - o passaporte
    Passport Office - a Seção de Passaportes
    to get a passport - tirar o passaporte
past - o passado; passado, -a
patience - a paciência
patriotic - patriótico, -a
pay - pagar
    to pay attention - fazer caso de, prestar atenção
pea - a ervilha
peace - a paz
pear - a pera
pediatrician - o/a pediatra
pen - a caneta
pencil - o lápis
people - a gente; o povo
pepper - a pimenta
perfect - perfeito, -a
perfume - o perfume
    perfumed - perfumado, -a
perhaps - talvez
period - a época; o prazo; o ponto
permit - permitir, deixar
person - a pessoa
personal - pessoal
pharmacy - a farmácia
photo - a foto
piano - o piano
    to play piano - tocar piano
pick up - pegar; buscar
picnic - o pique-nique
    to have a picnic - fazer um pique-nique
picture - a fotografia; o quadro
    to take a picture - tirar uma foto
piece - o pedaço
    a piece of - a piece of
pig - o porco
pill - o comprimido, a pílula
pilot - o/a piloto, -a
pink - rosa

pity - ter/estar com pena de; a pena
    What a pity! - Que pena!
place - pôr; colocar; o lugar
placement - a colocação
plan - planejar; pretender
    to agree on plans - combinar
plane - o avião
    by plane - de avião
plant - plantar; a planta
plate - o prato
platter - a travessa
play - brincar, jogar; tocar (music; an instrument/record/CD/tape); a peça
pleasant - agradável
please - agradar;
    Faça o favor (de + inf.)
    Faz favor (de + inf.)
    Por favor (+ imperative)
pleasure - o prazer
poet - o/a poeta
point to/at - apontar (para)
police officer - o guarda
polish (fingernails) - pintar
political - político, -a
politician - o/a político
pollution - a poluição
pool - a piscina
poor - pobre
    poor thing - o/a coitado, -a
popular - popular (adj.)
population - a população
portable - portátil
Portugal - Portugal
Portuguese - o/a português, portuguesa
possession - a possessão
possible - possível
    Would it be possible to ...? - Dá para (+ inf.)
postage - a tarifa
postcard - o cartão postal
post office - o correio
    Post Office Box - a Caixa Postal
postpone - adiar
potato - a batata
    potato chip - a batatinha frita
practice - praticar
prefer - preferir
premiere - a estréia
prepare - preparar
prescribe - receitar

prescription - a receita
presence - a presença
present - apresentar; o presente
president - o/a presidente
pretend - fingir; fazer de conta que
pretty - bonito, -a,
previous - anterior; prévio, -a
price - o preço
primary - primário, -a
principal - principal
print - imprimir (mech.)
printer - a impressora
prize - o prêmio
probable - provável
probably - provavelmente
problem - o problema
    No problem! - Não tem problema!; Tudo bem!
produce - produzir
product - o produto
profession - a profissão
profit - aproveitar; o lucro
program - o programa
prohibit - proibir
promise - prometer; a promessa
pronounce - pronunciar
pronunciation - a pronúncia
proper - apropriado, -a, correto, -a
    This is not proper - Não fica bem
prosperous - próspero, -a
prove - provar
provided that - contanto que
province - a província
psychologist - o/a psicólogo, -a
pull - arrancar; puxar
puncture - furar
purple - roxo, -a
push - empurrar
put - pôr, colocar, botar
    to put on - pôr, vestir, calçar

Q
quantity - a quantia
question - perguntar; a pergunta
    to ask a question - fazer uma pergunta
queue - a fila
quiet - quieto, -a
quite - bastante
quiz - o teste, a provinha

R
rabbit - o coelho
radio - o rádio
rain - chover; a chuva
    raincoat - a capa de chuva
raise - levantar
    to be raised to - passar para
ranch - a fazenda
rapid - rápido, -a
rapidly - rapidamente
rare - raro, -a; mal passado (meat)
rate - a taxa
    at any rate - de qualquer jeito/modo
razor - a gilete
    razor blade - a lâmina de barbear
read - ler
reading - a leitura
ready - pronto, -a; disposto, -a
    to get ready - aprontar-se
real - real; verdadeiro, -a
realize - dar-se conta de
really - realmente, de verdade
reason - a razão
    for that reason - por isso
reasonable - razoavel
receive - receber
recently - recentemente
recipe - a receita
recognize - reconhecer
recommend - recomendar
recommendation - a referência
record - gravar; o disco
    record-player - a eletrola; o toca-discos
recover - recuperar
recuperate - recuperar
red - vermelho, -a
red-headed - ruivo, -a
reduce - reduzir, diminuir
refrigerator - o refrigerador; a geladeira
regard - considerar
    to show regard for - fazer caso de
register - matricular-se
rehearse - ensaiar
reimburse - reembolsar
relate - relacionar
relative - o parente
relatively - relativamente
relax - relaxar
release - lançar (disco, etc.)
religious - religioso, -a

remain - ficar; sobrar
remedy - remediar; o remédio
remember - lembrar-se(de)
remove - tirar
renew - renovar
rent - alugar; o aluguel
    For Rent - Aluga-se
repair - consertar
    repair shop - a oficina
repeat - repetir
reply - responder (a); a resposta
request - pedir (para), solicitar; o pedido
research - pesquisar; a pesquisa
reservation - a reserva
reserve - reservar; fazer reservas
    reserved seat - o lugar marcado
respect - respeitar; o respeito
rest - descansar; o descanso
restaurant - o restaurante
result - resultar; o resultado
return - a volta; voltar ou retornar (to or from a place); devolver (something)
review - a revisão
reward - gratificar, recompensar; o prêmio; a recompensa; a gratificação
    Reward - Gratifica-se
rice - o arroz
rich - rico, -a
ride - dar um passeio, passear (de carro, de barco, de avião, etc.); o passeio
    to give a ride - dar carona
ridiculous - ridículo, -a
right - a direita; o direito (legal); direito, -a (adj.)
    right away - logo
    right here - aqui mesmo
    right now - agora mesmo, para já
    That's right. - É verdade; Está certo
    to be right - estar certo, -a; ter/estar com razão
ring - chamar; tocar; o anel
ripe - maduro, -a
rise - levantar-se
river - o rio
rob - assaltar, roubar
robber - o/a assaltante, o ladrão/a ladra
robbery - o assalto, o roubo
role - o papel
    to play a role - fazer o papel (de)
roll - o rolo (of film)

room - a sala; o quarto; a divisão
    dining room - sala de jantar
    living room - sala de estar
    waiting room - sala de espera
roommate - o/a companheiro, -a de quarto
round - redondo, -a
round-trip ticket - a passagem de ida e volta
royal - real
rubber - a borracha
rug - o tapete
rule - governar; a regra, o regulamento
    to bend the rules - dar um jeito
run - correr
    to run over - atropelar
rush - correr, disparar
Russia - a Rússia
Russian - o/a russo, -a

S
sad - triste
safe - salvo, -a
    safe and sound - são e salvo
saint - o/a santo, -a
salad - a salada
salary - o salário
sale - a liquidação; a venda
    For Sale - Vende-se
    to be for sale - estar à venda
salesperson - o/a vendedor, +a
salt - o sal
salty - salgado, -a
samba - o samba
    samba composer, dancer or singer - o/a sambista
    samba school/group - a escola de samba
same - mesmo, -a , igual
sand - a areia
sandals - as sandálias
sandwich - o sanduíche
Santa Claus - Papai Noel
satisfy - satisfazer
Saturday - o sábado
saucer - o pires
save - poupar; salvar
savor - saborear
say - dizer
    What did you say? - Como?
scales - a balança

scare - assustar
    to have a scare - levar um susto
schedule - o horário
scholarship - a bolsa de estudos
school - a escola; a faculdade
    high school - o colégio, segundo grau
    school year - o ano letivo
scrambled - mexido, -a
scream - gritar; o grito
season - temperar; a estação
second - segundo, -a
secondary - secundário, -a
secretary - o/a secretário, -a
see - ver
seem - parecer
selection - a seleção
sell - vender
semester - o semestre
send - mandar, enviar
sender - o/a remetente
sense of humor - o senso de humor
sentence - a frase, a sentença, a oração
September - setembro
serious - sério, -a
seriousness - a gravidade
serve - servir
service - o serviço
set - colocar, pôr; o aparelho
    to set the table - pôr a mesa
seven - sete
seventeen - dezessete
seventh - sétimo, -a
seventy - setenta
seven hundred - setecentos, -as
several - vários, -as
sew - costurar
shampoo - o xampu
shave - barbear-se; fazer a barba
she - ela
shine - engraxar
ship - o navio
shipyard - o estaleiro
shirt - a camisa
shoe - o sapato
shoemaker - o sapateiro
shoot - atirar
shop - fazer compras; a loja
short - baixo, -a
shoulder - o ombro
shout - gritar; o grito

show - mostrar; passar (film); o espetáculo, o show
    ____ is now showing - ____ está em cartaz
    showing - a sessão
shower - o chuveiro
    to take a shower - tomar banho de chuveiro
sick - doente
    to get sick - adoecer
side - lado
sidewalk - a calçada
sign - assinar; o cartaz
silence - o silêncio
silverware - os talheres
silly - bobo, -a
    Don't be silly! - Deixe de bobagem!
similar - semelhante
simple - simples
since - desde que; já que; desde
sing - cantar
    to sing "Happy Birthday" - cantar parabéns
singer - o/a cantor, +a
sister - a irmã
    sister-in-law - a cunhada
sit - sentar-se
    sitting - sentado, -a
situation - a situação
    Situation Wanted - Oferece-se
six - seis
sixteen - dezesseis
sixth - sexto, -a
sixty - sessenta
six hundred - seiscentos, -as
size - o tamanho
sketch - o desenho
skirt - a saia
sky - o céu
sleep - dormir; o sono
    to fall asleep - adormecer
    sleepy - com sono
slice - a fatia
slow(ly) - devagar
    to slow down (vehicle) - diminuir a marcha
small - pequeno, -a
smaller - menor
smell - cheirar; o cheiro
smile - sorrir; o sorriso
smoke - fumar
smooth - liso, -a

snack - o lanche
snake - a cobra
sneeze - espirrar; o espirro
so - tão; também; por isso, assim
    so far - até agora
    So long! - Até logo!
    so many - tantos, -as
    so much - tanto, -a
    so that - para que
soap - ensoboar; o sabonete
soccer - o futebol
socks - as meias
sofa - o sofá
soft - fofo, -a
soldier - o soldado
some - algum, alguns, alguma/s; uns, umas
someone - alguém
something - alguma coisa, algo
sometimes - às vezes
son - o filho
    son-in-law - o genro
song - a canção
soon - logo, breve
    as soon as - logo que, assim que
    as soon as possible - assim que possível; o quanto antes
    sooner or later - mais dia, menos dia; mais cedo ou mais tarde
sorry
    Sorry! - Desculpe!; Sinto muito!
    to be/feel sorry - sentir
    to feel sorry for - ter/estar com pena (de)
sound - o som
soup - a sopa
    potato and kale soup - o caldo verde
sour - azedo, -a
South America - a América do Sul
space - o espaço
spaghetti - o macarrão
Spain - a Espanha
Spanish - o/a espanhol, +a
speak - falar
speech - a fala; o discurso
speed - a marcha; a velocidade
    speed limit - o limite de velocidade
    speeding - o excesso de velocidade
speedometer - o velocímetro
spend - gastar (money); passar (time)
spicy - picante
splendid - esplêndido, -a

spoil - estragar
    spoiled rich kid - o filhinho de papai
sponsor - patrocinar; o/a patrocinador, +a
spoon - a colher
sport - o esporte
sport jacket - o paletó
sprain - torcer; a luxação
spring - a primavera
square - a praça
stadium - o estádio
stage - o palco
staging - a montagem
stairs - as escadas
stall - a barraca
stamp - carimbar; o selo
    rubber stamp - o carimbo
stand - a barraca
standing - de/em pé
star - a estrela
start - começar, iniciar; o começo, o início, o princípio
state - o estado; estadual (adj.)
station - a estação
stay - ficar; a estadia
step - pisar; o passo
steak - o bife
stereo - o som
still - ainda
stitch - o ponto
    to get stitches - levar pontos
stomach - o estômago
stop - parar; deixar de
store - a loja
story - a história; o conto; o andar (of a building)
stove - o fogão
straight - reto, -a
    Go straight ahead - Siga em frente
straighten up - arrumar
strange - estranho, -a
stratum - a camada
straw - a palha
    That's the last straw! - Só faltava isso!
street - a rua
stroll - dar um passeio
strong - forte
struggle - lutar; a luta
student - o/a aluno, -a, o/a estudante
studies - os estudos
study - estudar; o estudo; o gabinete

subject - o assunto; a matéria
success - o êxito, o sucesso
    to be successful - ter êxito
suddenly - de repente
suffer - sofrer
sufficient - suficiente
sugar - o açúcar
suggest - sugerir
suggestion - a sugestão
suit - o terno
suitcase - a mala
    to pack a suitcase - fazer a mala
summer - o verão
sun - o sol
    sunset - o pôr-do-sol
Sunday - o domingo
superior - superior
supermarket - o supermercado
supersticious - supersticioso, -a
superstition - a superstição
supper - o jantar, a ceia
    to have supper - cear
support - apoiar; o apoio
suppose - supor
sure - certo, -a, seguro, -a
    Sure! - Claro que sim!
    Sure you can! - Claro que pode!
    to be sure - ter/estar com certeza
surprise - surpreender; a surpresa
    to be surprised - surpreender-se
swallow - engolir
sweat - o suor
sweet - doce
swell - inchar
swim - nadar
    to go swimming - tomar banho (de mar, piscina, etc.)
swimming pool - a piscina
swimming suit - o maiô (women)
swimming trunks - o calção
symphony - a sinfonia

T
T-shirt - a camiseta
table - a mesa
    night table - mesinha de cabeceira
    to set the table - pôr a mesa
    to clear the table - tirar a mesa

tailor - o alfaiate
take - levar; tomar
    Fico com <u>esta blusa</u> - I'll take <u>this blouse</u>
    to take along - levar consigo
    to take away/off/out - tirar
    to take a course - fazer/tomar um curso
    to take a long time - demorar
    to take to - dar para
talent - o talento
    to have a talent for - dar para
talk - falar
tall - alto, -a
tame - manso, -a
tan - bronzear-se
tape - a fita (cassette)
    adhesive tape - o esparadrapo
    measuring tape - a fita métrica
    scotch tape - a fita durex
    tape player - o toca-fitas
    tape recorder - o gravador
    video tape - a fita de vídeo
taste - experimentar, provar; saborear; o gosto
tax - o imposto; a taxa
    income tax - o imposto de renda
taxi - o táxi
    taxi stand - a parada/o ponto de táxi
tea - o chá
teach - ensinar (a + inf.)
teacher - o/a professor, -a
teaching - o ensino
team - o time
tease - brincar, chatear
telephone - chamar, ligar, telefonar; o telefone
    telephone call - a chamada, a ligação, o telefonema
    telephone book - o catálogo telefônico, a lista telefônica
    outdoor public telephone - o orelhão
television - a televisão; o televisor
    TV soap opera - a (tele)novela
    to watch television - assistir televisão
tell - dizer, contar, falar
    I told you so! - Eu lhe disse!
    tell about - falar de/em
    Tell me - Diga-me
ten - dez
tent - a barraca
tenth - décimo, -a
term - o termo, prazo
terrible - terrível

terrace - o terraço
test - o teste, a prova, o exame
textile - têxtil
than - que, do que, de
thank - agradecer
    Thank you! - Obrigado, -a!
thanks to - devido a; graças a
Thanksgiving Day - o Dia de Ação de Graças
that - (dem.adj.) - esse/s/a/as, aquele/s/a/as;
    (dem. pron.) isso, aquilo; (rel. pron.) que
the - o/s, a/s
theater - o teatro
their - (poss.adj.) - seu/s, sua/s
them - (dir.obj.) - os, as; (indir.obj.) lhes, a
    eles/elas
then - então, depois
there - lá, ali
    there is, there are - há
therefore - por isso
these - (dem.adj.) - este/s/a/as
they - eles, elas
thief - o ladrão/a ladra
thigh - a coxa
thin - magro, -a
thing - a coisa
    poor thing - o/a coitado, -a
think - achar; pensar
    I never would have thought that! - Quem
        diria!
third - terceiro, -a
    third-rate - vagabundo, -a
thirst - a sede
    to be thirsty - ter/estar com sede
thirteen - treze
thirtieth - trigésimo, -a
thirty - trinta
this - (dem.adj.) este/a; (dem.pron.) isto
those - (dem.adj.) esse/s/a/as, aqueles/as
thousand - mil
thousands - milhares
three - três
three hundred - trezentos, -as
throat - a garganta
    sore throat - a dor de garganta
through - através de; por
Thursday - a quinta-feira
thus - assim, desta forma
ticket - o bilhete, a entrada, o ingresso; a
    passagem
    round-trip ticket - passagem de ida e volta

time - o tempo; a vez; a hora
    to have a good time - divertir-se
    Time's up! - Está na hora!
    What time...? - A que horas...?
    What time is it? - Que horas são?
    a long time ago - faz muito tempo
    from time to time - de vez em quando
    for a long time - por muito tempo
    in time - a tempo
    on time - na hora
tip - a gorjeta
tire - o pneu
tired - cansado, -a
to - a, para
toast - brindar; o brinde
toaster - a torradeira
today - hoje
toe - o dedo do pé
together - juntos, -as
token - a ficha
toll - o pedágio
tomorrow - amanhã
    day after tomorrow - depois de amanhã
    tomorrow morning - amanhã de manhã
    tomorrow afternoon - amanhã de/à tarde
    tomorrow night - amanhã de/à noite
tongue - a língua
tonight - hoje à/de noite
too - também; demais
tooth - o dente
    toothache - a dor de dente
    toothbrush - a escova de dentes
    toothpaste - a pasta de dentes
top - a parte de cima
    on top of - em cima de, sobre
totally - totalmente
touch - tocar
tourism - o turismo
tourist - o/a turista; turístico, -a
tow - rebocar
towel - a toalha
town - a vila, a aldeia
toy - o brinquedo
traditional - tradicional
traffic - o tráfego; o trânsito
    traffic jam - o engarrafamento
    traffic signal - o sinal
train - treinar; o trem
    by train - de trem
translate - traduzir

trash - o lixo
    trash can - a lata do lixo
travel - viajar
    travel agency - a agência de viagens
    travel agent - o/a agente de viagens
treat - tratar (de)
treatment - o tratamento
tree - a árvore
    Christmas tree - a árvore de natal
trip - a viagem
    to take a trip - fazer uma viagem
trombone - o trombone
tropical - tropical
truck - o caminhão
trunk - o porta-mlas (car)
truth - a verdade
try - experimentar, provar; tentar, esforçar-se
    to try on - experimentar, provar
Tuesday - a terça-feira
turkey - o peru
turn - girar;dobrar, virar; a vez
    to turn off - apagar, desligar
    to turn on - ligar, acender
    to turn out well/right - dar certo, sair bem
    to turn out badly/wrong - dar errado, sair mal
    to turn towards - voltar-se para
    Who'd have though that things would have turned out like this! - Deu zebra!
twelve - doze
twentieth - vigésimo, -a
twenty - vinte
twice - duas vezes
two - dois, duas
two hundred - duzentos, -as
type - a espécie; o tipo
type(write) - escrever/bater à máquina, datilografar
typewriter - a máquina de escrever
typical - típico, -a
typist - o/a datilógrafo, -a

U
ugly - feio, -a
uncle - o tio
under - debaixo(de); em baixo de; sob
understand - compreender, entender
underwear - (women's) a calcinha; (men's) a cueca
undoubtedly - sem dúvida
undress - despir-se; tirar a roupa
unexpected - inesperado, -a
unfortunately - infelizmente
United States - os Estados Unidos
university - a universidade; (adj.) universitário, -a
unless - a menos que; a não ser que
unnecessary - desnecessário,
unpleasant - chato, -a
    How unpleasant! - Que chato!
until - até
up - para cima
    further up - mais em cima
urban - urbano, -a
urgent - urgente
us - nos
use - usar; o uso
    to be used for - servir para
used to - acostumado, -a
    to be used to - estar acostumado/a a
    to get used to - acostumar-se a

V
VW Beetle - o fusca
vacation - as férias
    to take a vacation - tirar férias
variety - a variedade
various - vários, -as
vegatable - o legume; a verdura
velocity - a velocidade
very - muito
vicinity - os arredores
victory - a vitória
view - a vista
violin - o violino
visa - o visto
visit - visitar; fazer uma visita
visitor - a/o visita
vocabulary - o vocabulário
voice - a voz
volleyball - o vôlei
volume - o volume
vote - votar; o voto

W

wait - esperar; a espera
    to wait on - atender
waiter - o garçom
waitress - a garçonete
wake up - acordar
walk - caminhar, andar; passear
    to take a walk - dar um passeio
wall - a parede
want - querer, desejar
    Wanted - Procura-se
war - a guerra
wardrobe - o guarda-roupa
warm -
    to be warm - ter/estar com calor (person);
        fazer calor, estar quente (temperature)
warn - avisar
warning - o aviso
wash - lavar
watch - o relógio; assistir; tomar conta (de)
    Watch out! - Cuidado!
    wrist watch - o relógio de pulso
water - a água
watermelon - a melancia
way - o jeito, a maneira, o modo; o caminho, o rumo
    No way! - Qual o quê!; De jeito nenhum!
    one way (street) - a mão única
    There's no other way! - Não há outro remédio/jeito!
    to find a way - dar um jeito
    wrong way (street) - a contra mão
we - nós
weak - fraco, -a
wealth - a riqueza
weather - o tempo
    What's the weather like? - Que tempo faz?
Wednesday - a quarta-feira
week - a semana
    weekend - o fim de semana
weigh - pesar
well (adv.) - bem
    well-done - bem passado (meat)
western - ocidental
wet - molhar; molhado, -a
what (interrog.) - que, o que, qual; (rel.pron.) que, o que
wheel - a roda
when - quando
where - onde; Cadê … ?

whether - se
which - que, qual
while - enquanto
    in a little while - daqui a pouco
white - branco, -a
who - (rel.pron.) que; (interrog.) quem
whole - inteiro, -a; todo, -a
whose - (interrog.) de quem; (adj.) cujo, -a
why - por que
    that's why - por isso
    Why not? - Por que não?
wide - extenso, -a; largo, -a
wife - a esposa, a mulher
wildcat - a onça
will - a vontade
win - ganhar
wind - o vento; a brisa
windshield - o pára-brisa
    windshield wiper - o limpador de pára-brisa
window - a janela; o guichê (bank, ticket)
wine - o vinho
    red wine - o vinho tinto
    white wine - o vinho branco
winter - o inverno
wish - desejar, querer; o desejo; os votos
with - com
    with me - comigo
    with us - conosco
    with you - contigo
within - dentro (de)
without - sem
woman - a mulher
wonderful - maravilhoso, -a
    How wonderful! - Que maravilha! Que ótimo!
wood - a madeira
word - a palavra
work - trabalhar; funcionar; a obra; o trabalho; o serviço
world - o mundo
worry - preocupar-se (com)
    Don't worry! - Não se preocupe!
worse - pior
worth - valer; o valor
    to be worthwhile - valer a pena
wrist - o pulso
write - escrever
writer - o/a escritor, -a

wrong - errado, -a
    I don't see anything wrong with that! - Não vejo nada demais nisso!
    What's wrong with you? - O que é que há com você?, O que é que você tem?
    Wrong number - É engano
    wrong way (street) - a contra mão

X
x-ray - a radiografia; o raio X
xerox - o xerox; xerocar

Y
yank - arrancar
year - o ano
    last year - o ano passado
    leap year - o ano bissexto
    New Year - o Ano Novo, o Ano Bom
    next year - o ano que vem, o próximo ano
    school year - o ano letivo
    to be ... years old - fazer ... anos
yell - gritar; o grito
yellow - amarelo, -a
yes - sim
yesterday - ontem
    the day before yesterday - anteontem
    yesterday morning - ontem de/pela manhã
    yesterday afternoon - ontem a/de tarde
    yesterday evening - ontem a/de noite
yet - ainda
    better yet - ainda melhor
    not yet - ainda não
you - você, tu, o senhor, a senhora
young - jovem; novo, -a
your - (poss.adj.) - seu/s, sua/s
youth - o/a jovem; a juventude

Z
zero - zero
Zip Code - o CEP (Código de Endereçamento Postal)
zoo - o jardim zoológico; o zoo
zone - a zona

Verb Appendix

REGULAR VERBS (Verbos regulares)

1st Conjugation ending in -ar	2nd Conjugation ending in -er	3rd Conjugation ending in -ir

Infinitive (infinitivo)

falar - to speak	comer - to eat	partir - to leave

Present Participle (Particípio presente)

falando - speaking	comendo - eating	partindo - leaving

Past Participle (Particípio passado)

falado - spoken	comido - eaten	partido - left

INDICATIVE MOOD (Modo indicativo)

Present (Presente)

I speak, am speaking, do speak	I eat, am eating, do eat	I leave, am leaving, do leave
falo	como	parto
falas	comes	partes
fala	come	parte
falamos	comemos	partimos
falais	comeis	partis
falam	comem	partem

Imperfect (Pretérito imperfeito)

I was speaking, used to speak, spoke	I was eating, used to eat, ate	I was leaving, used to leave, left
falava	comia	partia
falavas	comias	partias
falava	comia	partia
falávamos	comíamos	partíamos
faláveis	comíeis	partíeis
falavam	comiam	partiam

Preterite (Pretérito perfeito)

I spoke, did speak	I ate, did eat	I left, did leave
falei	comi	parti
falaste	comeste	partiste
falou	comeu	partiu
falamos	comemos	partimos
falastes	comestes	partistes
falaram	comeram	partiram

Future (Futuro do presente)

I will speak	I will eat	I will leave
falarei	comerei	partirei
falarás	comerás	partirás
falará	comerá	partirá
falaremos	comeremos	partiremos
falareis	comereis	partireis
falarão	comerão	partirão

Conditional (Futuro do pretérito)

I would speak	I would eat	I would leave
falaria	comeria	partiria
falarias	comerias	partirias
falaria	comeria	partiria
falaríamos	comeríamos	partiríamos
falaríeis	comeríeis	partiríeis
falariam	comeriam	partiriam

Past Perfect - Simple Form (Mais-que-perfeito-Simples)

I had spoken	I had eaten	I had left
falara	comera	partira
falaras	comeras	partiras
falara	comera	partira
faláramos	comêramos	partíramos
faláreis	comêreis	partíreis
falaram	comeram	partiram

Past Perfect - Compound Forms (Mais-que-perfeito - Composto)

I had spoken	I had eaten	I had left
tinha falado	tinha comido	tinha partido
tinhas falado	tinhas comido	tinhas partido
tinha falado	tinha comido	tinha partido
tínhamos falado	tínhamos comido	tínhamos partido
tínheis falado	tínheis comido	tínheis partido
tinham falado	tinham comido	tinham partido

OR

havia falado	havia comido	havia partido
havias falado	havias comido	havias partido
havia falado	havia comido	havia partido
havíamos falado	havíamos comido	havíamos partido
havíeis falado	havíeis comido	havíeis partido
haviam falado	haviam comido	haviam partido

Future Perfect (Futuro anterior do presente)

I will have spoken	I will have eaten	I will have left
terei falado	terei comido	terei partido
terás falado	terás comido	terás partido
terá falado	terá comido	terá partido
teremos falado	teremos comido	teremos partido
tereis falado	tereis comido	tereis partido
terão falado	terão comido	terão partido

Conditional Perfect (Futuro anterior do pretérito)

I would have spoken	I would have eaten	I would have left
teria falado	teria comido	teria partido
terias falado	terias comido	terias partido
teria falado	teria comido	teria partido
teríamos falado	teríamos comido	teríamos partido
teríeis falado	teríeis comido	teríeis partido
teriam falado	teriam comido	teriam partido

SUBJUNCTIVE MOOD (Modo subjuntivo)

Present Subjunctive (Presente do subjuntivo)

(that) I may speak	(that) I may eat	(that) I may leave
fale	coma	parta
fales	comas	partas
fale	coma	parta
falemos	comamos	partamos
faleis	comais	partais
falem	comam	partam

Future Subjunctive (Futuro do subjuntivo)

The translation will depend on the context.

falar	comer	partir
falares	comeres	partires
falar	comer	partir
falarmos	comermos	partirmos
falardes	comerdes	partirdes
falarem	comerem	partirem

Past Subjunctive (Imperfeito do subjuntivo)

(that) I might speak	(that) I might eat	(that) I might leave
falasse	comesse	partisse
falasses	comesses	partisses
falasse	comesse	partisse
falássemos	comêssemos	partíssemos
falásseis	comêsseis	partísseis
falassem	comessem	partissem

PERSONAL INFINITIVE (Infinitivo pessoal)

falar	comer	partir
falares	comeres	partires
falar	comer	partir
falarmos	comermos	partirmos
falardes	comerdes	partirdes
falarem	comerem	partirem

IRREGULAR VERBS (Verbos irregulares)

DAR - to give

Present participle: dando
Past participle: dado
Personal infinitive: dar, dares, dar, darmos, dardes, darem
Present: dou, dás, dá, damos, dais, dão
Imperfect: dava, davas, dava, dávamos, dáveis, davam
Preterite: dei, deste, deu, demos, destes, deram
Future: darei, darás, dará, daremos, dareis, darão
Conditional: daria, darias, daria, daríamos, daríeis, dariam
Simple past perfect: dera, deras, dera, déramos, déreis, deram
Present subjunctive: dê, dês, dê, dêmos, deis, dêem
Future subjunctive: der, deres, der, dermos, derdes, derem
Past subjunctive: desse, desses, desse, déssemos, désseis, dessem

DIZER - to say, tell

Present participle: dizendo
Past participle: dito
Personal infinitive: dizer, dizeres, dizer, dizermos, dizerdes, dizerem
Present: digo, dizes, diz, dizemos, dizeis, dizem
Imperfect: dizia, dizias, dizia, dizíamos, dizíeis, diziam
Preterite: disse, disseste, disse, dissemos, dissestes, disseram
Future: direi, dirás, dirá, diremos, direis, dirão
Conditional: diria, dirias, diria, diríamos, diríeis, diriam
Simple past perfect: dissera, disseras, dissera, disséramos, disséreis, disseram
Present subjunctive: diga, digas, diga, digamos, digais, digam
Future subjunctive: disser, disseres, disser, dissermos, disserdes, disserem
Past subjunctive: dissesse, dissesses, dissesse, disséssemos, dissésseis, dissessem

ESTAR - to be

Present participle: estando
Past participle: estado
Personal infinitive: estar, estares, estar, estarmos, estardes, estarem
Present: estou, estás, está, estamos, estais, estão
Imperfect: estava, estavas, estava, estávamos, estáveis, estavam
Preterite: estive, estiveste, esteve, estivemos, estivestes, estiveram
Future: estarei, estarás, estará, estaremos, estareis, estarão
Conditional: estaria, estarias, estaria, estaríamos, estaríeis, estariam
Simple past perfect: estivera, estiveras, estivera, estivéramos, estivéreis, estiveram
Present subjunctive: esteja, estejas, esteja, estejamos, estejais, estejam
Future subjunctive: estiver, estiveres, estiver, estivermos, estiverdes, estiverem
Past subjunctive: estivesse, estivesses, estivesse, estivéssemos, estivésseis, estivessem

FAZER - to do, make

Present participle: fazendo
Past participle: feito
Personal infinitive: fazer, fazeres, fazer, fazermos, fazerdes, fazerem
Present: faço, fazes, faz, fazemos, fazeis, fazem
Imperfect: fazia, fazias, fazia, fazíamos, fazíeis, faziam
Preterite: fiz, fizeste, fez, fizemos, fizestes, fizeram
Future: farei, farás, fará, faremos, fareis, farão
Conditional: faria, farias, faria, faríamos, faríeis, fariam
Simple past perfect: fizera, fizeras, fizera, fizéramos, fizéreis, fizeram
Present subjunctive: faça, faças, faça, façamos, façais, façam
Future subjunctive: fizer, fizeres, fizer, fizermos, fizerdes, fizerem
Past subjunctive: fizesse, fizesses, fizesse, fizéssemos, fizésseis, fizessem

IR - to go

Present participle: indo
Past participle: ido
Personal infinitive: ir, ires, ir, irmos, irdes, irem
Present: vou, vais, vai, vamos, ides, vão
Imperfect: ia, ias, ia, íamos, íeis, iam
Preterite: fui, foste, foi, fomos, fostes, foram
Future: irei, irás, irá, iremos, ireis, irão
Conditional: iria, irias, iria, iríamos, iríeis, iriam
Simple past perfect: fora, foras, fora, fôramos, fôreis, foram
Present subjunctive: vá, vás, vá, vamos, vades, vão
Future subjunctive: for, fores, for, formos, fordes, forem
Past subjunctive: fosse, fosses, fosse, fôssemos, fôsseis, fossem

PODER - can, to be able

Present participle: podendo
Past participle: podido
Personal infinitive: poder, poderes, poder, podermos, poderdes, poderem
Present: posso, podes, pode, podemos, podeis, podem
Imperfect: podia, podias, podia, podíamos, podíeis, podiam
Preterite: pude, pudeste, pôde, pudemos, pudestes, puderam
Future: poderei, poderás, poderá, poderemos, podereis, poderão
Conditional: poderia, poderias, poderia, poderíamos, poderíeis, poderiam
Simple past perfect: pudera, puderas, pudera, pudéramos, pudéreis, puderam
Present subjunctive: possa, possas, possa, possamos, possais, possam
Future subjunctive: puder, puderes, puder, pudermos, puderdes, puderem
Past subjunctive: pudesse, pudesses, pudesse, pudéssemos, pudésseis, pudessem

PÔR - to place, put

Present participle: pondo
Past participle: posto
Personal infinitive: pôr, pores, pôr, pormos, pordes, porem
Present: ponho, pões, põe, pomos, pondes, põem
Imperfect: punha, punhas, punha, púnhamos, púnheis, punham
Preterite: pus, puseste, pôs, pusemos, pusestes, puseram
Future: porei, porás, porá, poremos, poreis, porão
Conditional: poria, porias, poria, poríamos, poríeis, poriam
Simple past perfect: pusera, puseras, pusera, puséramos, puséreis, puseram
Present subjunctive: ponha, ponhas, ponha, ponhamos, ponhais, ponham
Future subjunctive: puser, puseres, puser, pusermos, puserdes, puserem
Past subjunctive: pusesse, pusesses, pusesse, puséssemos, pusésseis, pusessem

QUERER - to want, wish

Present participle: querendo
Past participle: querido
Personal infinitive: querer, quereres, querer, querermos, quererdes, quererem
Present: quero, queres, quer, queremos, quereis, querem
Imperfect: queria, querias, queria, queríamos, queríeis, queriam
Preterite: quis, quiseste, quis, quisemos, quisestes, quiseram
Future: quererei, quererás, quererá, quereremos, querereis, quererão
Conditional: quereria, quererias, queréria, quereríamos, quereríeis, quereriam
Simple past perfect: quisera, quiseras, quisera, quiséramos, quiséreis, quiseram
Present subjunctive: queira, queiras, queira, queiramos, queirais, queiram
Future subjunctive: quiser, quiseres, quiser, quisermos, quiserdes, quiserem
Past subjunctive: quisesse, quisesses, quisesse, quiséssemos, quisésseis, quisessem

SABER - to know, know how. The preterite of this verb is generally translated as "learn," "discover," "find out," a fact or piece of information.

Present participale: sabendo
Past participle: sabido
Personal infinitive: saber, saberes, saber, sabermos, saberdes, saberem
Present: sei, sabes, sabe, sabemos, sabeis, sabem
Imperfect: sabia, sabias, sabia, sabíamos, sabíeis, sabiam
Preterite: soube, soubeste, soube, soubemos, soubestes, souberam
Future: saberei, saberás, saberá, saberemos, sabereis, saberão
Conditional: saberia, saberias, saberia, saberíamos, saberíeis, saberiam
Simple past perfect: soubera, souberas, soubera, soubéramos, soubéreis, souberam
Present subjunctive: saiba, saibas, saiba, saibamos, saibais, saibam
Future subjunctive: souber, souberes, souber, soubermos, souberdes, souberem
Past subjunctive: soubesse, soubesses, soubesse, soubéssemos, soubésseis, soubessem

SER - to be

Present participle: sendo
Past participle: sido
Personal infinitive: ser, seres, ser, sermos, serdes, serem
Present: sou, és, é, somos, sois, são
Imperfect: era, eras, era, éramos, éreis, eram
Preterite: fui, foste, foi, fomos, fostes, foram
Future: serei, serás, será, seremos, sereis, serão
Conditional: seria, serias, seria, seríamos, seríeis, seriam
Simple past perfect: fora, foras, fora, fôramos, fôreis, foram
Present subjunctive: seja, sejas, seja, sejamos, sejais, sejam
Future subjunctive: for, fores, for, formos, fordes, forem
Past subjunctive: fosse, fosses, fosse, fôssemos, fôsseis, fossem

TER - to have

Present participle: tendo
Past participle: tido
Personal infinitive: ter, teres, ter, termos, terdes, terem
Present: tenho, tens, tem, temos, tendes, têm
Imperfect: tinha, tinhas, tinha, tínhamos, tínheis, tinham
Preterite: tive, tiveste, teve, tivemos, tivestes, tiveram
Future: terei, terás, terá, teremos, tereis, terão
Conditional: teria, terias, teria, teríamos, teríeis, teriam
Simple past perfect: tivera, tiveras, tivera, tivéramos, tivéreis, tiveram
Present subjunctive: tenha, tenhas, tenha, tenhamos, tenhais, tenham
Future subjunctive: tiver, tiveres, tiver, tivermos, tiverdes, tiverem
Past subjunctive: tivesse, tivesses, tivesse, tivéssemos, tivésseis, tivessem

TRAZER - to bring

Present participle: trazendo
Past participle: trazido
Personal infinitive: trazer, trazeres, trazer, trazermos, trazerdes, trazerem
Present: trago, trazes, traz, trazemos, trazeis, trazem
Imperfect: trazia, trazias, trazia, trazíamos, trazíeis, traziam
Preterite: trouxe, trouxeste, trouxe, trouxemos, trouxestes, trouxeram
Future: trarei, trarás, trará, traremos, trareis, trarão
Conditional: traria, trarias, traria, traríamos, traríeis, trariam
Simple past perfect: trouxera, trouxeras, trouxera, trouxéramos, trouxéreis, trouxeram
Present subjunctive: traga, tragas, traga, tragamos, tragais, tragam
Future subjunctive: trouxer, trouxeres, trouxer, trouxermos, trouxerdes, trouxerem
Past subjunctive: trouxesse, trouxesses, trouxesse, trouxéssemos, trouxésseis, trouxessem

VER - to see

Present participle: vendo
Past participle: visto
Personal infinitive: ver, veres, ver, vermos, verdes, verem
Present: vejo, vês, vê, vemos, vêdes, vêem
Imperfect: via, vias, via, víamos, víeis, viam
Preterite: vi, viste, viu, vimos, vistes, viram
Future: verei, verás, verá, veremos, vereis, verão
Conditional: veria, verias, veria, veríamos, veríeis, veriam
Simple past perfect: vira, viras, vira, víramos, víreis, viram
Present subjunctive: veja, vejas, veja, vejamos, vejais, vejam
Future subjunctive: vir, vires, vir, virmos, virdes, virem
Past subjunctive: visse, visses, visse, víssemos, vísseis, vissem

VIR - to come

Present participle: vindo
Past participle: vindo
Personal infinitive: vir, vires, vir, virmos, virdes, virem
Present: venho, vens, vem, vimos, vindes, vêm
Imperfect: vinha, vinhas, vinha, vínhamos, vínheis, vinham
Preterite: vim, vieste, veio, viemos, viestes, vieram
Future: virei, virás, virá, viremos, vireis, virão
Conditional: viria, virias, viria, viríamos, viríeis, viriam
Simple past perfect: viera, vieras, viera, viéramos, viéreis, vieram
Present subjunctive: venha, venhas, venha, venhamos, venhais, venham
Future subjunctive: vier, vieres, vier, viermos, vierdes, vierem
Past subjunctive: viesse, viesses, viesse, viéssemos, viésseis, viessem

Illustrations

pages 1, 161, 162: Soccer Players, from Aldemir Martins, Brasil Futebol Rei (Rio de Janeiro: Image Editora, 1965), pp. 22, 90.

pages 16, 19, 65, 72, 73, 79, 85: Musical Instruments of Brazil, drawings by Oswaldo Storni and Osny Azevedo, from Alceu Maynard Araújo, Cultura popular brasileira (São Paulo: Editora Melhoramentos, 1973), pp. 132-40.

page 21: View of the Serra and City of São João del Rey, from R. Walsh, Notices of Brazil in 1828 and 1829 (London: Frederick Westley and A. H. Davis, 1830), n. p.

page 31: Musicians, drawing by Antonino Homobono, from Muniz Sodré, Samba: O dono do corpo (Rio de Janeiro: Editora Codecri, 1979), p. 11.

page 37: Carmen Miranda, caricature by Emílio Damiani, from Luiz Henrique Saia, Carmen Miranda: Rodando a baiana (São Paulo: Editora Brasiliense, 1984), p. 103.

page 41: A Jangada in the Breakers, drawing by J. Wells, from Herbert H. Smith, Brazil: The Amazons and the Coast (New York: Charles Scribner's Sons, 1879), n. p.

pages 45 and 243: Sixteenth-Century Ship; and An Indian Battle Scene, engravings by Hans Staden, from the files of Brasil/Cultura and Luso-Brazilian Review.

pages 49, 53, 151: Untitled, engravings by Ciro Fernandes, from Luso-Brazilian Review 18.1 (Summer 1981), pp. 182, 196.

page 55: Campos, drawing by J. Wells, from Herbert H. Smith, Brazil: The Amazons and the Coast (New York: Charles Scribner's Sons, 1879), n. p.

page 60: O Casamento do Urubu, woodcut by José Martins dos Santos, from the collection of Theo Brandão, Museum of the Federal University of Alagoas, Brazil.

pages 95 and 105: Straining Manioc; Making Pottery, drawings by J. Wells, from Herbert H. Smith, Brazil: The Amazons and the Coast (New York: Charles Scribner's Sons, 1879), n. p.

page 108: Untitled, woodcut by Stênio, file photograph, Luso-Brazilian Review.

pages 109, 114, 118: Capoeira, drawings by Carybé, in As sete portas da Bahia (São Paulo: Livraria Martins Editora, 1962), pp. 106, 102, 109, 101.

page 119: Brazilian musicians: (clockwise from top left) Elis Regina, Clara Nunes, Chico Buarque, Paulinho da Viola.

page 125: Zezé Mota, still photograph from the film Quilombo, directed by Carlos Diégues (1984).

page 129:	Cartola, photograph and album cover (Discos Marcus Pereira), in Brasil/Cultura 35 (October 1978), p. 21.

page 131 and 138: Flooded Forest of the Upper Amazon; Victoria Regia; drawings by J. Wells, from Herbert H. Smith, Brazil: The Amazons and the Coast (New York: Charles Scribner's Sons, 1879), n. p.

page 144:	Untitled, woodcut by Gilvan Samico, from El grabado en el Brasil: Grabadores contemporáneos. Vol. 2. Ed. Carlos Rodríguez Saavedra (Lima: Centro de Estudios Brasileños, 1979), p. 45.

page 147:	Street Kid, file photograph, Luso-Brazilian Review.

page 153:	Posters by Lasar Segall, from Semana de 22 (São Paulo: Museu de Arte de São Paulo, 1972), n. p.

page 158:	Protest, file photograph, Luso-Brazilian Review.

page 163:	Ianomami teenager, file photograph, Luso-Brazilian Review.

page 169:	Untitled, woodcut by Jerônimo, from the collection of Theo Brandão, Museum of the Federal University of Alagoas, Brazil.

page 172:	O velho que enganou o diabo, woodcut by José Martins dos Santos, from the collection of Theo Brandão, Museum of the Federal University of Alagoas, Brazil.

page 185:	Palm Tree, from a tourist brochure published by the Brazilian Ministry of Industry and Commerce, 1973.

pages 192, 193, 195: Orixás, drawings by Carybé, in As sete portas da Bahia (São Paulo: Livraria Martins Editora, 1962), pp. 307, 313, 315.

page 207:	Beach at Itapoã, Salvador, Bahia, original slide by Professor Mary Lou Daniel.

page 212:	Capoeira, oil by Maria Auxiliadora, from the file of Brasil/Cultura (a publication of the Embassy of Brazil in Buenos Aires, Argentina).

page 215:	Discussão de Antônio Pauferro e Manuel Campina, woodcut by Antônio Baixa Funda, from the collection of Theo Brandão, Museum of the Federal University of Alagoas.

page 217:	Fishing with Bow and Arrow, file photograph, Luso-Brazilian Review.

page 224:	Jogo do Bicho Calendar, source unknown.

page 225:	Fruits of Brazil, from the cover of Icaro: Varig Inflight Magazine 10 (1984).

pages 230, 341: Discussão de Manoel Chiquinho com Antônio Pauferro, woodcut by Antônio Almeida, from the collection of Theo Brandão, Museum of the Federal University of Alagoas, Brazil.

page 234:   Discussão de um fiscal com uma fateira, woodcut by José Martins dos Santos, from the collection of Theo Brandão, Museum of the Federal University of Alagoas, Brazil.

page 235:   South Side of the Rocio or Praça da Constituição, from R. Walsh, <u>Notices of Brazil in 1828 and 1829</u> (London: Frederick Westley and A. H. Davis, 1830), n. p.

page 245:   Feijoada Dinner Party, photograph from Guy Leroux, <u>Brazilian Cooking</u> (Papeete: Les Editions du Pacifique, 1980), p. 4.

page 249:   from <u>Guia Quatro Rodas 1990</u> (São Paulo: Editora Abril, 1990), p. 15.

page 252:   Vinheta, pen point by Lula Gonzaga, from Mário Souto Maior, <u>Comes e bebes do Nordeste</u> (Recife: Editora Massangana, 1984), p. 109.

page 253:   Exhibition Catalog Cover Design for the 1922 Week of Modern Art, Emiliano di Cavalcanti. From <u>Semana de 22</u> (São Paulo: Museu de Arte de São Paulo, 1972), n. p.

pages 261, 265, 401: Women of Bahia wearing handmade lace garments; Details of handmade lace. File photographs, <u>Brasil/Cultura</u> (a publication of the Embassy of Brazil in Buenos Aires, Argentina).

page 268:   Lace-maker, drawing by J. Wells, from Herbert H. Smith, <u>Brazil: The Amazons and the Coast</u> (New York: Charles Scribner's Sons, 1879), n. p.

page 269:   Maxixe, drawing by Paim Vieira, from <u>Semana de 22</u> (São Paulo: Museu de Arte de São Paulo, 1972), n. p.

pages 273, 341: Discussão de José Martins com José Carlos, woodcut by José Martins dos Santos, from the collection of Theo Brandão, Museum of the Federal University of Alagoas, Brazil.

page 277:   Torch holder, carved in oak in Portugal, 18th century. From <u>RioService</u> magazine (Rio de Janeiro: AFKO Serviços de Comunicação, 1984).

page 281:   Prophet, soapstone sculpture by Aleijadinho. From a tourist brochure published by the Brazilian Ministry of Industry and Commerce, 1973.

page 287:   Three Wise Men, woodcarving by Lourenço Filho, from <u>O Natal brasileiro</u> (São Paulo: Toga, 1984).

pages 291, 294: from the world premiere playbill of Nelson Rodrigues's play, <u>Vestido de noiva</u>. In N. Rodrigues, <u>Teatro completo</u>, vol. 1. Ed. Sábato Magaldi. (Rio de Janeiro: Nova Fronteira, 1981), p. 106.

page 295:   Caricature of Costume Balls and Carnival Dances, published in <u>A ilustração</u>, Rio de Janeiro, February 1901.

page 300:   Zezé Mota, still photograph from the film <u>Xica</u>, directed by Carlos Diégues (1976).

pages 303, 309, 317: Vignettes of Samba Parade Participants, from a 1985 carnival pamphlet by Riotur.

page 305: A Pose at First Light, caricature published in D. Quixote magazine, Rio de Janeiro, 1895.

page 313: Artist unknown, Legume, Mimosa family; from Arboreto Carioca 4, Rio de Janeiro, 1969.

page 320: drawing by Tarsila do Amaral

page 321: Lampião, woodcut by Stênio, file photograph, Luso-Brazilian Review.

page 327: Abaporu, pen and ink by Tarsila do Amaral. From Revista de Antropofagia 1 (May 1928) p. 3.

page 329: Festa de Xangô-Agerê-Iansã, watercolor by Carybé, from a 1970 calendar of the Halles Bank (São Paulo: Gráfica Brunner, 1970).

pages 333, 335: Traffic Signs, from a 1974 Shell Oil Company brochure.

page 373: Seal of the Federal Republic of Brazil; file illustration, Luso-Brazilian Review.

Index

Accents
    see Diacritical Signs

Address
    pronouns of, 39-40

Adjective clauses
    with Present Subjunctive, 247-48
    with Past Subjunctive, 264

Adjectives
    demonstrative, 67-68
    descriptive, 76
    interrogative, 142, 331
    limiting, 76-77
    plurals of, 33-35
    possessive, 75-76

Adverbial clauses, 271-72, 279-80

Adverbs
    muito, 76
    of manner, 211-12

"O alfaiate João", 106-08

Articles
    definite, 46-47
    indefinite, 47

Body, parts of, 113-14

Brazil
    map of, 206

cada vez mais/menos
    uses of, 308

Candomblé, 193

Capoeira, 117

Cardinal numbers, 47, 79, 112-13

Classified Ads, 309

Clauses
    adjective, 247-48, 264
    adverbial, 271-72, 279-80
    "if", 264-65
    noun, 198-201, 264

Clothes
    vocabulary, 107
    with possessives, 111

Colors, 60

Commands, 178

Comparatives, 175-77

Compound tenses, 237-38, 290-91

Conditional tense, 166-67, 272-73, 290-91

Conjectures, 272-73

Conjunctions
    of concession, 239, 272
    of condition, 257, 264-65, 271-72
    of time, 256-57

Consonants
    pronunciation of, 12-19
    summary, 17-19

Contractions
    of pronouns, 134-35
    of prepositions:
    with articles, 58-59, 141
    with demonstratives, 68
    with pronouns, 121-22

Correlatives, 248-49

Correspondence
    personal, 284-86

Countries
    names of, 48

dar
    with idiomatic expressions, 299-300

Dates, 187-88

Days of the week, 59-60

Definite articles, 46-47

Demonstrative
    adjectives, 67-68
    pronouns, 57

Descriptive
    adjectives, 76

Desserts, 231

Diacritical Signs, 27-29

Diminutives
    forms, 297-98
    uses, 298-99

Diphthongs
    nasal, 10-11
    oral, 8-10
    pronunciation of, 8-11

Direct object pronouns, 122-25
    Brazilian usage, 122-24
    Continental usage, 124-25

"A diversidade brasileira", 205-06

doer
    uses of, 188-89

é que
    emphatic use of, 69

estar com (ter) + noun, 90

estar versus ser, 43-46

Events, 61

Exclamations
    with Como and Que, 211
    Quem ... dera!, 249

Family, 240

fazer
    in time expressions, 219-20
    with idioms, 229-30

Festas e Feriados, 302-303

ficar
    uses of, 240

Food, 157-58, 231

The former and the latter, 324

Fruit, 231

Futebol, 162

Future tenses
    of Indicative, 165-67, 272-73, 290-91
    of Subjunctive, 255-57, 291

a gente
    uses of, 169, 211

Glossaries
    Portuguese - English, 343-73
    English - Portuguese, 374-99

haver
    as an auxiliary verb, 238
    in impersonal constructions, 220
    use of ter for haver, 143
    with expressions of time, 219-20, 247

"O homem nu" (by Fernando Sabino), 337-40

Human Body, parts of, 113-14

Idiomatic Expressions
    with dar, 299-300
    with fazer, 229-30

Illustrations, 413-16

Imperative Mode, 178

Imperfect tenses
    of Indicative, 97-100, 247
    of Subjunctive, 263-65, 271-72, 279-80
    contrasted, 264-65, 280-81

Imperfect vs. Preterite, 98-100

Impersonal Infinitive, 60, 89

Indefinite articles, 47

Indicative Mode
    Conditional tense, 166-67, 264-65, 272-73
    Conditional Perfect, 290-91
    Future tense, 165-67, 272-73
    Future Perfect, 290-91
    Imperfect tense, 97-100
    Imperfect vs. Preterite, 98-100
    Pluperfect tense, 237-38
    Present tense, 68-69, 100, 102, 115, 143-44, 157, 219-20, 323-24
    Present Perfect, 307-308
    Preterite tense, 87-89, 102, 143-44, 308

Indirect object pronouns, 133-35
    Brazilian usage, 134
    Continental usage, 134-35
    emphatic forms, 133

Infinitive
    Impersonal, 60, 89
    Personal, 315-16

Interrogative
    adjectives, 142, 331
    pronouns, 50, 141-42, 331

Jogo do Bicho, 223-24

Languages, 69

Leitura I
    "O único animal", 83
        L. F. Veríssimo

Leitura II
    "O alfaiate João", 106-108

Leitura III
    "O pulo do gato", 149-51

Leitura IV
    "A diversidade brasileira", 205-06

mandar
    uses of, 289-90

Maps
    of Brazil, 206
    of Portugal, 183

Meals, 157-58

Meio-ambiente, 327

mesmo
    uses of, 239

Modes of transportation, 239

Months of the Year, 113

muito
    uses of, 76-77

Nasalization, 6-8

Nationalities, 48

Negative Words, 58, 156
    position of, 156-57

Noun clauses
    with Present Subjunctive, 198-201
    with Past Subjunctive, 264

Nouns
    plurals of, 33-35

Numbers
    cardinal, 47, 79, 112-13
    ordinal, 167-68

Object
    direct (pronouns), 122-25
    indirect (pronouns), 133-35

odiar, 324

Ordinal numbers, 167-68

para versus por, 227-29

"Parabéns a você", 229

Parts of the Body, 113-14

Participles
    Past, 209-10
    Present, 100

Passive Voice, 210

Past Participle
    formation of, 209-10

Past Perfect tense
    of Indicative, 237-38
    of Subjunctive, 291

Past Progressive tense
    of Indicative, 101

Past tenses
    of Indicative, 87-89, 97-100, 101
    of Subjunctive, 263-65, 271-72, 279-80
    contrasted, 264-65

Perfect tenses
    Conditional, 290-91
    Future, 290
    Present Indicative, 307-308
    Present Subjunctive, 308

Personal Infinitive, 315-16

Places, 61

Pluperfect Indicative, 237-38

Pluperfect Subjunctive, 291

Pluperfect tenses
    of Indicative, 237-38
    of Subjunctive, 291

Plurals
    formation of, 33-35

por versus para, 227-29

Portugal, 182-83
    map of, 183

Possessive
    adjectives, 75-76
    pronouns, 142-43

Prepositions
    frequently used, 61, 227-29
    with articles, 58-59, 141
    with demonstratives, 68
    with modes of transportation, 239
    with pronouns, 121-22
    with verbs, 60

Present Indicative, 68-69, 100, 102, 115, 143-44, 157, 219-20, 323-24

Present Participle
    formation of, 100

Present Perfect tenses
    of Indicative, 307-308
    of Subjunctive, 308

Present Progressive tenses
    of Indicative, 100
    of Subjunctive, 291

Present Subjunctive
    forms, 197-98, 323-24
    with noun clauses, 197-201
    with adjective clauses, 247-48
    with adverbial clauses, 271-72, 279-80

Present tenses
    of Indicative, 68-69, 100, 102, 115, 143-44, 157, 219-20
    of Subjunctive, 197-201, 247-48, 250, 271-72, 279-80
    contrasted, 197-201, 247-48, 280-81

Preterite Indicative, 87-89, 102, 143-44, 308

Professions, 48

Progressive tenses
- Conditional, 290
- Future Indicative, 290
- Present Indicative, 100
- Present Subjunctive, 291
- Past Indicative, 101
- Past Subjunctive, 291

Pronouns
- demonstrative, 57
- direct object, 122-25
- indirect object, 133-35
- interrogative, 50, 141-42, 331
- of address, 39-40
- possessive, 142-43
- subject, 39, 68-69
- with prepositions, 121-22

Pronunciation, 3-19
- of consonants, 12-19
- of diphthongs, 8-11
- of vowels, 3-11

próximo vs. seguinte, 188

"O pulo do gato", 149-51

quanto mais ... mais, 248-49

Quem ... dera!, 249

Reflexive
- pronouns, 78
- verbs, 78

Relatives/Relators, 332-33

Replies
- short affirmative, 49
- short negative, 57-58

Sabino, Fernando
- "O homem nu", 337-40

Samba, 128-29

se
- as a conjunction, 257, 264-65
- as a reflexive pronoun, 78
- in Impersonal Expressions, 210-11
- Passive construction, 210

Seasons of the Year, 155

seguinte vs. próximo, 188

o senhor, a senhora
- use of, 39-40

ser versus estar, 43-46

seu and dona
- use of, 39-40

Stress, 24-29

Subject
- pronouns, 39-40, 68-69

Subjunctive Mode
- Future tense, 255-57
- Future Perfect, 291
- Imperfect tense, 263-65, 271-72, 279-80
- Past tense, 263-65, 271-72, 279-80
- Present tense, 197-201, 247-48, 250, 271-72, 279-80, 323-24
- Present Perfect, 308

Superlatives, 176, 177

Syllabication, 23-24

ter
- as an auxiliary verb, 237-38, 290-91
- instead of haver, 143
- or estar com + noun, 90
- ter que, 80

Time
- expressions of, 155, 317
- faz/há, 219-20
- fazia/havia, 247
- telling time, 77

421

todo versus tudo, 189

tu
    use of, 39-40

tudo versus todo, 189

"O único animal" (by Luiz Fernando Veríssimo), 83

Vegetables, 231

Verb Appendix, 401-11

Verbs
    modes (see Indicative and Subjunctive)
    personal infinitive, 315-16
    reflexive, 78

Verbs ending in:
    -car, 88, 198
    -çar, 88, 198
    -cer, 157, 197
    -ear, 323
    -gar, 88, 198
    -gir, 157
    -ir (stressed e), 157
    -uir, 324
    -zir, 324

Veríssimo, Luiz Fernando
    "O único animal", 83

você, vocês
    use of, 39-40

vós
    use of, 39

Vossa Mercê
    use of, 39

Vowels
    nasal, 6-8
    oral, 3-6
    pronunciation of, 3-8

Weather
    expressions:
    with estar / fazer, 101

Week, days of, 59-60

Year
    months of, 113
    seasons of, 155